基层干部教育培训模式研究

JICENG GANBU JIAOYU PEIXUN MOSHI YANJIU

主　编　张　伟
副主编　薛　臻　金伟栋

苏州大学出版社
Soochow University Press

图书在版编目(CIP)数据

基层干部教育培训模式研究/张伟主编. —苏州：苏州大学出版社，2015.11
ISBN 978-7-5672-1460-6

Ⅰ.①基… Ⅱ.①张… Ⅲ.①基层干部-干部教育-研究-中国②基层干部-干部培训-研究-中国 Ⅳ.①D630.3

中国版本图书馆 CIP 数据核字(2015)第 202677 号

基层干部教育培训模式研究

张 伟 主编

责任编辑 史创新

苏州大学出版社出版发行
(地址：苏州市十梓街1号 邮编：215006)
苏州工业园区美柯乐制版印务有限责任公司印装
(地址：苏州工业园区东兴路7-1号 邮编：215021)

开本 700×1000 1/16 印张 15 字数 210 千
2015 年 11 月第 1 版 2015 年 11 月第 1 次印刷
ISBN 978-7-5672-1460-6 定价:48.00 元

苏州大学版图书若有印装错误，本社负责调换
苏州大学出版社营销部 电话:0512-65225020
苏州大学出版社网址 http://www.sudapress.com

编写委员会

主　　任　张　伟
副 主 任　孙坚烽　费春元　薛　臻　汤艳红
委　　员　(按姓氏笔画排列)
　　　　　王惠明　叶　剑　吉永峰　朱小明
　　　　　何　兵　金伟栋　杨　勤　夏　强
　　　　　蔡俊伦

主　　编　张　伟
副 主 编　薛　臻　金伟栋
编写人员　(按姓氏笔画排列)
　　　　　王江君　吉永峰　吴　丹　肖　尧
　　　　　肖　静　李　华　何　兵　何蓓蓓
　　　　　杨　勤　孟凡辉　徐汝华

序

教育培训工作是干部队伍建设的先导性、基础性、战略性工程,党和国家领导人一直非常重视干部教育培训工作。习近平总书记在一系列重要讲话和著述中,也多次寄语干部特别是基层年轻干部要加强学习和实践。这些论述为新形势下加强和改进基层干部的教育培训工作指明了方向。2013年中组部印发了《2013—2017年全国干部教育培训规划》,继续提出"持续推进大规模培训干部、大幅度提高干部素质的战略任务"这"两大工程",同时提出"两个全面",即"全面深化干部教育培训改革,全面提升干部教育培训质量",继续积极推动了我国干部培训事业的发展。另外,针对基层干部,中央组织部下发了《中央组织部关于加强和改进基层干部教育培训工作的意见》(2011),对基层干部培训提出了新的要求,推动了干部培训特别是基层干部培训的长足发展,取得了较大的成效。基层干部身处国家全面深化改革的第一线,"基层干部离群众最近,群众看我们党,首先看基层干部",重视干部的基层经历已成为习总书记主政之后非常明确的用人导向。

理论是行动的先导,是指导实践的思想武器。2014年12月,中组部在北京召开了全国干部教育培训理论研讨会,重点强调了加强干部教育培训理论研究的重要性。近年来,基层干部教育培训改革创新的实践生动活泼,无论是培训内容、方式方法、办学体制和机制,还是基地、师资、教材等培训能力建设,都取得了新的进展,亟须在理论上进行全面深入的总结和提升。同时,长期困扰基层干部教育培训的一些难题,如理想信念教育的说服力感染力持久力不够、基层专业能力培训的针对性实效性不强、基层培训工作的统筹性不足等,更为重要的是,党和国家事业的发展对基层干部教育培训不断提出新课题,如何做好新常态下的基层干部教育培训工作、如何从严教育基层干部等,都迫切需要通过加强理论研究，从宏观战略层面上思考应对办法。只有加强基层干部教育培训的理论研究工作，及时总结和提升基层干部教育培训实践中好的经验和做法，才能加强基层干部教育培训，切实做好基层干部教育培训工作。

苏州市农村干部学院立足基层干部培训定位，坚持"特色立校、开放办学"的宗旨和"专业化、特色化、差异化"的办学理念，与时俱进地开展基层干部培训改革创新，充分挖掘苏州率先科学和谐发展的新经验、新案例，有效提升了学院的自主创新力、核心竞争力和品牌影响力。近年来，苏州市农村干部学院认真贯彻中央要求，坚持干部教育"为科学发展服务、为干部成长服务"的宗旨，把培训重心定位于基层干部，依托苏州经济社会率先发展的实践优势，深化改革，创新思路，全面提升干部教育培训的"针对性、实效性、实践性"，累计为全国各地培训基层干部20多万人，在全国范围内树立了基层干部培训的特色品牌，并形成了疑问式调研、菜单式设课、多样化教学、开放式师资、应用型科研、追踪式回访"六位一体"的培训模式，走出了一条"面向基层、按需施教、注重实践、提升能力"的基层干部教育培训创新发展之路。2015年是苏州市农村干部学院建校40周年。值此建校40周年之际，苏州市农村干部学院组织了课题组，在对教育培训工作实践总结的基础上，形成了这本《基层干部教育培训模式研究》，冀望能够对今后的干部教育培训工作有所启迪，有所助益。

是为序。

苏州市委副书记 陈振一

2015年9月6日

目　录

导论 ……………………………………………………………………… 1

第一章　基层干部教育培训概述 …………………………………… 15
第一节　基层干部培训相关概念和理论 …………………………… 15
第二节　我国基层干部教育培训的发展历程 ……………………… 28
第三节　主要发达国家公务员的培训模式与经验启示 …………… 34

第二章　基层干部培训需求分析 …………………………………… 55
第一节　基层干部培训需求的特征及层次 ………………………… 55
第二节　基层干部培训需求调研 …………………………………… 58
第三节　构建以需求为导向的基层干部培训运行体系 …………… 69

第三章　基层干部教育培训的运作模式 …………………………… 80
第一节　特色课程的开发与设计 …………………………………… 80
第二节　专兼结合师资队伍的培养与建设 ………………………… 86
第三节　全方位培训质量的控制与管理 …………………………… 92
第四节　后勤管理与服务的保障体系建设 ………………………… 98
第五节　竞争性培训市场的开拓与维护 …………………………… 103

第四章　基层干部教育培训方法创新 ……………………………… 109
第一节　干部教育培训方法创新的内涵 …………………………… 109
第二节　讲授法 ……………………………………………………… 111
第三节　结构化研讨式教学 ………………………………………… 114
第四节　案例教学法 ………………………………………………… 118
第五节　访谈式教学 ………………………………………………… 122
第六节　体验式教学 ………………………………………………… 125

第七节　情景模拟式教学 …………………………………… 128
　　第八节　行动学习法 ………………………………………… 131
第五章　现场教学理论、方法与体系研究 ………………………… 134
　　第一节　现场教学法基本理论 ……………………………… 134
　　第二节　现场教学的要素、特点和功能 …………………… 136
　　第三节　现场教学的基本步骤 ……………………………… 141
　　第四节　学院现场教学中新型教学方式的创新与实践 …… 145
　　第五节　现场教学的注意事项 ……………………………… 152
　　第六节　学院现场教学方式创新探索案例 ………………… 156
第六章　基层干部理想信念教育之访谈式教学 …………………… 159
　　第一节　基层干部理想信念教育特点及现状 ……………… 159
　　第二节　理想信念教育访谈式教学应用流程设计 ………… 166
　　第三节　理想信念教育访谈式教学的课堂实践应用 ……… 175
第七章　基层干部教育培训的展望 ………………………………… 183
　　第一节　基层干部教育培训面临的新形势 ………………… 183
　　第二节　新时期党的执政能力对基层干部教育培训提出的新要求
　　　　　　…………………………………………………………… 188
　　第三节　基层干部教育培训中新技术的发展与应用 ……… 193
　　第四节　基层干部教育培训未来发展的趋势 ……………… 201
第八章　基层干部教育培训模式创新案例 ………………………… 208
　　第一节　坚持"六位一体"，彰显实践特色 ……………… 208
　　第二节　创新培训理念，做强红色教育 …………………… 213
　　第三节　依托先发优势，做活对外培训 …………………… 218
　　第四节　优化培训机制，输出发展经验 …………………… 223
后　记 ………………………………………………………………… 230

导 论

随着经济新常态的悄然来临,基层干部教育培训在取得新成就、新经验的同时,也面临着新情况,出现了新问题。在2013年6月29日全国组织工作会议上,习近平总书记指出,好干部要做到信念坚定、为民服务、勤政务实、敢于担当、清正廉洁,这无疑对基层干部培训提出了更高的要求。《2013—2017年全国干部教育培训规划》继续提出要"持续推进大规模培训干部,大幅度提高干部素质的战略任务,全面深化干部教育培训改革,全面提升干部教育培训质量,努力培养信念坚定、为民服务、勤政务实、敢于担当、清正廉洁的好干部"。由此,干部培训工作的重要性日益凸现,许多关于干部教育培训的新课题、新任务和新要求也接踵而至,必须把进一步加强党员领导干部特别是基层干部教育培训工作摆上重要的议事日程。

一、基层好干部的成长

1. 当前基层干部成为好干部的标准

从党的十七大特别是党的十八大以来,习近平总书记在一系列重要讲话和著述中,鲜明提出并深刻回答了"怎样是好干部,怎样成长为好干部,怎样把好干部用起来"这三个干部工作的根本问题,为新形势下加强和改进干部教育培训工作指明了方向。

习近平同志强调,治国之要首在用人。以什么样的标准用人,树立什么样的导向,这是干部工作的首要和根本问题。习近平同志在全国组织工作会议上鲜明地指出,好干部的标准,从大的方面说,就是德才兼备。他将新时期好干部的具体标准概括为:信念坚定、为民服务、勤政务实、敢于担当、清正廉洁,并突出强调了信念坚定和敢于担当的时代要求。他指出,理想信念坚定,是好干部第一位的标准,是不是好干部首先要看这一条,要通过"六个是否"来检验干部的理想信念;坚持原则、敢于担当是党的干部必须具备的基本素质,担当就是责任,好干部必须有责任重于泰山的意识,坚持党的原则第一、党的事业第一、人民利益第一。此后,2014年在十二届全国人大二次会议安徽代表团参加审议时,习近平总书记对各级领导干部提出了"三严三实"的要求,指出:各级领导干部都要既严以修身、严以用权、严以律己,又谋事要实、创业要实、做人要实。这就是要求各级领导干部要努力践行"三严三实",争当一名好干部,做到理想信念坚定,在关键的时候靠得住,为民、务实、清廉而又敢于担当,从而赋予了干部标准新的时代内涵。

那么对于基层党员干部来说,何为好的基层干部?这就有要扎根基层的坚定信念、一心为民的奉献精神、求真务实的工作作风、清正廉洁的政治本色。具体来说,首先要有坚定的信念。作为新时代的基层干部,要树立起"为国家操劳、为百姓干活、为社会谋福祉、为基层筑和谐"的理想信念,以"三严三实"严格要求自己,勤勉工作,不断进取。首先要有一颗为民之心,有一颗亲近群众的赤诚之心。作为一名基层干部,人在基层,心更要在基层,才能以诚心、耐心、细心换得民心。其次要能听得了反面声音。基层工作情况复杂、矛盾交织,只有通过实地走访察民情,正确对待反面的声音,才能做到真听意见、听得到真意见,才能让问题浮出水面,也才能对症下药、解决问题。再次要有把事干好干实的卓越能力。习近平总书记强调"政声人去后,民意闲谈中",基层工作千头万绪,如果不把心思集中在干事上,不作为,不谋惠民之好事、不办利民之实事,就不可能成为群众口中的"好干部"。最后还要敢于担当。习总书记在《之江新语》一书中谈到了基层干部:"基层干部离群众最近,群众看我们党,首先看基层干部。"这是很重的分量。人们常说,基层干部是这样一个群体:他们不是农民,却常常奔波行走在田间地头;他们不是警察,却往往处在各种矛盾和冲突的中心地带;在百姓眼里他们是"国家干部",实际上他们是处在中国整个行政机构最底端的神经末梢,是深入群众深处的"地板干部"。有关基层干部职业压力状况的调查显示,68.3%的基层干部感觉自己正承受着来自自身职业方面的高强度压力,这严重影响着基层干部的身心健康,基层干部职位已经被认为是"高危职业"。面对"上面千条线,下面一根针"的重重压力,"权力很小,责任很大"的现实困境,基层干部敢闯敢干的担当精神相当可贵。

2. 基层干部如何成为基层好干部

怎样成长为基层好干部?习总书记强调,成长为好干部,一靠自身努力,二靠组织培养。他还曾经指出:"必须从年轻干部的实际出发,在加强理论学习、实践锻炼和教育管理三个基本环节上下功夫。"①因此,基层干部成长,首先是要加强学习。"非学无以广才。"理想信念的坚定首先依赖于坚持不懈的学习。党员干部思想迷茫、精神懈怠、认识不足、能力不足、信心不足、干劲不足,其根源都是放松了理论学习,放松了党性锻炼。基层广大党员干部要始终把学习作为一种责任,向书本学、向实践学、向群众学,在学习中提高素质,提高基层工作的水平和为民办事的能力。其次要参加基层实践。"宰相必起于州郡,猛将必发于卒伍","实践既是干部是否胜任的重要检验标准,也是培养锻炼干部的有效途径",而"基层实践是培养锻炼干部的'练兵场'"。重视干部的基层经历已成为习总书记主政之后非常明确的用人导向,他强调:"干部要深入基层、深入实际、深入群众,在改革发展的主战场、维护稳定的第一线、服务群众的最前沿砥砺前行,提高本领。"基层干部只有经常主动地深入群众中间,从群众中吸取智慧,经过长期、艰辛的基层培养与锻炼,才有可能成为基层好干部。当然,基层干部成长还有一条重要的途径,就是加强基层干部培训。

3. 加强基层干部教育培训是推动基层干部成长为好干部的重要途径

教育培养是干部队伍建设的先导性、基础性、战略性工程。为此,习近平同志还深入阐述了加强干部教育培养的重要性和紧迫性。他指出,形势越变化、党和人民事业越发展,越要重视干部的教育培养。他还明确阐明了干部教育培养的主要任务是抓好理想信念教育,补好精神之"钙",坚定"三个自信"。要把理论武装摆在突出位置,抓好党性教育这个核心、道德建设这个基础。他同时还强调了教育培养干部的基本途径,指出,加强组织培养,切实抓好成千上万各级干部的培训,特别是重要岗位、关键岗位干部的培训,对推动好干部成长具有重要意义。他还一直十分重视对年轻干部的培养,强调年轻干部应该到基层一线去锻炼。习总书记重视基层调研,寄语基层干部要加强基层学

---

① 习近平:《以改革创新精神做好培养选拔年轻干部工作》,《人民日报》2009年3月31日。

习和实践,强调基层干部教育培训是其中重要的一环,可谓意义重大。要加强基层干部教育培训,牢固树立和落实从严教育干部的理念和措施。离群众最近的是基层干部,最了解群众的也是基层干部。基层是党联系群众的桥梁与纽带,基层干部是做好基层工作的骨干力量。基础不牢,地动山摇。必须从严教育基层干部,帮助和引导基层干部高扬理想信念旗帜,保持奋发有为、开拓进取的精神状态;转变作风,深入实际,加强与人民群众的血肉联系;坚守廉洁从政防线,提高拒腐防变能力。因此,新时期必须做好基层干部教育培训工作,助推基层好干部成长;要抓好党性教育这个核心,抓好道德建设这个基础,加强宗旨意识、公仆意识教育。

二、新时期基层干部教育培训的新要求和新挑战

（一）基层干部教育培训面临新要求

2011年中央组织部印发的《关于加强和改进基层干部教育培训工作的意见》,对做好基层干部教育培训工作的指导思想、基本原则、主要任务和工作重点都做了要求。基层干部教育培训,在培训内容上要突出实用性,在培训形式上要突出有效性,在培训管理模式上要突出规范性。基层干部教育培训组织管理的重点,要着力于现代培训制度的建立和完善,以健全的制度促进培训管理的科学化。培训渠道上要突出开放性。

1. 近十年来党和政府持续高度重视干部教育培训工作

党和政府历来高度重视干部教育培训。在党的十六大上,中共中央做出了"大规模培训干部,大幅度提高干部素质"的战略部署,2006年3月颁布了《干部教育培训工作条例(试行)》,2007年制定了《(2006—2010年全国干部教育培训规划》,党的十七大、十八大继续提出大规模培训干部的决策,2008年中共中央制定了《关于2008—2012年大规模培训干部工作的实施意见》,中央办公厅2010年印发了《2010—2020年干部教育培训改革纲要》,2013年印发了《2013—2017年全国干部教育培训规划》,对干部教育培训的办学理念、办学体制、办学方式提出了一系列改革举措。

十八大以来,习近平总书记在一系列重要讲话和著述中,鲜明提出好干部的五条标准,多次对干部教育培训进行科学阐述,发表重要论断,作出重要指

示,提出了一系列新思想、新观点、新要求,为新形势下加强和改进干部教育培训工作指明了方向。2014年7月,中组部印发《关于在干部教育培训中加强理想信念和道德品行教育的通知》,党性教育、理想信念教育在干部教育培训中的比重不断上升。2014年12月,中组部在北京召开了全国干部教育培训理论研讨会,重点强调了加强干部教育培训理论研究的重要性,中组部副部长王京清同志就进一步加强干部教育培训理论研究提出了明确的要求。2015年4月,中共中央办公厅印发《关于在县处级以上领导干部中开展"三严三实"专题教育方案》,再次突出强调了干部教育培训的正确方向。

2. 近年来党中央对基层干部教育培训工作提出新要求

近年来,中央组织部发布了一系列的通知,对基层干部教育培训提出了一系列的指导意见:《关于实施基层干部"科学发展主题培训行动计划"的通知》(2011年)、《中央组织部关于加强和改进基层干部教育培训工作的意见》(2011年)、《中共中央组织部办公厅关于开展基层党组织书记轮训工作的通知》(2012年)。江苏省委也颁发了《2013—2017年江苏省干部教育培训工作实施意见》,对干部培训特别是基层干部培训提出了新的要求。

《2013—2017年全国干部教育培训规划》中有三个要求非常关键。首先就是好干部的五条标准。这是对干部教育培训要培养什么样的干部提出来的标准。其次就是"持续推进大规模培训干部,大幅度提高干部素质的战略任务"(简称"两大工程",下同)。再次就是"全面深化干部教育培训改革,全面提升干部教育培训质量"。相较于《2010—2020年干部教育培训改革纲要》,本次规划中"两大工程"被拓展为"两个全面",这是本次规划在目标方面的新的提法。国家行政学院在调研的过程中发现,2008年到2012年的培训规模共计3.5亿人次,规模还是非常大的,但是,在这五年当中,没有参加过干部培训的干部,基层干部这一块有18.8%,接近20%,也就是说,约五分之一的基层干部五年当中还没有接受过培训。国家行政学院的问卷调查还显示,虽然有98.2%的基层干部对干部培训的质量持比较肯定的态度,但是,仍然有61.26%的同志认为干部教育培训中最大的问题是培训机会少。全国有627万左右的基层干部,人数很多,但很多基层干部参加培训的机会并不多。对村(社区)干部的培训就仅限于党组织书记,也大多是在每次换届后进行一次集中培训。苏州市农村干部学院科研处对大量班次的需求调研也发现,希望培训次数能够达到"每年至少轮训一次"的,占了绝对比例。这说明学员们的培训愿望和需求都比较强烈。这也说明,我国基层干部教育培训,规模有待扩大,质量有待提升,基层干部培训工作特别需要予以重点加强。在未来的干部培训中,还应该继续实施"两大工程"的战略任务,为广大基层干部创造更多的学习机会。

(二)基层干部教育培训面临新挑战

1. 互联网特别是移动互联网本身给基层干部教育培训带来了机遇和挑战

20年前,人们获得知识,需要通过老师教或自己看书;10年前,人们获得知识除了老师教和自己看书,还可以通过电脑上谷歌(google)或百度(baidu);而今,我们又迎来了一个新的时代——移动互联网时代,只要有手机,微博、微信、微课堂成为大家随时随地进行自主学习与交流的平台。身处互联网时代,人们改变的不只有生产方式,还有生活方式和学习方式,互联网给人们带来的不只是行为方式的改变,更是思维方式的变化。基层干部教育培训的对象是广大的基层干部群体,群体学习方式和思维方式的变化是基层干部教育培训改革创新的立足点和出发点,这些变化都给我们的基层干部教育培训带来了新的挑战。

"互联网+"作为全面深化改革的技术引领,被纳入国家经济社会发展战略的顶层设计,必将深刻变革经济社会结构和社会生活方式。随着"互联网+"上升为国家战略,互联网+教育+培训的发展模式将大放异彩,为基层干部教育培训迎来新的机遇,必须充分利用"互联网+"推进基层干部教育培训模式创新。传统的基层干部培训建立了以各基层党校、干部学院为主,高校和社会办学机构为辅的培训框架。各地区、各部门培训相对独立,形成了各自办学、各自为政的局面,造成资源的浪费。依靠以互联网为主的一整套信息技术(包括移动互联网、云计算、大数据技术等)为支撑的互联网+干部教育培训机制可以使教育资源迅速流通,不受时间空间限制,从而给基层干部教育培训的大发展提供便利。因此,随着互联网时代特别是移动互联网的兴起,干部教育培训的改革创新应更多运用信息技术的力量,积极培育平台思维、用户思维、社会化思维、大数据思维,改进培训工作,提高培训实效。

2. "互联网+"引起基层社会治理环境急剧变化给基层干部教育培训带来的挑战

基层干部面临"互联网+"带来的基层社会治理环境急剧变化的挑战。2015年中央政府工作报告提出制订"互联网+"行动计划的重要举措。互联网特别是移动互联网的发展,打破长期以来制约社会创新的藩篱,激发了社会新活力,给基层社会治理带来了新的机遇和挑战。互联网特别是移动互联网的迅猛发展给社会组织提供了线上大规模孕育和超常规成长的历史机遇。2014年底,腾讯微信用户已达到5亿个。如果平均每两个用户中有一个加入微信群、群平均成员规模为200个,简单匡算,作为无须登记的线上社会组织的微信群共有125万个——这一规模是线下实际登记社会组织总量的2倍多。同期,腾讯QQ月活跃账户超过8亿个,按照相同的匡算方法估计,QQ群超过200万个。仅腾讯一家公司的两个APP平台,就孵化形成了总量相当于线下5至6倍的线上社会组织。同时,越来越多的案例表明,线上社会组织并不满足于仅仅充当赛博空间上的虚拟组织,而是与线下活动紧密互动,正在成为对实际行为、生活方式乃至成员命运施以直接影响的重要团体。线上的倡议很容易转化为线下的行动,线下出现的情景和发生的故事则更容易转化为线上的各种"晒"和"八卦",有时二者甚至是没有"时差"的。很多看上去十分松散的线上社会组织,实际上已经具备在关键时刻发挥紧急动员作用的能力。当然,互联网的发展在增强社会活力、提升社会服务、促进社会安全的同时,"互联网+"也会带来社会不稳定因素传导加速、社会公众隐私权易受侵害,以及由数字鸿沟导致新的社会不公平等问题。如何趋利避害,充分发挥积极作用,有效防控潜在风险,是"互联网+社会治理"必须提前做好的功课。因此,互联网特别是移动互联网的发展,给基层社会治理带来新的挑战的同时,也给基层干部的成长带来了新的问题和新的挑战。这必然意味着基层干部培训面临新的问题,出现了新的挑战。

3. 基层干部"不作为"给基层干部教育培训带来的挑战

随着十八大以来中央一系列精神的不断推进,中国慢慢步入了规范化、法制化轨道。在此过程中,必须克服影响干事创业的领导干部不作为现象,尤其是在基层领导干部中,不能任由这一现象滋长。这种现象具有潜在性、隐蔽性与危害性。党的十八届四中全会就此明确指出,"坚决纠正不作为、乱作为,坚决克服懒政、怠政"。基层干部不作为,必然会导致干群关系疏远,导致群众信任度下降,导致党的政策无法落实。基层干部往往被看成政策落地的"最后一公里"的关键一环,基层干部"不作为、乱作为、混日子"会直接造成"最后一公里"短路、不通的恶性循环,严重影响党中央政策制度的落实。基层干部培训必须正确面对这一问题,进行深入研究,以其对基层干部进行正确引导,实现培训目标,推动基层干部成长。

4. 基层干部对如何推动改革存在多重困惑给基层干部教育培训带来的挑战

全面深化改革启动以来,如何打通改革"最后一公里",促使基层贯彻落实好中央制定的改革方案,一直是改革中的重大问题。习近平总书记要求各级干部特别是年轻干部要争当改革促进派,强调要"把那些想改革、谋改革、善改革的干部用起来,激励干部勇挑重担"。各级领导干部改革热情高涨,但基层干部对于如何推动改革,改革工作的边界在哪里,事中事后如何监管,推进改革中中央原则精神如何贯彻等问题都存在诸多困惑,而且基层推动改革强力机构缺乏,制度保障缺乏,改革的积极性往往不高。基层干部教育培训机构必须加强对全面深化改革的各个层面的解读,积极应对这一挑战。

5. 基层治理法治化困境给基层干部教育培训带来的挑战

"法治兴,国家兴"。全面推进依法治国,基础在基层,工作重点在基层,必须着力推进基层治理法治化,增强基层干部法治观念、法治为民的意识,提高依法办事能力。习总书记在十八届中央纪委三次全会上指出,要切实解决好发生在群众身边的不正之风和腐败问题。2015年的中央一号文件,也首次强调了这一点,体现出中央对农村基层腐败问题的高度重视。事实上,一方面,随着新型城镇化的不断进展,由土地而来的利益日益增加也日益成为焦点,全国各地特别是发达地区查处的基层干部涉农腐败、"小官巨贪"案件日益增多,一些地方强制征地拆迁引发的财产权利纠纷和冲突,一些地方村官热衷于经营土地、非法转让集体土地,已成为社会矛盾的突出焦点,一些基层干部不去解决农民反映的现实问题,却热衷于劳教、劫访、暴力打压,有的地方甚至把一个正常上访人员关进精神病医院。另一方面,快速城市化进程中,城市近郊的人口结构多元、流动性大、利益矛盾复杂、社区多头管理与相对薄弱的公共服务和执法之间的矛盾日益突显。发达地区农村股份合作经济获得了巨大发展,股权固化持续进行,但仍然存在政经不分、股份合作停留于房东经济、农民持续增收机制新动力不足、股权固化清产核资困难、农村公共服务供给能力不足等问题。所有这些都考验着农村基层干部的法治化治理能力。基层干部教育培训必须加强相关问题的研究,以其更好地引导基层干部成长。

6. 年轻干部特别是优秀年轻干部逃离基层倾向日益明显带来的挑战

现在基层还存在留不住年轻干部,特别是优秀的年轻干部的问题,影响基层干部队伍的稳定性,导致人才流失的"蝴蝶效应",造成基层用人时的捉襟见肘。这一方面是因为年轻干部理论与实践脱钩严重,另一方面则是因为晋升困难,不少年轻干部过早地看到了自己人生的"天花板"。基层干部培训在课程设计的过程中,也必须正确面对这一问题,切实地为基层干部答疑解惑。

(三) 当前基层干部教育培训中的新问题

具体来说,当前基层干部教育培训的问题突出表现在以下几个方面:

1. 对基层干部重要性的认识不够

干部成长规律表明:干部成长是个人素质、组织环境和社会环境等内外部条件相互联动的结果,干部教育培训在其中发挥着基础性的作用。部分领导没有形成"培训就是生产力"的时代观念,不能站在全局和战略高度认识"两大工程"的基础性、战略性作用,以及干部教育特别是基层干部教育培训的重要意义;不能认识到加强干部教育培训,是提高干部队伍领导在新常态下解决复杂问题能力的迫切需要,是提高干部队伍应对新常态,把中国特色社会主义事业、中国梦的进程不断推向前进的迫切需要,是全面提高干部队伍素质的迫切需要,是在新常态下继承和发展我们党重视干部教育培训这一优良传统的必然要求。由此,首先,相当一部分领导干部把干部教育培训工作看作"软任务""虚功夫",甚至认为干部培训见效慢、影响经济工作,对干部教育培训采取消极态度。其次,由于基层干部事务繁杂,实践经验丰富,对本领恐慌的压力缺乏充分的感受,对参加培训的重要性认识不足,大量存在"说起来重要,干起来次要,忙起来不要"的现象,严重阻碍了干部教育培训工作的改革、创新和发展。最后,培训对象狭窄,对基层干部培训重视不够。《干部教育培训工作条例》第十一条规定:干部教育培训的对象是全体干部。但目前上级调训和基层自主培训的对象,大多是党政主要领导、优秀中青年干部,全员培训的局面没有形成,这仍然是基层干部培训的突出问题。

2. 基层干部培训针对性和实效性不强

"培训与否差不多,培训前后一个样"的现象,仍是基层干部培训中存在的较大的一个问题。中组部以及全国组织工作满意度民意调查都显示,"培训走过场,缺乏针对性,不解决实际问题"仍然是当前基层干部教育培训工作中存在的主要问题。首先,基层干部教育培训长期以来存在管理不够规范,培训脱离需求,多头培训突出,重复培训严重等问题。其次,培训内容联系实际工作不紧,不能展开深层次研究、探讨,言之无物,泛泛而谈,实用性和可操作性不强。培训设计差别化和个性化不足,满足不了干部成长中大量增长的"充电"式培训需要,不能很好地发挥出培训在提高素质、解决问题上的应有作用。再次,基层干部教育培训效果不易评价,培训实绩难以凸显,干部培训主管部门的主观能动性不易激发,培训机构甚至培训教师工作的积极性、主动性和创造性不易激活,受训对象的培训欲望不强,致使干部教育培训中的问题难以切实解决。最后,干部培训中还严重存在片面追求高大上、不重实效重品牌的倾向。以考察代培训、天价培训,是当前干部培训中值得关注的新倾向。当然,让干部适时地外出进行实地考察,在鲜活的事例中增长见识、提升技能,或者适时地进入名牌大学的课堂,确实都是行之有效的学习方法。但是不顾实际需要、不求实际效果的考察和学习,甚至以旅游代考察、以考察代培训,屡屡催生一些大学或培训机构的天价培训,往往会产生负面效应,不利于推动基层干部教育培训工作的健康发展。

3. 基层干部培训机制不够健全

首先,干部的选拔、任用和教育培训相结合并不紧密,基层干部培训的意义和作用无法凸显。虽然《干部教育培训工作条例》规定干部参训情况要纳入年度考核和任用考察内容,但在不少地方、部门和单位仍是一纸空文,导致参训干部缺乏压力、动力和热情。其次,基层干部教育培训的考核与评估制度、激励和约束机制不完善,教育培训考试考核制度执行不严,管理考评乏力,只要参训一般都能及格,训与少训甚至不训区别不大,导致部分基层干部在培训期间忙于公关,学习不扎实,极大地影响了干部培训的效果和质量。再次,基层干部院校主体作用难以发挥,工作较为被动。其职能释放、作用发挥,皆取决于主管部门态度如何、重视与否,主动性不足。最后,干部教育培训协调管理机制不完善,导致资源利用率低,多头办学、乱收费情况依然十分突出,部门竞相办班、各自为政现象依然严重,严重干扰了干部教育培训工作。最后,基层干部培训方法创新不实。一方面,"灌输式"教学方式在目前的干部培训课堂,仍然占据主要地位。另一方面,在中央精神的推动下,基层干部院校加大了研讨式、案例式、体验式、情景式等新型教学方式的创新,但与这些方式方法相适应的考评、效果跟踪等机制尚不健全,教师对这些新型教学方式的适应能力不足,培训实效往往并不明显。干部培训院校在下功夫保持自我特色、打造精品课程、建设名师队伍、改进教学管理、提升服务质量诸多方面任重而道远。

4. 基层干部培训内容不够完善

目前的基层干部培训,往往出现培训内容片面,不重根本,存在导向偏差的问题。这一方面表现在基层干部对政治理论学习兴趣并不太浓,并不重视"理想信念教育""党的基本理论特别是中国特色社会主义理论体系"等知识的培养和学习。另一方面,由于培训的市场化,一些著名高等学府也在基层干部教育培训方面跃跃欲试,一些国外培训机构也开始涉足基层干部教育培训,这些新的培训机构和培训教师在知识、影响力等方面优势明显,但学术研究无禁区、干部教育有纪律,由于缺乏规范管理,一些激进的教授把自己的非正统研究成果随意"兜售",有的甚至与党的路线方针政策背道而驰,这样的干部教育培训就成了名副其实的"反面教育"甚或"反动教育",必然导致基层干部培训出现导向偏差。

总的来说,目前干部培训工作的整体进展还是不错的,经费有较大保障,受训对象积极性较高,培训机构定位较为明确,培训方式也有较大创新。但是,问题依然是存在的,这包括:基层干部培训重要性的落实力度不足,基层干部培训的针对性和实效性不够,基层干部培训机制不够健全,内容导向存在偏差,培训方法创新不实,基层干部教育培训资金保障性还不够强;基层干部教育培训缺乏研究;基层干部培训机构混乱,缺乏规范,停留于低层次;培训者培训机制不健全;培训的计划性和连续性不强;等等。这与《干部教育培训条例》规定"一般每年累计不少于12天"的要求相距甚远,表明在基层"大规模培训干部"尚未形成气候,"大幅度提高干部素质"亦未引起足够重视。

三、创新基层干部教育培训模式,加强基层干部教育学学科建设

新时期,面对中央和习近平总书记对基层干部教育培训的新要求,应对基层干部成长中的新问题,针对基层干部教育培训中的主要不足,我们必须加强基层干部教育培训模式创新,加强基层干部教育学学科建设,及时总结基层干部培训院校干部培训工作取得的成就、积累的经验以及存在的问题和解决的路径,同时,运用学习理论、成人教育理论等,借鉴外国基层公务员成功培训经验,充分认识、科学把握我国现有的基层干部教育培训模式,提供构建新形势下基层干部教育培训模式的依据,这对于推动基层干部教育培训事业的发展,切实提升基层干部基层治理的能力和水平,具有重要的意义。

1. 基层干部教育培训模式创新

基层干部教育培训的重要性已经引起各级党和政府的重视,各级组织都相继出台了一些规划,开展了不同规模的培训。如何面对基层干部工作上不断出现的许多需要研究解决的新矛盾、新问题,取决于基层干部队伍的综合素质和驾驭复杂局面的能力。建设一支高素质的基层干部队伍是基层干部院校培训工作的主要目标。基层干部培训院校有义务有责任通过干部教育培训不断提高广大干部的知识水平、业务能力,以很好地胜任本职工作。因此,基层干部院校要立足基层实际,改革创新培训模式,研究探索适合基层干部院校的干部培训模式,加强基层干部院校干部培训方式、内容乃至体制上的研究,不断总结培训成功经验,发挥基层党校与基层干部直接面对面、对基层情况较熟悉的优势,积极探索基层党校更为有效的干部培训管理模式,使干部培训的针对性和实效性不断得到增强,这成为教育理论工作者和基层党建理论工作者不可推卸的责任。

2. 基层干部教育培训理论、基层干部教育学学科进展

理论界对干部教育培训问题有过一定的研究和论述,但从总体上研究干部院校干部教育培训问题的专著和文章很少,尤其从基层干部院校角度所作的研究更少。面对新经济、新常态,基层干部院校固有的干部培训方式、内容已远远满足不了干部的培训需求。基层干部院校必须发挥好培训基层干部的

作用,实现对基层领导干部的有效培训,这只有在正确的理论指导之下才能实现。因此,要大力加强对基层干部教育培训的"两个规律"的研究,积极进行基层干部教育学的学科建设。这就要深入研究基层干部院校干部培训规律,不断总结基层干部院校干部培训已有经验,结合实际借鉴国内外培训经验,分析培训规律,进而上升为指导理论,逐步形成基层干部院校干部培训模式理论体系,有效提升基层干部院校干部培训水平,从而积极推进基层干部培训工作迈向科学化轨道。事实上,对基层干部培训规律、基层干部成长规律的深入研究,可以大大推进干部培训理论研究工作的深入开展,提升干部培训理论的总体水平。因此,在总结古今中外干部培训的理论基础上,探讨在新经济、新常态背景下怎样提高基层干部培训时效性,研究基层干部培训的各种路径,可以丰富和补充培训研究领域的成果,推动干部教育学特别是基层干部教育学学科建设的顺利开展。

3. 关于本书章节的一些说明

本书第一章主要介绍基层干部培训的相关概念和理论,讨论相关干部培训理论对基层干部教育培训的指导和借鉴作用,分析我国基层干部教育培训的发展历程,探讨国外初级公务员培训的成功经验对我们基层干部教育培训模式的启示。

本书第二章对基层干部培训需求进行分析,以苏州市农村干部学院的基层干部培训需求调研的实践为基础,分析基层干部培训需求的各个方面的特点,同时分析我国基层干部教育培训在落实按需培训方面存在的问题,为进一步改进基层干部教育培训需求调研指明方向。

本书第三章对基层干部教育培训运作模式的方方面面进行综合性的分析介绍,包括特色课程的开发与设计、师资队伍的培养、培训质量的控制与管理、后勤保障、培训市场的开拓与维护等,提出相关建议。

本书第四章立足于苏州市农村干部学院基层干部教育培训方法创新的成功实践,探讨基层干部教育培训方法创新问题,全面分析讲授法、结构化研讨式教学、案例教学法、访谈式教学等相关教学方法的优点、不足及其在基层干部教育培训中的应用。

本书第五章全面总结苏州市农村干部学院在现场教学创新方面的成功做

法,介绍现场教学的理论、相关要素、特点、功能以及实施的步骤,探讨现场教学在实施过程中的注意事项,同时提供成功的现场教学案例。

本书第六章基于苏州市农村干部学院的成功实践,针对新时期基层干部成长的问题,探讨基层干部理想信念教育之访谈式教学的实施流程和课堂实践应用情况。

本书第七章全面分析基层干部教育培训面临的新形势、新要求、新技术的挑战和应用以及未来发展趋势。

本书第八章介绍基层干部教育培训模式创新的相关成功案例。

第一章 基层干部教育培训概述

第一节 基层干部培训相关概念和理论

一、基层干部培训的相关概念

(一) 基层干部的相关概念

1. 干部的概念

干部,是一个外事词,它被许多国家采用。它源于法国,法文为 cadre,意为框架、军官、高级管理人员、社会团体和企事业首脑等。1922 年 7 月,中国共产党第二次全国人民代表大会制定的党章中,首次使用了"干部"一词。从此以后,在党和国家机关、军队、人民团体、科学、文化等部门和企事业单位中担任一定公职的人员都被称为干部。党的十二大党章明确指出:"干部是党的事业的骨干,是人民的公仆。"这是对我国干部本质特征所作出的科学概括,也是区别于任何剥削阶级官吏的根本标志。

2. 基层干部

基层应该是一个大概念,既包括广大农村,也包括城市的街道社区;既涵盖县级以下党政机关、企事业单位和社会团体组织,也包括非公有制组织和中小企业;既包含自主创业、自谋职业,也包括艰苦行业和艰苦岗位。县团级以下都是基层干部,县团级到厅局级为中层干部,厅局级以上为高级干部。

要注意区分机关内设公务员和基层干部的不同。县教育局的局长,他是不是基层干部?他是基层干部。实际上,机关内设机构公务员就是中央国家机关司局级以下、省直机关处以下、市直机关科以下这三级干部,详细来说就是包括中央、省(区、市)、市(地、州、盟)三级中国共产党、人大、政府、政协、审判、检察、各民主党派和工商联等八大系统机关中,不由上级或同级组织部门管理,而是由本机关人事部门管理的干部。机关内设机构公务员特点有三:一是规模大,达500万人,占公务员队伍的71.2%。二是分布广,分布中央、省、市各个层级和各大类机关。三是职责重,是领导决策的参谋者、落实者。

而基层干部包括:县(市、区、旗)直属部门机关干部,乡镇(街道)干部,县域企事业单位领导人员,村(社区)主要负责人,乡村集体经济组织中的党组织负责人,非公有制经济组织和社会组织党组织负责人等。县里教育局局长和科员,显然都是基层干部。初步估算,全国的基层干部大约627万名。这是一个非常庞大的队伍。研究这个群体的教育培训工作,还是非常有意义的。

(二)基层干部教育培训的概念

1. 教育的概念和内涵

"教育"(Education)是培养人的一种社会活动,是传递生产经验和社会生活经验的必然手段,它同社会的发展、人的发展有着密切的联系。在《说文解字》中,教是"上所施,下所效也",育是"养子,使作善也"。在《周礼·师氏》注中,教是"教之者,使识旧事也"。作为由教与育两字合成的"教育"一词,在中国最早见于《孟子·尽心上》:"得天下英才而教育之。"因此,从广义上说,凡是增进人们的知识和技能、影响人们思想品德的活动,都是教育,培训也在其中。狭义的教育,主要指学校教育,其基本模式是:学校把人关在校园里,把他们加以分类和选择,教授一个领域和一个学科的基本知识和技能,而不是针对某一特定的工作和职业。英国著名教育专家德里克·郎特里(Derek Rowntree)在其《教育词典》中对"教育"的解释是:"学习知识、技能与正确态度的过程,这里所学的应值得学习者为之花费精力与时间。"

2. 培训的概念和内涵

培的本义是垒土,以适宜的条件促使植物成长和繁殖,如《礼记·中庸》说"故栽者培之"。训,最早主要指的是军事上的教练、操练兵士,王安石《举渭川兵马都监盖传等充边上任使状》中说"如有智略,能训治军旅"。后来的培训(Training)一词是培养和训练的合成,其意思是使接受培训者能获得工作技能,获得能力提升以适应工作的需要。在现代社会,培训是给新员工或现有员工传授其完成本职工作所必需的正确思维认知、基本知识和技能的过程。具体来说,"培训"是一种有计划、有组织的教育和学习,目的在于扩展参训者的知识,提高其工作技能水平,转变其工作态度,发挥其工作的积极性和能动性,为所在组织创造更高的社会效益和经济效益。它是一种有组织的知识传递、技能传递、标准传递、信息传递、信念传递、管理训诫行为。目前国内培训以技能传递为主,时间侧重在上岗前。

从现象上看,培训也是一种教育活动。但从严格的意义出发,培训和教育还是有着较大的区别的。一般意义上的教育看重的是对社会发展的一种长远投资,与这种只能够提供一些基本的专业知识和层次较低的技能的普通教育活动相比较,培训的根本目的是提高受训者履行岗位职责的能力,目标更具针对性,与现实更贴近,更注重培训效果的实用性。曾任美国埃克森石油公司培训高级顾问的詹姆斯·普耐德认为,衡量培训效果的标尺,不是检查学了多少,而是要看用了多少;培训的焦点是行为活动的技能;培训不是为了知道得更多,而是为了行为的改变。由此可以看出,培训活动是对从业人员或预备从业人员进行劳动力生产与再生产的过程。为了提高劳动生产率和个人对职业的满足程度,直接有效地为组织生产经营服务,组织就不断采取各种方法,对各类人员进行教育培训投资活动。美国经济学家、诺贝尔经济学奖得主舒尔茨发现,只有作为资本和财富的转换形态的人的知识和能力,才是社会进步的决定性原因。组织培训是快速提升员工知识和能力的重要形式。

3. 教育培训

教育培训是近年来逐渐兴起的一种将知识教育资源信息化的机构或在线学习系统。一般来说,这种机构或网站会包含从幼教到大学,甚至博士或者出国等各个阶层的教育信息,也有包括对现任职位的工作者或者下岗人员等类别的技能培训,是以提供教育资源和培训信息为主要内容的专门性网站或培训机构。2012年,整个中国的教育培训市场总值已经达到9600亿元,平均每年的复合增长率达到12%。尽管行业发展还不成熟,但即使在国际金融危机的大背景下,中国教育培训产业仍呈逆市上扬的态势,教育培训市场利润丰厚,已被公认为是朝阳产业和最具"钱景"的市场之一。

4. 干部教育培训

干部教育培训是指国家机关及其党政部门,为了正确实现党的宗旨和目标,保证党的事业健康发展,推动党的事业不断前进,根据党的事业建设发展的需要,并结合党在各个历史时期的中心任务,依据党的路线、方针、政策,以党政机关和企事业单位在职的各级各类干部为培养对象,提高广大干部的政治、理论、文化和业务素质为基本内容的一种社会活动,其目的是提高干部的理论素养、思想品德、业务能力、知识水平,牢固树立广大干部全心全意为人民服务的思想,建设高素质的干部队伍。干部教育培训在党的建设和经济发展中所起的作用,决定了干部培训在整个国家行政管理过程中的重要性。干部教育培训是增强干部思想政治素质并提高干部工作能力和执政能力的重要保障,是治党、治国、治军,实现社会主义现代化的基本前提。

5. 基层干部教育培训

基层干部教育培训就是坚持以人为本,紧扣科学发展和服务基层干部这两个要求,准确把握基层干部特点和学习需求,坚持因地制宜、分类实施的原则,以解决基层工作重点难点问题为前提,对基层干部开展的有针对性的培训。因此,基层干部教育培训的主体是基层干部,他们正是处在我们国家改革发展稳定的最前线、第一线,是党的路线、方针、政策的具体执行者和直接实践者,对于推动科学发展、促进社会和谐振、服务人民群众具有重要作用。基层干部教育培训的主要内容是指在职期间开展继续教育,如岗位培训、任职培训、专门业务培训、新录(聘)用的初任培训以及其他培训等。

二、基层干部相关培训理论

（一）基层干部教育培训可以借鉴的西方教育培训相关理论

1. 终身教育理论

终身教育(Lifelong Education)是古老的教育思想。但是,随着现代社会历史的飞速发展,终身教育思想日益成为现代社会占主导地位的教育思想。在我国的21世纪教育现代化建设任务中,将终身教育体系的构建划分为三个阶段:从20世纪末到2010年为终身教育体系的构建准备阶段;从2011年到2020年为终身教育体系的构建实施阶段;从2021年到2050年为终身教育体系的完成和自我完善阶段。党的十八大报告明确强调:"办好学前教育,均衡发展九年义务教育,完善终身教育体系,建设学习型社会。"可以看出,终身教育、终身学习是社会全面进步的必然要求,也是基层干部培训的基本支持理念。因此,把握终身教育理论的来龙去脉,对加强基层干部教育培训工作具有重要的理论意义和现实意义。

终身教育思想在古代希腊就已经产生。苏格拉底的一生都在追寻智慧,他认为,"只要一息尚存,我永不停止哲学的实践,要继续教导、劝勉我所遇到的每一个人"。17世纪教育家夸美纽斯在《泛教育论》手稿中提出了类似今天终身教育的思想,强调"对整个人类来说,整个世界就是学校,从宇宙的开始到终结都是学校;同样,对每个人来说,他的生活,从摇篮到坟墓就是学校"。

英国成人教育家巴兹尔·耶克斯利最早明确提出了终身教育的概念。1929年,耶克斯利在其代表作《终身教育》一书中详细阐述了他的终身教育思想。达夫在《终身教育与学校的回顾》一书中给终身教育下了较为确切的定义:终身教育是个综合概念,它包括人一生中的正规的、不正规的和非正规的各科学习,其目的在于使人的社会的和专业生活达到最完满的发展。终身教育是把教育看作一个整体,这个整体包括家庭、学校、社区和工作场所的各式各样的学习活动,它借助于大众媒介以及其他情境和结构来获取智慧并改进智慧。

1965年12月,在巴黎第三届国际成人教育促进会议上,保罗·朗格朗(Paul Lengrand)首次作了以"终身教育"为题的学术报告,认为把人生分成两半,前半生用于受教育,后半生用于劳动,是毫无根据的,教育应当是每个人一生的过程。1970年,朗格朗出版了《终身教育引论》这部科学的终身教育理论代表作,认为终身教育是人从出生到死亡的过程中接受的所有教育的总和,"是完全意义上的教育,它包罗了教育的各个方面、各项内容,从一个人出生的那一刻起一直到生命终结时为止的不间断发展,包括了教育发展阶段各个关头之间的有机联系"。终身教育与传统教育相比具有明显特征。首先,终身教育使人的一生都成为学习过程,不受传统学校学习年限的限制。其次,终身教育包括正规的、不正规的和非正规的各种学习形式,以学校为依托,把家庭、社会和工作场所都当作学习的场所。它不仅注重教师指导下的学习,而且注重自我指导的个人学习。第三,终身教育把学习同工作、同休闲结合起来,大大有利于个人成长和社会进步。总之,终身教育的概念扩大了、深化了,它的内涵和外延增进了新的因素,终于成为当代世界一种重要的教育思潮[①]。

1973年,经济合作与发展组织出版了《回归教育:终身学习的策略》,提出人在完成义务教育或基础教育后,还可以从职业岗位再度回归到教育机构,去重新接受教育,它体现的正是终身教育的一种综合性战略思想。现今的法国、德国、意大利、比利时、瑞典等一些欧洲国家,都已普遍地实施了带薪教育休假制度(Paid Educational Leave),而其理论依据即取自于回归教育的构想。日本从20世纪80年代开始实行大学及大学院(研究生院)面向社会开放、正式课程招收社会大学生(在职带薪人员)等政策,这也是受了回归教育思想的影响。

1968年,美国成人教育家赫钦斯(R. M. Hutchins)在其著作《学习化社会》(The Learning Society)中首先提出了学习化社会的概念。赫钦斯认为,教育的根本目的是为了个人人格的日趋完善,必须对人的价值观和学习观进行变革,创造"学习化社会"。学习化社会是指以学习及人格形成为目的,并为了实现这一目的而使所有现在的制度都能发挥作用,以最终形成一个能保证这一社会全体成员的能力得到最大限度发展的社会。1972年,由联合国教科文组织国际教育发展委员会主席埃德加·富尔(Edgar Faure)执笔的名为《学会生存——教育世界的今天和明天》的报告,把"学习化社会"作为未来社会形态的基本概念正式推出,进一步确认了构建学习化社会是终身教育的终极目标。富尔认为,社会的教育功能正在由传统的教学向自学转变,要实现培养"完人"(Complete Man)的目标,必须促成学习化社会的形成,而一个所有部门都参与教育工作的社会,一个把教育放在最优先地位的社会,一个人们自觉主动地学习的社会,就是"学习化社会"。1996年,时任国际21世纪教育委员会主席的雅克·德洛尔(Jacques Delors)向联合国教科文组织提交了《教育——财富蕴藏其中》这一报告,阐述了构建"学习化社会"的必要性,建议把终身教育建立在"学会认知、学会做事、学会共同生活、学会生存"这四个支柱之上。

1997年,第五届世界成人教育大会通过了《汉堡宣言》和《为了成人学习

---

① 曹延亭:《终生教育为什么会成为当代世界的一个重要教育思潮》,《外国教育研究》1985年第3期。

的未来》两份纲领性文件,明确提出:为了构筑学习化社会,必须建立终身学习体系,把正规教育和非正规教育的功能和效果紧密结合起来。宣言认为,"知识经济"社会的出现,信息量的迅速膨胀,使获取和使用信息成为人们生存的重要能力,唯有教育,特别是对成人的教育,是帮助人们面对这些变革的有效手段;应从目标、内容、方法方面重新认识成人教育的重要意义。①

2. 成人学习理论及其基本观点

1928年,美国著名心理学家桑代克所著《成人学习》一书的出版,标志着西方成人学习理论研究的开始。20世纪中叶以来,由于成人学习和成人教育运动的广泛开展,成人学习问题成为广泛受重视的研究对象,逐渐形成了若干理论流派:以诺尔斯(M. Knowles)为代表的成人教育学理论,以麦克鲁斯基(Y. H. Mcclusky)和诺克斯(A. B. Knox)为代表的成人学习生活情境理论,以麦基罗(J. Meziruw)为代表的成人学习知觉转换理论等当代西方成人学习理论。②

学习即变化。学习会产生一种相对稳定的行为变化,这种行为变化主要表现在以下三个方面:"文化"的变化,获得新知识和新经验和对已经获得的知识或经验的再排列和再组织;技能的变化,获得更有效的工作与生活技能;态度的变化,对一个问题或一件事物产生与以往不同的理解。成人学习有许多方面与成人面临的任务或职责有关,学习所带来的变化发生在成人不断面对的转变着的发展任务之间。参加学习的成人情绪一般都极为高涨,他们提高了对自己的认识,懂得了自己的前进方向,更善于接受知识,更善于表达自己的思想,更有自信心。学习使他们变成了良好的个人。

学习的"操纵者"只能是学习者本身。著名成人教育家艾伦·陶等认为,学习活动的"操纵者"只能是学习者本身。人随着年龄的增长,逐渐趋向成熟,其主要的标志就是从依赖型走向独立自主型。在学习过程中,由于独立自主型自我概念的作用,成人学习者总是能够"诊断"自己的学习需要,确定自己的学习内容并评价自己的学习效果。因此,成人教育学必须是一门帮助成人进

---

① 本部分参阅林钧:《国外学习化社会理论与实践》,中国经济出版社2013年版。
② 参见宋尚桂:《当代西方成人学习理论述评》,《济南大学学报》1998年第3期;高志敏:《国外成人学习理论述评》,《外国教育研究》1989年第3期。

行学习的科学与艺术。

学习动力来自学习者的内在。美国成人教育理论家梅里安和伊利亚斯提出：成人进入教育情境往往出于自愿，而非出于强迫。对于绝大多数成人学习者来说，主要是他们自己强迫自己进行学习，成人学习者总是希望"学其愿所学，闻其愿所闻，观其愿所观"。

学习过程是一个渐进的选择性感知过程。成人的学习过程是一个感知或理解的过程，各人所习得的不同的外显行为、观念、感情、信仰、价值观等均是各人不同的感知与理解的结果。这是一个渐进性的过程。成人的"态度变化"尤其需要一定的时间跨度，操之过急、急于求成以及过分直接的方法可能会改变人的行为，但它的保持时间是不可能长久的。成人的感知过程还往往是一个非常困难，甚至是痛苦的过程，成人要改变自己的观念和习惯，并不容易但却必须。当然，一旦树立新观念、形成新习惯，获得的便是极大的愉快和满足。

学习过程中智力发展与感情发展必须保持平衡。学习理论认为，在学习过程中，智力发展与感情发展保持平衡至关重要。成人学习中感情问题尤为突出，各种传统偏见都会导致学习者出现感情上的不平衡，产生心理障碍，影响学习效果。一旦克服这种心理障碍，成人学习的热情就会比较持久地保持。

成人学习是一种互相协助、解决问题的活动。不同于青少年的身份是学生，成人的身份是成员，作为成员身份的成人的学习主要是为了解决所面临的职业与生活的实际问题，就是一个"对遇到的问题和所要确立的问题进行一系列实验的活动过程"，而进行这种学习的最佳方法又莫过于问题解决法。成人教育实践表明，问题解决法十分有利于学习者增强解决问题的能力。成人学习还是一种互相协作的活动。成人具有丰富多样的经验，这些经验不仅是成人学习优越的条件，同时也为成人学习者群体共同解决问题提供了宝贵的资源。

良好的情境有利于成人学习。良好的情境有利于成人学习，应该积极创造共同参与、有学习意义、充分尊重学习者、各抒己见、宽容、开放、能够充分表露内心世界、互相交流的学习情景，以促进学习者之间互相交流、分析、争论和学习。

3. 干部培训需求分析理论

培训需求分析既是培训目标和培训规划确定的前提，也是进行整个培训的基础性活动,是培训活动的首要环节①。

(1)三层分析理论。戈德斯坦(Goldstein)认为培训需求分析应从组织分析、任务分析和人员分析三个方面着手。组织分析研究整个组织的战略,制订培训计划,确定培训时间及地点;任务分析以工作任务研究为基础,确定培训项目和内容,包括检查工作说明书,工作的具体内容和完成工作所需的知识、技能和能力等内容;人员分析基于员工实际状况与理想要求之间的"目标差",从而确定培训目标与培训内容的依据。通过上述三方面分析结果的比较和综合,就能揭示出培训任职者最必要的知识、技能和态度。

(2)基于意图的培训需求分析理论。罗塞特(Rossett)需求分析理论认为,需求分析应从不同的角度出发,收集各项涉及培训需求的具体信息。信息角度即需求分析的意图,这些信息角度应当包括:理想状态的信息,包括理想的绩效状况及职位对知识、技能和态度的需要;实际状态的信息,包括员工对所需知识、技能和态度的实际禀赋情况,受训者及相关人士对工作的感受等;产生绩效问题的可能原因;解决问题的可能途径。产生绩效问题的原因分析是整个培训需求分析的关键环节,包括环境阻碍、激励、知识技能和动机等四类原因分析。环境阻碍包括组织人事上的阻碍、政策问题和技术工具原因;激励因素涉及管理层设置的激励形式的有效性;知识技能因素涉及员工对工作所需知识和技能等的掌握程度;动机因素涉及工作动机,即员工对工作所持的态度。

(3)需求层次理论。马斯洛(Maslow)需求层次理论重在解释人格和动机。个体成长的内在动力是动机,而动机是由多种不同层次和不同性质的需求所组成的,不同需求可划分为不同层次和顺序,不同层次的需求及其满足程度决定了个体的人格发展境界。需求层次理论将人的需求划分为五个层次,即生理需要、安全需要、社会需要、尊重需要和自我实现需要。低级需要或生理需要的本能或冲动沿生物谱系上升方向逐渐变弱,高级需要则是随生物进化而逐渐显现的潜能或需要。人都潜藏着这五种不同层次的需要,但在不同的时期,各种需要的迫切程度是不同的。最迫切的需要才是激励人行动的主要原因和动力。低层次的需要基本得到满足以后,它的激励作用就会降低,高

---

① 本部分参阅许守盘:《基层党校干部培训模式研究》,经济科学出版社2013年版。

层次的需要就会成为推动行为的主要原因。有的需要一经满足,便不能成为激发人们行为的动因。

4. 人力资本理论

西方人力资本早期的思想渊源主要集中在古典经济学的理论和思想中,现代人力资本理论体系则以舒尔茨《人力资本投资》代表[①]。

亚当·斯密首先较为系统地论述了人力资本思想,认为劳动力是经济进步的主要力量,全体国民"后天取得的有用能力"都应被看作是资本的一部分,应该对获得技巧所需耗费的劳动与时间给以合理的报酬。让·萨伊提出了"人力所创造的不是物质而是效用"的观点,认为劳动是后天取得的一种能力,需要由每年用以教养他的款项累积形成[②],从而阐述了人力资本的形成。李斯特提出了"精神资本"的概念,即现代人力资本概念的雏形。穆勒对于构成人力资本投资主要内容的家庭教育投资、社会教育投资及生育和健康投资、人力资本的取酬规则等都进行了论述和探讨。较早使用"人力资本"概念的经济学家是法国的莱昂·瓦尔拉斯,但他的人力资本"不是人工所产生的",把人力资本等同于人本身的理解显然是存在问题的。英国的阿尔弗里德·马歇尔认为"一切资本中最有价值的莫过于投在人身上面的资本",对人力资本的基本特征、企业家人力资本等问题进行了详细的论述。

1960年,西奥多·W.舒尔茨的《人力资本投资》的演讲把资本划分为人力资本和常规资本(或物质资本),明确阐述了人力资本的概念和性质、人力资本投资内容与途径、人力资本在经济增长中的关键作用,标志着现代人力资本理论体系的形成。他批评了传统经济学关于资本同质性的假设,并强调人力资本具有较高的收益率,所以人力是决定经济增长的最主要因素,许多无法用传统经济理论解释的经济增长问题都可以从人力资本对经济增长的推动作用中得到解释;教育投资是人力投资的主要部分,是提高人力资本最基本的手段,人力投资也可被视为教育投资问题;发展中国家要想实现经济的快速发展,关键因素就在于人的生产技能的提高,在于对教育的投资,在于人口质量

---

① 本部分参阅左聪颖、杨建仁:《西方人力资本理论的演变与思考》,《江西社会科学》2010年第6期;许守盘:《基层党校干部培训模式研究》,经济科学出版社2013年版。

② (法)让·萨伊:《政治经济学概论》,商务印书馆1963年版。

的提高。美国经济学家加里·S.贝克尔系统阐述了人力资本生产、收益分配规律等问题,为现代人力资本理论奠定了坚实的微观基础。1986年美国经济学家罗默在《收益递增与经济增长》中建立了简单的两时期模型和简单的两部门模型这两个增长模型,两时期模型得出了"知识是现代经济增长的主要源泉"的结论,两部门模型区分了物质劳动(L)或称原始劳动(Raw Labor)与具有专业化知识的人力资本(H)两种人力资本形式,认为只有后者即人力资本才能促进经济增长。1988年卢卡斯在《论经济发展的机制》论文中提出了人力资本积累增长模型,强调劳动者脱离生产、从正规或非正规的学校教育中所积累的人力资本对经济增长的作用。

人力资本理论要求我们重视干部培训特别是基层干部培训的重要意义,明确基层干部培训对我国经济社会发展的重要作用,并做好收益成本分析,选择适当的培训途径和模式。

(二)党和国家领导人的基层干部教育培训理论

以毛泽东同志为核心的党的第一代中央领导集体,开创了党的干部教育事业,确立了它在党的工作中的重要地位,形成了干部教育的指导思想、方针原则和基本方法。毛泽东同志指出,"我们要建设大党,我们的干部非学习不可。学习是我们注重的工作,特别是干部同志,学习的需要更加迫切,如果不学习,就不能领导工作,不能改善工作和建设大党"。毛泽东同志还指出,"有计划地培养大批的新干部,就是我们的战斗任务","要造就一大批人,这些人是革命的先锋队……中国要有一大批这样的先锋分子,中国革命的任务就能够顺利解决"。关于干部教育的培养目标,毛泽东同志概括为培养"才德兼备的领导干部"。新中国成立后,毛泽东同志又进一步把干部培养目标阐发为"又红又专",毛泽东同志要求干部教育要"使我们的干部成为既懂政治、又懂业务、又红又专"。关于干部教育的指导方针,毛泽东同志明确提出"应确立以研究中国革命实际问题为中心,以马克思列宁主义基本原则为指导的方针"。毛泽东同志还提出干部教育培训要从中国的实际出发,始终坚持实事求是和理论联系实际。关于干部教育的内容,毛泽东同志明确指出,要普遍地深入地研究马克思列宁主义理论,同时还要进行形势与政策教育,科学文化和业务知识教育等。教育方法上,毛泽东同志注重理论与实践的结合,强调多种手段、多种形式并用,切实提高干部教育的实效。

　　以邓小平同志为核心的党的第二代中央领导集体,在指导我国改革开放和社会主义现代化建设过程中,确立了新时期干部教育的方针、制度、原则、内容和方法。关于学习的重要性,邓小平同志强调,学习是前进的动力,不重视教育的领导是短视的,"全党同志一定要善于学习,善于重新学习",这样才可以领导好高速度、高水平的社会主义现代化建设。关于干部教育目标,邓小平同志明确提出,要按照革命化、年轻化、知识化、专业化的标准,加强干部教育,建设一支坚定不移地执行党的基本路线、有较高领导水平和执政能力的干部队伍。关于学习重点,邓小平同志指出,"根本的是要学习马列主义、毛泽东思想,要努力把马克思主义的普遍原理同我国实现四个现代化的具体实践经验结合起来。当前大多数干部还要着重抓紧三个方面的学习:一个是学经济学,一个是学习科学技术,一个是学管理"。他还提出了"学马列要精,要管用"以及教育要面向现代化、面向世界、面向未来等一系列重要原则和前瞻性要求。

　　以江泽民同志为核心的第三代中央领导集体,针对世纪之交国际国内形势发生的新变化和干部队伍建设面临的新情况、新问题,既坚持马克思主义关于干部教育的理论、原则,又创造性地提出了许多新思想、新要求。江泽民同志指出,教育是人才资源能力建设的基础,学习是提高人的能力的基本途径。"要保证我国改革开放和建设事业顺利发展,保证跨世纪宏伟目标的顺利实现,保证党和国家的长治久安,严重的问题在于教育干部。"江泽民同志强调,党员干部要加强"终身学习",积极建设一个学习型的政党和学习型的社会。他反复告诫全党,要把思想理论建设放在党的建设的首要位置,领导干部要带头讲学习、讲政治、讲正气,提高理论修养,提高政治敏锐性和政治鉴别力。他站在全局和战略高度,提出了新时期对党员领导干部的"五项基本素养"和"五个能力"的要求。他特别强调,学风问题是关系党的兴衰和事业成败的重大政治问题。学习马克思主义,"要以我国改革开放和现代化建设的实际问题、以我们正在做的事情为中心,着眼于马克思主义理论的运用,着眼于对实际问题的理论思考,着眼于新的实践和新的发展"。

　　以胡锦涛同志为总书记的党中央在继承毛泽东、邓小平、江泽民同志等三代党的领导核心关于干部教育的重要思想的同时,根据形势的变化和党的建设的需要,提出了对干部教育工作的新要求,进一步丰富和发展了党的干部教育思想。胡锦涛同志指出:"实现全面建设小康社会的宏伟目标,不断开创中国特色社会主义事业新局面,迫切要求我们大规模培训干部,大幅度提高干部素质。"胡锦涛同志明确要求:"干部教育培训工作要全面贯彻联系实际创新路、加强培训求实效的要求。"胡锦涛同志很重视发挥各级党校、行政学院、干部院校的主渠道主阵地作用,重视干部教育培训机构体系的完善。胡锦涛同志强调:"党校教育是全国各级党政领导干部培训轮训的主渠道。党政干部的成长和进步,离不开实践锻炼,对他们进行培养提高的渠道和方式可以多种多样,但经过党校的学习,尤其是马克思主义理论学习和党性教育,是十分重要、必不可少的。"胡锦涛同志还指出:"在浦东、井冈山、延安建立干部学院,是党中央从推进中国特色社会主义伟大事业和党的建设的新的伟大工程全局出发作出的一项重大决策",强调要"切实把学院建设成为进行革命传统教育和基本国情教育的基地、提高领导干部素质和本领的熔炉以及开展国际培训交流合作的窗口"。胡锦涛同志还十分注重干部教育培训的法规建设,推动干部教育培训工作走上了科学化、制度化、规范化的轨道。

以习近平为总书记的新一代的党中央,在进一步坚持大规模培训干部、总结规范了干部教育培训"五个必须"的指导原则的基础上,坚持马克思主义理论教育、党性教育的首要性,强调基层实践是干部教育培训最好的课堂,继续坚持注重对年轻干部的培养,不断推动干部培训的改革创新。他在2013年全国组织工作会议上强调:"培养选拔年轻干部,事关党的事业薪火相传,事关国家长治久安。"①从党的十七大特别是党的十八大以来,习近平总书记在一系列重要讲话中和著述中,多次对干部教育培训进行科学阐述,全面阐述了新时期干部工作的指导思想和目标任务,鲜明提出并深刻回答了"怎样是好干部,怎样成长为好干部,怎样把好干部用起来"这三个干部工作的根本问题,进一步明确了深化干部人事制度改革的方向、原则和要求,为新形势下加强和改进干部教育培训工作指明了方向。习近平同志还深入阐述了教育培养作为干部队伍建设的先导性、基础性、战略性工程的各个方面。一是强调了加强干部教育

---

① 《习近平在全国组织工作会议上强调:建设一支宏大高素质干部队伍,确保党始终成为坚强领导核心》,《人民日报》2013年6月28日。

培养的重要性、紧迫性。他指出,形势越变化、党和人民的事业越发展,越要重视干部教育培养。二是阐明了干部教育培养的主要任务。首要的是抓好理想信念教育,补好精神之"钙",坚定"三个自信"。要把理论武装摆在突出位置,抓好党性教育这个核心、道德建设这个基础。要加强马克思主义群众观点和党的群众路线教育,坚决反对"四风"。要引导领导干部加强学习实践,着力提高把握和运用市场经济规律、自然规律、社会发展规律能力,科学决策、民主决策、依法决策能力,思想政治能力,动员组织能力,驾驭复杂矛盾能力,法治思维和依法办事能力。三是说明了教育培养干部的基本途径。他指出,加强组织培养,既要切实抓好成千上万各级干部的培训,特别是重要岗位、关键岗位干部的培训,也要拓宽实践锻炼的途径,积极为干部锻炼成长搭建平台,引导干部深入基层、深入实践、深入群众,砥砺品质、提高本领。2014年习近平总书记又对各级领导干部提出了"三严三实"的要求,这就是要求各级领导干部要努力践行"三严三实",争当一名好干部,做到理想信念坚定,在关键的时候靠得住,为民务实清廉而又敢于担当,从而赋予了干部标准新的时代内涵。

第二节　我国基层干部教育培训的发展历程

中国共产党一直注重思想建党。重视学习、善于学习是我们党的优良传统,是保证我们党始终走在时代前列、引领中国发展进步的重要因素。干部教育培训事业是随着党的孕育创建而诞生,随着党的成长壮大而发展的。党成立94年、执政65年来,通过干部教育培训,培养造就了一批又一批领导骨干和优秀人才,为波澜壮阔的中国革命、建设和改革开放事业提供了重要的思想政治保证、干部人才和智力支持。

一、新民主主义革命时期的干部教育培训

1. 建党初期和大革命时期

在建党初期和大革命时期,我们党在条件极为艰苦、资源极为缺乏的情况下,仍然十分重视干部教育培训。《中国共产党的第一个决议》就提出:一切产

业部门都要成立工人学校,提高工人的觉悟,并逐渐使之变成工人政党的中心机构。这是我党关于干部教育的最早阐述。1921年8月,毛泽东同志参加党的一大回到湖南后,就在长沙创办了湖南自修大学,传播马克思主义,培养革命干部,作为"革新社会的准备"。北京、上海、湖南、湖北等地都开办了工人补习夜校等培养党的骨干的学校。1924年5月党的扩大执行委员会会议指出:"党内教育问题非常重要,而且要急于设立党校养成指导人才。"这是在党的文献上第一次明确提出设立党校。1925年1月,党的四大决议再次强调要设立党校对党员进行系统的教育,以培养党员"对丁主义的深切认识"。1925年10月,党的四届二次扩大执行委员会会议要求各地党组织开办两种党校,一种是"各地委之下的普通的党校",任务是训练工人党员;一种是"区委之下的高级党校",训练政治知识较高和已有工作经验的党员。各地党组织先后开办了高级党校和初级党校。1924年,安源地委创办安源党校,刘少奇任校长,是我党最早的一所党校。1925年10月,中共北方区委党校在北京成立。1926年1月,中共湖南区委党校在长沙成立,中共江浙区委党校开学,9月1日中共广东区委党校成立,11月中共"两湖"党校在武汉创办,同年下半年中共上海区委党校开学。这些党校存在时间虽短,但培训了一大批党员骨干和工人党员。同时,各地党组织还针对工人运动、农民运动和军事工作人才缺乏的现实,设立了各种妇女运动训练班及农民运动训练班、讲习所,并积极选派党团员报考军校。国共合作设立的广东农民运动讲习所被誉为"农民运动的推进机",黄埔军校也培养了大批军事人才。在大革命时期开展的这些培训教育活动,一方面为轰轰烈烈的反帝反封建大革命做出了贡献,一方面也为第二次国内革命战争时期党领导的农村游击战争播下了革命的种子。

2. 土地革命战争时期

土地革命战争时期,以毛泽东同志为代表的中国共产党人提出了土地革命、武装割据、农村包围城市的正确方针路线,并提出了着重从思想上建党的任务。在井冈山革命根据地,党在艰苦卓绝的环境下创办了工农红军军官教导队,这就是今天国防大学的前身。同时还举办党团训练班,对党员、干部进行军事培训,并加强政治、文化教育。进入中央苏区瑞金后,党创办了培养党务干部的马克思共产主义学校,培养行政干部和各方面专门人才的苏维埃大学,培养红军高、初级指挥员以及地方武装干部的工农红军大学、游击队干部学校、中央教育干部学校、中央农业学校、中央红色医务学校等。特别是提出并坚持了"联系革命战争、联系生产劳动、联系群众"的干部教育原则,为后来延安时期干部教育的发展和成熟奠定了基础。

3. 抗日战争时期

在抗日战争时期,党的干部教育培训思想随着毛泽东思想作为全党指导思想的逐步确立而进一步成熟和系统化。据资料统计,从1937年1月至1945年8月,全国各抗日根据地和解放区先后成立干部学校48所。仅在延安及其周围地区创办的干部院校就达32所,著名的有中央党校、抗大、陕北公学等。从1935年到1948年,这些学校培养了数以百万计的干部,其中抗大就培养了10万多名干部,成为民族解放的中坚力量。从延安整风到党的七大,这一时期全党深刻总结了革命战争和党的建设正反两方面的经验,联系中国革命实际认真学习马克思列宁主义。为了适应抗战的需要,党强调"干部教育第一",并明确"以研究中国革命实际问题为中心",专门成立了中央干部教育部。把马克思的诞辰5月5日定为干部学习节,在全党开展了学习竞赛。根据干部需求设置教育培训内容和学分,形成干部在职教育和学校教育相结合的干部培训格局。中央带头成立高级学习组,各级领导干部兼任干部院校教员。如毛泽东同志亲自担任抗大教育委员会主席,并给学员讲授《辩证唯物论》,每星期讲两次,历时三个月,授课110小时。毛泽东同志的《矛盾论》《实践论》《论持久战》等成为干部培训的最好教材,而《改造我们的学习》《整顿党的作风》等是为学员们作的报告。在这一时期,我们党还十分重视调查研究和学以致用,强调"教、学、做"相统一,学习、生产和战斗相结合。1941年,中央下发《关于延安干部学校的决定》,指出"在教学方法中,应坚决采取启发的、研究的、实验的方式"。延安时期,党的干部教育工作不仅纳入了经常化、持久化的轨道,而且在教育培训原则和内容方法等方面都有创新。它的历史意义正如当时的《解放日报》社论指出的,"这是培养干部工作中的新纪元,这是中国教育上的革命"。

4. 解放战争时期

这一时期,党的干部教育培训的重点是通过比以前更加正规、系统的政治理论教育和业务知识技能教育,迅速地培养大量治军治国的建设人才。1948年10月,毛泽东起草的《中共中央关于九月会议的通知》中就强调,"夺取全国政权的任务,要求我党迅速地有计划地训练大批的能够管理军事、政治、经济、党务、文化教育等项工作的干部"。1949年3月党中央召开七届二中全会时,还确定出版一套包括《共产党宣言》等马列著作在内的《干部必读》丛书,并规定全党要认真学习这12本书。

二、社会主义革命和建设时期的干部教育培训

新中国成立后,为了适应各项建设事业对领导干部和专门技术人才的急迫需求,中央采取了一系列措施,开展了空前规模的干部培训工作,掀起了新的学习高潮。

一是对广大新参加工作的干部进行短期培训。责成各大区领导部门举办军政大学等各种军政干部学校,大量吸收青年学生和知识分子,要"举办各种训练班,办军政大学、革命大学,要使用他们,同时对他们进行教育和改造"。

二是加强干部的业务培训和文化教育。针对党的干部队伍中相当一部分干部革命斗争经验丰富但文化水平不高,特别是领导建设的本领欠缺的情况,1950年10月中央下发《关于在职干部学习问题的通知》,要求尽可能筹办机关学校,提高干部的文化业务素质和政治水平。随后,政务院发布了《关于举办工农速成中学和工农干部文化补习学校的指示》,对干部的文化业务和政治学习提出了新的要求。同时,党从各条战线选调干部到高等院校学习。1953年,中央又发布《关于加强干部文化教育工作的指示》。干部业务培训和文化教育的加强,为社会主义改造和国家"一五"计划的实施,打下了坚实的基础。据统计,到1955年,我国已有各类文化学校3546所,在校人数131万人,其中专门的干部文化学校265所,在校人数84829人。

三是加强在职干部的政治教育。1951年,党中央颁布《关于加强理论教育的决定(草案)》,指出理论学习的不发展、经验主义倾向的存在,是目前党内一部分干部产生官僚主义、命令主义、事务主义倾向的根本原因。为了提高干部的理论水平,中央决定建立干部理论学习制度,实施学分制和考试制。1953年,中央发出《关于1953—1954年干部理论教育的指示》。1955年1月,

中央批转《中央宣传部关于1955年在职干部学习的报告》,强调学习以个人阅读为主,以听课为辅。1955年7月,中央又作出《关于党的高级干部自修马克思列宁主义办法的规定》,对学习总结和学习成绩的考核作了规定。这些措施为形成全国统一的理论教育制度奠定了基础,为干部理论素养和文化水平的提高做出了贡献。

四是建立了干部轮训制度。1954年12月,党中央发出《关于轮训全党高级、中级干部和调整学校教育的计划》,开始对高、中级干部有计划地进行轮训。党的八大以后,党中央提出在全党开展新的学习运动,培养和造就了一大批既懂政治、又懂业务、又红又专的干部。1961年9月,中央作出了《关于轮训干部的决定》。到1962年10月,参加轮训的干部共11万人,其中相当于县委书记一级以上的干部9万余人。

三、改革开放和社会主义现代化建设新时期党的干部教育培训

改革开放以来,党的干部教育培训工作开拓创新,稳步发展,成绩显著。干部教育培训工作在推进干部队伍建设、各级领导班子建设和基层党组织建设中发挥了重要作用,为改革开放和社会主义现代化建设做出了重要贡献。

从党的十一届三中全会到党的十三届四中全会,是干部教育培训工作从十年内乱严重破坏中得到恢复和发展的时期。中央做出了办好各级党校的决定,恢复和新建了各级党校,筹建了国家行政学院,批准干部教育培训8年规划,进行了大规模、正规化干部教育培训,加大了对各级后备干部的培训力度;在全国范围内广泛开展了干部学历教育,提高专业能力培训。中央还作出《关于中央党政机关干部教育工作的决定,要求采取多种方式,力争在三五年内使中央党政机关干部队伍的政治业务水平得到明显提高。同时,一场以学习现代化建设所需专门知识为重点的学习热潮在全党迅速展开。据统计,1980年到1984年,全国有720万名干部参加了各种类型的培训。这一时期的干部教育培训工作,大大提高了干部队伍的思想政治素质和文化专业素质,为顺利实现党和国家工作中心的转移,推动解放思想和开拓创新,推进改革开放和现代化建设提供了重要保证。

从党的十三届四中全会到党的十六大,是初步形成以县处级以上领导干

部为重点,脱产培训、中心组学习和在职自学"三位一体"干部教育培训新格局的时期。党中央围绕不断提高党的领导水平和执政水平、提高拒腐防变和抵御风险能力这两大历史课题,坚持一手抓政治理论学习,一手抓业务知识培训。开展了以讲学习、讲政治、讲正气为主要内容的党性党风集中教育活动,兴起了学习邓小平理论和"三个代表"重要思想的高潮,有针对性地加强了对中青年干部的思想理论教育,连续举办了4期省部级主要领导干部学习《邓小平文选》理论研讨班,出版了首批全国干部学习读本,开展了以社会主义市场经济理论和科技知识为主要内容的普遍培训,中央还先后举办了3期省部级主要领导干部研讨班,就金融、财税、"国际形势与WTO"等问题进行研讨。为适应建立社会主义市场经济体制的需要,利用国内和国外两种资源,从1993年起陆续选派部分干部到世界著名院校和跨国公司学习培训。据统计,从1992年到2002年,全国共有2600多万人次参加了各种形式的培训。这一时期的干部教育培训,为促进改革、发展、稳定,把中国特色社会主义事业全面推向21世纪提供了有力支持。

从党的十六大到党的十八大,是干部教育培训工作走上多层次、多渠道、大规模培训干部轨道的时期。党中央提出建设马克思主义学习型政党和大规模培训干部、大幅度提高干部素质的要求。这一时期,干部教育培训更加重视理论武装,更加重视党性教育,更加重视能力建设。在全党开展了以实践"三个代表"重要思想为主要内容的保持共产党员先进性教育活动,开展了深入学习实践科学发展观活动。中央政治局带头学习理论,十六届中央政治局组织集体学习44次,十七届中央政治局截至2012年5月已组织集体学习33次。举办了新一届中央委员、候补委员专题研讨班,组织新任全国人大代表和全国政协委员集中学习,以"树立和落实科学发展观""提高建设社会主义和谐社会能力""深入贯彻落实科学发展观、加快经济发展方式转变""加强社会管理与创新"等为主题,多次举办省部级主要领导干部专题研讨班。举办了10期近1500名省部级领导干部参加的学习贯彻"三个代表"重要思想的集中轮训。在充分发挥各级党校、行政学院作用的同时,新建了中国浦东、井冈山、延安干部学院和中国大连高级经理学院。在境外培训方面,从1993年至2010年,仅中央组织部就组织200多期领导干部境外培训班,6000余人次到境外学习培训。新出版了一批全国干部读本。2006年,中央印发《干部教育培训工作条例(试行)》。2010年,中央制定《2010—2020年干部教育培训改革纲要》,进一步增强干部教育培训的针对性、实效性,切实提高干部教育培训的科学化水平,更好地为科学发展和干部成长服务。

总的来说,我们党关于干部教育培训的重要思想,是党的建设的思想和理论宝库中的一个重要组成部分。正是在这些思想指导下,干部教育培训工作在继承中创新,在改革中发展,为推动各级领导干部思维方式和工作方式的转变,为贯彻落实科学发展观、建设社会主义和谐社会,为加强党的执政能力和先进性建设,为继续推进中国特色社会主义伟大事业和党的建设的新的伟大工程、实现全面建设小康社会的奋斗目标,提供了源源不断的思想动力和坚强有力的政治保证。

90多年来,党的干部教育培训工作走过了光辉历程,留下了宝贵的精神财富,为干部教育培训工作当前和今后的发展提供了基本经验和深刻启示。

第三节 主要发达国家公务员的培训模式与经验启示

公务员培训是公务员制度的重要内容之一,它作为一项完整的制度的确立是在20世纪40年代的英国。到了20世纪50年代,西方国家纷纷进行了培训立法,把公务员培训列入法制范畴,以适应社会经济需要,适应政府职能需要。世界主要发达国家根据其经济社会的不同发展阶段,采取了不同的公务员培训道路和方式。

一、各国公务员培训的制度与模式

1. 英国公务员的培训制度

英国公务员培训的制度比较完备。作为世界上最早实行公务员制度的国家,英国自1855年成立文官事务委员会以来,实施公务员制度已有160年,其中的公务员培训制度经过一百多年的发展和完善,已形成了一整套的包括培训的原则、主体、方式、内容、法律保障等在内的比较完备的体系。1944年英国根据阿什顿委员会的报告，把培养高素质公务员置于重要战略地位，建立了较为完备的公务员培训制度，把培训作为公务员的权利和义务，规定教育应贯穿公务员的整个生涯，促使其教育培训与进修工资制度化、规范化，为公务员参加工作培训提供了有效保障。在公务员总法中有针对公务员培训方面的专门法规，这些法规具体而明确，具有很强的操作性和依据作用，从而使培训稳定有序，确保了培训的严肃性和有效性。同时，英国政府还从制度上确保了公务员培训主管机构的法律地位：英国1944年在财政部内设立培训教育司，1968年文官部建立后又专设人事管理培训司。

英国公务员在培训方面的要求非常严格，使公务员职业生涯中的培训定期化、常态化。英国政府规定：一个人从正规学校毕业后，必须通过必要的培训取得国家职业资格证书后才有资格应聘公务员。任何新进入公务员队伍的人，在上岗前必须经过至少15天的培训。而且每个新任职的高级公务员都必须到英国公务员学院的发展中心接受2~3天的测评，以确定将来的培训和发展需求。同时，为了确保公务员培训的积极性，英国政府还设置了一系列配套的激励机制，以落实培训的日常化与贯彻力。例如，针对行政改革后大量出现的执行机构，英国政府意识到该时期公务员培训的议题应是提高公务员的政策制定和执行能力。再如，结合新公共管理时代的要求，针对高级职员开发包括领导艺术、走向现代化的政府、全方位信息沟通和反馈、管理技巧等培训项目。

培训种类的划分。英国公务员培训按照受训人员的不同层级划分为三种培训：高级公务员培训、中级公务员培训和初级公务员培训。高级公务员培训面向政府各部门的高级官员，主要包括常务次官、副常务次官和助理次官等，以助理次官为例，很少或没有受过管理和行政训练的助理次官将接受为期约3周的课程和研讨学习。中级公务员培训面向政府部门的中层管理人员，以高级执行官这个岗位为例，需要接受涉及公共行政、人事管理、社会政策以及统计学、运筹学等范围广泛的为期10周的培训。而初级公务员培训主要包括行政见习官、执行官和助理书记等。行政见习官的培训一般为20周，主修法律、统计经济、公共行政、政策研究等基本课程以及结业后所对应业务的有关课程。

培训的主要内容。英国对公务员培训的内容针对性强,概括地来说,就是以顾客需求为导向,以提高基本技能为中心。英国公务员培训的定位十分明确,针对不同的部门,不同的岗位以及性别、年龄等,为受训人员打造量身定做的培训服务。以英国公务员学院为例,其培训的最大特点是在为顾客服务时提供专家的咨询意见,提供满足客户需要的定制的专门服务。学院采用标准化的课程描述,帮助客户辨别、选择最适合自身的培训课程,其中三分之一以上的课程都是应受训人员的特殊需求而设计的,力求人性化地满足受训人员需求。在师资配备方面,英国公务员学院的专家具有广泛的领域背景,学院内部聘请的专家或与学院合作实施项目的部门的专家都具有丰富的实践经验。在培训宗旨上,一方面,根据不同培训对象安排不同的培训内容,尊重不同岗位的专业需求与人才特质;另一方面,所有的课程设置全都是围绕提高公务员的九种能力这个唯一目标。这九种能力包括:①领导能力;②战略思考和规划能力;③完成工作任务的能力;④管理人力资源的能力;⑤沟通能力;⑥管理财务与其他资源的能力;⑦个人工作能力;⑧创造力和判断力;⑨专业知识和业务能力。这九种公务员的基本能力框架构成了英国公务员培训的依据,公务员培训课程就是以这些核心能力作为标准来设计的。

英国公务员培训的内容涵盖很多领域。以英国公务员学院的课程设计为例,大体上可以分为以下八个部分:政府与经济、政府与管理、培训与发展、个人技能、证书考试与论文指导、新技术、法律、欧洲研究。课程目录以科目分类组织,有超过 500 个课程题目可供选择。

培训的主要方式。英国公务员主要采用与实践结合的培训方法:个别指导、实践指导、行动学习、影子培训(让受训者在实际的工作场景中跟随资深同事一起全方位学习),形式比较灵活。一方面,既有专家、学者指导下的系统培训,也有部门领导、资深同事辅导的业务训练,还有自己指定教材、独立查阅资料的自学。另一方面,针对不同的受训群体,也有不同的训练形式。英国在培训方法上,重视实践训练,着眼于提高公务员的实际能力:①岗位训练法。岗位培训是在上司传、帮、带下的不离职培训和轮岗培训,这种方法也是适用于英国文官的常任制对岗位固定化的需求的。②行动学习法。英国公务员培训注重"在实践中学习"的"行动学习法",许多活动是在现场进行的。英国的快速晋升人才培养计划就结合了这种方法:英国政府每年从应届或历届大学毕业生中精选一部分优秀青年,作为高级公务员的后备人才,放到政府部门边管理观察锻炼边培训,对其中表现突出者予以快速晋升甚至破格提拔。③"菜单式"与"模块式"教学法。如英国公务员学院准备有500门课程,分成不同的模块,供用户自选。④心理调适学习法。在心理专家主持下,通过心理测评,在小组互动中加深自我认知,据此制订个性化的职业生涯计划,追求自我完善。

培训的质量控制。英国的公务员培训,不管是政府内设部门的培训,还是社会培训机构组织的培训,都非常重视效果评估。以公务员培训和公共部门的管理培训为主的英国公务员学院,主要采取绩效管理模式进行管理。在英国,由于培训市场化,政府的培训经费不是直接给培训机构,而是直接下达给公务员所在部门。培训学员和机构的发展、各方面条件的改善,完全由培训机构自己创收来解决。鉴于此,培训机构特别重视抓好培训效果的评估,不断改进工作,提高培训质量,以争取更多的生源。如行政学院经常对教学效果进行信息的反馈和评估:一是培训的课程是否适合受训者的需要,讲课是否吸引人;二是参加过培训的人员有多少回头客;三是有多少受训人员能通过考试进入更高层次的培训。

2. 美国公务员的培训制度

美国的公务员培训起源于20世纪30年代初。1930年,美国总统颁发行政命令,规定文官事务委员会和各部要举办文官训练班。此后,公务员培训日益受到政府和各教育机构的重视。1958年,国会通过《公务员培训法》,作为联邦政府各部门及有关单位对公务员实施培训的依据,并由文官事务委员会规划和协调各部门公务员的培训事宜。1970年,又颁布了《政府职员法》,详细规定了美国联邦和州一级的公务员培训的有关事宜,使公务员的培训扩大到州及地方。1974年,通过的《雇员综合培训法》又规定了对失业公务员的培训措施。至此,美国公务员的培训制度已基本定型。到目前为止,美国公务员培训制度仍然是西方发达国家公务员培训制度中最典型也最为成功的制度之一。

美国《政府职员培训法》明确规定,公务员不参加培训就不能晋升职务。把培训当作职务晋升的一个重要条件,提升了培训在国家公务员管理中的重要地位。除了总的规定外,关于培训细节,有些在专门的培训法中予以规定,有些在补充细则中予以规定,形成了一个完整配套、便于操作的法规体系。

美国的公务员培训机构由多部门、多层次的培训机构组成。由于美国公务员范围大、系统庞杂,培训需求多种多样,这就需要有满足不同层次需求的培训机构,所以在美国,参与公务员培训的机构,不仅有联邦政府的行政学院、政府的人力资源部门,还有大学及各种协会等非政府组织。美国联邦政府设有"联邦行政长官学院",专门培训联邦政府各部门、州政府和地方政府等高级行政官员。各州也都设有公务员培训机构,一般这样的机构常设人员3～5名,在有培训任务时从培训人才库临时聘用专、兼职教师组建培训队伍。选派到大学进修也是美国公务员培训常采用的方式,美国在600多所大学设立了管理学院或科系承担公务员培训的任务。在美国公务员培训中,一些民间培训机构的作用更是不容忽视。它们在美国的公务员培训中做出了较大的贡献。

美国在公务员培训上很舍得投资。美国的公务员培训,可以由自己提出申请或由上级指派,但无论哪种情况,只要经过上司批准,培训费用都由所在单位出资,不需个人负担。美国公务员进行培训报名是公开公平的,不受职位、背景、名额等条件的限制,衡量标准只有是否胜任工作。如果任何人感到自己工作起来有困难,就可以提出培训申请,上级批准后即可接受培训。另外,如果在工作中,上司感到你的工作能力不能胜任工作时,也会指派你参加培训。培训报名可以采取网上报名和到管理机构直接申请两种方式,培训时间也比较灵活,申请者可以根据自身的实际情况安排时间,如晚上、节假日、业余时间等,只要修完要求的学时即可。

培训种类的划分。由于人才的流动,职位的升迁变换,自然减员等原因,美国每年都有大量的公务员培训任务。培训分为初任培训、在职培训和高级文官培训三种类型。初任培训也叫入门培训或任职前培训,指对已被录用但尚未正式任命的文官的培训,旨在使他们了解自己所担负的工作的性质和所负的责任,熟悉工作环境和工作程序,掌握基本的工作方法和有关的业务知识,培养他们应有的工作态度和职业道德观念,以适应今后的工作需要。在职培训也叫任职期间培训,即对有一定实践经验的公务员进行经常的、定期的

"再培训"或"回归教育",旨在使他们能及时更新知识,以适应工作发展的需要。在职培训既有部内培训,也有部外培训;既有离职培训、半离职培训,也有不离职培训,此外还有调任培训等。高级官员培训是公务员培训体系中的重要组成部分,培训对象是政府机关中有才华、有发展和培养前途的公务员,旨在为政府输送高级的专门人才和管理人才。

培训的主要内容。美国的公务员培训在培训内容上,首先呈现出全面化特点,注重全面的知识能力和技能的学习与训练,而不是偏重于政治理论知识。有提高专业素质技能的专业知识培训,有开阔视野、运筹决策的管理才能培训,有培养公务员遵守职业道德和行为规范的职业道德培训,还有提高公务员敏锐机智能力的智力训练等等。基本课程涉及法律学、政治学、行政学、运筹学、经济学、社会学、统计学、心理学、人事管理公共关系、财务管理、国际关系、电子计算机等。其次,培训内容更注重实用及人性化。对公务员培训内容的确定主要以工作需要为依据,如对低级文官培训的科目有办公设备使用、档案处理、文书处理、打字及速记等。每次公务员培训的课程设置可以由用人部门提出建议,或由培训部门设计,或聘请专家提出方案,不管怎样选择,最终的课程设置都充分体现人文关怀。

培训的主要方式。美国对公务员不仅有形式多样的集体培训,如研讨会、座谈会、讲演会、培训班和进修班等,而且有形式特殊的个别培训,如个别谈话与指导、工作调换、参观学习、指定阅读书籍和报刊、脱产学习、接受函授课程及在主管领导指导监督下进行工作等,还有适应于电子政府的公务员网上在线培训等形式。

美国公务员培训强调社会实践与课堂教学的有机结合,使公务员能主动独立地思考,培养、提高他们的创新能力,经常采用的教学方法有案例教学、模拟教学、现场观摩、理论讲授、练习、小组教学等。案例教学是美国公务员培训中应用最为广泛的教学方法,由老师提出一个比较典型的管理问题和政策问题,然后给学员提供该问题发生的背景,并给学员指出该问题所面临的困境以及可能的解决方案。如哈佛大学肯尼迪政府学院现有1300~1500多个教学案例,拥有世界上最大的公共行政和政策案例库,其中最受欢迎的案例有100多个。案例教学在公务员培训中很受欢迎,尤其在高级官员培训中很重要,因为这些培训者的特点是愿意自己参与、自己活动,而不愿听别人去讲。模拟教学通过学员在模拟情景中的角色扮演来培训他们的管理技能,招聘政府官员尤其是政府中的高级官员来做兼职教员。现场观摩是让学员亲自到政府机关中的工作现场去感受工作环境,了解工作情况,接触行政管理人员,学习他们的处事方式和处理问题的方法。学员在学习的过程中除了要接受丰富的理论知识以外,还要进行大量的练习,特别是那些实际操作性较强的课程,如量化分析、统训、政策分析等。理论讲授是课堂教学的方式,美国的教学课堂不提倡"填鸭式"满堂灌,基本是教与学的双向互动,教师要求学员积极提问,并且欢迎随时提问,不受时间、环境的限制,教学风格生动活泼,不拘一格。小组教学方式是比较普遍常用的教学方式,有助于培养有关工作技能,有助于培养未来管理者相互交流、共同研讨问题的能力和互助协作的团队精神。

培训的质量控制。美国公务员培训机构通过培训评估来确定培训活动是否满足岗位、组织或其他团体的培训需求。通过培训效果评估,主管部门将更确切地了解培训是否满足培训需求,受训者是否掌握培训内容,培训方法是否能帮助受训者达成培训目标,培训内容是否有助于转化为实际技能,培训是否对组织既定的目标有帮助,培训收益与培训成本之间的比重,在未来的目标培训中应如何调整以获得更大收益等等。目前,联邦政府各机构都将培训评估结果的分析作为政府对公务员培训与开发投资的重要决策参考。

美国的公务员培训评估主要从四个层面来检测培训效果,这四个层面的评估实际上体现出由浅入深、由外而内的逻辑递延关系。评估层面的选择取决于要回答的问题及要采集的数据,每个层面都能衡量不同的培训成果。①反应层面评估。这一层面的评估是最基础的评估,主要是指受训公务员对培训机构提供的各个培训环节的满意度,如对课程设置情况、讲师授课情况等是否满意。②行为层面评估。培训结束,公务员重新回到工作岗位后,其行为、工作效率、工作能力是否有所提高。这是高一个层次的评估,主要是对学员在经过培训后是否有所提高进行调查。③结果层面评估。这一层面是对公务员培训整体效果的一个评估,主要是指公务员在接受培训后是否对其所在单位产生了积极的影响,从而判定出培训效果如何。④培训效果评估。这是公务员培训过程中一个非常重要的环节,评估的目的是验收培训的效果,同时培训效果的评估可以形成一种无形的监督效力,使参训者与培训机构不敢投机取巧。

3. 法国公务员的培训制度

法国政府历来重视对公务员的培训工作,把公务员培训当作一项管理战略,并从法律上给予必要的保障。《法国公务员总章程》规定,公务员有接受培训的权利和义务,享受经常性的职业培训是公务员的权利。1971 年 7 月,法国国民议会通过《继续教育法案》,对公务员的培训和进修进行了进一步的详细规定。在此后的实践中,法国政府又颁布了一系列关于公务员培训和进修的专门规定,从法律上确定了公务员接受培训的权利和义务。同时,有关法律和具有法律效力的政府法令对机关的培训职责、培训机构的设立和职能权限、培训经费等都作了规定。法律、法规上的种种规定使培训成为公务员职业生涯中的一种强制行为,一方面,公务员要服从所在部门定期安排的每三年至少接受一次更新知识和能力的培训和进修,另一方面,个人可自愿要求参加培训和进修。凡以提高工作能力为目的的培训,全部费用均由国家负担;参加培训和进修还享受假期和保留晋升资格等一系列待遇。完备的法律、法规保障,使法国公务员培训走上了法制化和规范化的轨道,确保了公务员培训的严肃性和有效性。

法国政府十分重视公务员的培训体系建设,全国从中央到地方充分利用院校、学术研究团体、行政部门和私人企业等培训力量,建立了比较健全的培训网络机构。各个培训机构分工明确,依法对公务员进行培训。行政学院系统由八所学校组成,都是依法组建的,各有分工,培训对象包括医疗公务职员和非技术性国家公务员。其中,国家行政学院负责培训新录用和在职的 A 类公务员;斯特拉斯堡的欧洲研究中心负责培训在职的 A 类公务员;国际行政学院负责培训国外学员;B 类公务员由设在里昂、里尔、科西嘉等的五所地方行政学院负责培训,各学校还可进行委托培训。技术性国家公务员和医疗公职人员由专门技术院校培养。与公务员培训有关的技术院校有 70 余所,除巴黎综合工艺学院属于总理领导外,其他院校分属政府各部领导。

法国把公务员培训纳入法制化、规范化的轨道。法国《公务员总章程》和《公职人员地位法》构成了法国培训制度的法律基石。法国规定:通过内部选拔晋升的高级公务员,均需到国家行政学院接受六个月的培训;中级公务员三年内必须参加一定时间的培训;每年公务员应有培训计划,并在培训卡上登记必须接受的培训;并且法律规定每个公务员在其整个职业生涯中可以有集中使用或分期使用的三年培训假。实行招考、录用、培训、分配"四结合",是法国公务员制度的另一个特色。法国将公务员的培训、选拔与任用相结合,采取任职排名制的激励机制。对长期培训班的毕业生,培训成绩计入排名榜,按名次先后由学员选择国家公职部提供的空缺职位。完备的法律制度,确保了培训的严肃性、稳定性和有效性。

培训种类的划分。法国公务员培训大体分为四种类型,即短期培训、晋升培训、离职培训和初始培训。短期培训即公务员为增长知识、提高能力的培训;晋升培训即公务员为晋升上一级职务所进行的培训;离职培训是公务员本人想在某一方面得到提高,由本人申请,经单位批准脱离现职接受培训;初始培训是新录用公务员上岗前的培训。培训途径主要包括五种:一是到专门的公务员培训机构接受培训;二是在本单位接受岗位培训;三是到私人企业培训;四是到法国驻外使馆、国外教学科研机构和联合国等国际组织实习、进修;五是运用网络技术,进行网络培训。

培训的主要内容。法国公务员培训中,任何一项培训都有很强的针对性。针对什么问题,针对哪些培训对象,开展什么培训都有明确目标和指向,针对性和实用性很强。为使公务员培训更具针对性,法国采取了有效措施。一是加强预测管理,根据社会经济发展需求、政府职能变化和公务员队伍状况,从数量和质量上进行人才预测;二是政府要求各部门每年下发培训需求调查表,对公务员培训需求进行层层汇总,制定第二年培训计划;三是培训机构依照政府各部门培训需求,提供适合政府改革需要的培训内容。

培训的主要方式。法国政府在公务员培训过程中采用灵活多样的教学方法,以适应不同的培训需求。教学方法上除正常讲授外,更注重实习、案例分析、情景模拟、分组讨论交流、专题调研和参观调查等实践教学。此外,模拟教学在国际行政学院被重点运用。例如,外交专业的国际关系课有两种模拟,一种是模拟双边国际谈判,一种是模拟联合国的全球谈判。在模拟联合国的全球谈判中,由100多名学员分别扮演不同国家的代表,每天谈判数小时,共持续1周。教学过程中除了重视基础理论的学习和教育外,更加重视以实践为基础、以问题为中心,运用现有知识解决实际问题,重点培养学员分析问题与解决问题的能力。

政府还把实习作为公务员培训的首要环节。初任培训班的学员通常要参加行政实习和企业实习,在职公务员进修只需参加企业实习。实习安排在教学之前或教学之中进行,和教学既相互独立又相互联系、相互补充。例如,国家行政学院两年制的培训班,第一次实习安排在第一学年,通常把学员派到国家行政部门、地方行政机构或驻外使馆实习。第二次实习则在培训期间,通常把学生派到公、私企业去。学生通过实习参与行政管理实践,了解政府运作,丰富行政管理知识,增加基层工作经验。近年来,政府还十分重视教学手段的现代化,充分利用现代化科技手段如计算机网络技术、多媒体教学等,加快推进公务员培训的信息化和网络化建设,以提供更多的培训机会。

培训的质量控制。法国公务员培训十分重视培训的效果,对提高培训质量的做法为"即时跟踪,立足改进"。培训评估分为即时评估和跟踪评估。评估采用的方法主要有发放调查问卷、座谈会、回访等。即时评估主要评价培训目标是否达到,学员是否获取相关知识,并对培训条件包括教师进行评价。跟踪评估是指培训结束一定时间后,通过发放调查表或回访等形式对培训进行评价,主要评价学员能力提升的幅度以及培训效果的实际体现,如学员是否得到晋升、转行或者提出了组织变革、管理方法的改进建议等。之后,将评估结果的统计分析数据反馈给培训设计单位和人员,作为今后改进培训课程设置、师资选聘等的重要依据。如梅斯地区行政学院在培训结束后9个月通过电话向本人和其领导了解情况。向本人了解的问题包括所在岗位需要哪些技能,在行政学院学习的知识是否能够应用到工作中,还有哪些技能需要补充等;向领导了解的问题包括公务员是否适合其职位要求,在行政学院学习的知识是否满足需求,面临哪些困难等。

4. 日本公务员的培训制度

日本的公务员培训制度,一般被称为"研修",基本上与我国的公务员培训制度等同。日本对公务员的管理是依据《国家公务员法》和《地方公务员法》来推行的,因此公务员培训制度也分为两大系统,即国家公务员培训制度和地方公务员培训制度。《国家公务员法》于1947年10月颁布,是日本国家公务员管理的基本法律依据。该法规定,各中央部委有责任掌握公务员培训的需求,并在此基础上制订和实施培训计划。国家公务员研修的专门承担机构是人事院,有权对国家公务员的培训、制订总体计划和对中央各部委的培训工作进行协调、监督。政府各个省厅都设有进修培训机构。

培训种类的划分。日本的公务员培训大体上分为初任公务员进修和在职公务员研修两大类。另外,定期进行的人事异动也具有培训的色彩。日本主要还是按照对象实施分级分类培训。首先根据任职的不同阶段和职位的高低不同予以详细的分级分类,使每一级类的培训目标明确、针对性强。类型大致有三种:任前培训,即针对初任公务员进行的培训;任后培训,旨在培训公务员适应社会经济环境变化和政府职能要求的能力,是日本公务员培训的核心部分;晋升培训,针对有潜力和有培养前途的在职公务员进行的培训,为以后担任更高的职务做准备。

培训的主要内容。公务员培训的目的是通过有计划、有组织的教育训练,使公务员掌握与本职工作密切相关的知识和技能,确保民主而有效地履行公务,提高工作效率。因此,日本公务员培训的内容应是与公务员现任职务或将来可能担负的工作任务和责任的有关知识、技能和应具备的工作态度相联系的。

日本的公务员培训内容主要有:新任公务员的培训,主要包括行政管理基础知识、公务员制度、事例研究、国际关系、人生论、日本人与日本文化等;一般职员的培训,内容一般包括公务员制度、会计学、法律学、人际关系等;管理者的培训,课程一般有国际形势、政策研究、法律、修养、财务管理、行政管理、信息沟通等;监督者的培训,主要包括健康管理、监督人员事例研究、教育原理、心理学、监督原理与技术等。

日本国家公务员培训在内容上既注意专业训练,又注重素质和能力的全面提高,体现了以素养、能力为本的世界培训新潮流。首先,日本公务员培训非常注重公务员职业伦理素养的全面提高。日本人事院公务员研修所提出公务员研修的基本内容就是要培养学员开阔的视野,柔软的管理,与其他组织、行业相融的能力,与其他职员的亲近感,信赖关系的形成能力,高尚的伦理观,国际感觉,国民视点,等等。在各个类别的公务员培训中,都有公务员职业伦理研修的内容安排,通过讲义、讨论、演讲等多种方式进行研修。其次,日本公务员培训非常重视公务员能力涵养的培训,尤其是政策研究与政策贯彻能力的培训。公务员能力涵养包括组织管理和人才育成、危机管理、职场生涯规划等,其中政策能力是国家公务员应具备的重要能力。

培训的主要方式。日本的公务员培训较为复杂,培训方式主要有:①实际指导培训,即公务员在实际工作中接受指导和帮助,这种培训既经济合理,又富有成效。②人事院组织的部际培训,即跨省厅的统一研修,目的在于培养和造就高层次文官。③各省、厅自行举办的内部培训,对象是本部门的公务员。④选送各级各类公务员去大专院校学习,对某些高技术化、高专业化的公务员,必要时还送他们到国外的大学和研究机关进修。⑤研究员制度,这是日本独具特色的公务员培训制度,由行政官国内研究员制度和驻外研究员制度组成。这一制度的目的是为国内外事务行政机构培养专业知识较强、思想开阔、有创造性工作能力的高级官员。⑥人事异动制度,即一种有目的、有计划的人才交流和培训。日本政府认为,通过人事异动,可开阔公务员的视野,拓宽其知识面,促进其工作能力和业务水平的提高,改善复杂的人际关系和工作环境。

培训的质量控制。日本公务员培训考评的结果被如实记入培训档案,与职务晋升、工资上升和职位调整等与公务员切身利益相关的其他制度直接挂钩。从组织到考评及激励,日本有一整套制度来保障公务员培训的实效。

5. 新加坡公务员的培训制度

新加坡在制度安排上把公务员培训明确纳入政府运行和发展的整体结构之中,强化政府在公务员培训上的宏观指导、政策制定和监督协调作用,明确公务员所在部门在公务员培训上的指导职责,规定公务员的培训时间、培训要求并切实保障其培训经费,积极稳妥地推动培训机构走市场化、国际化的培训发展道路,是引领新加坡公务员培训体系成功实现转型发展的体制支撑。把对公务员培训的高度重视和战略期待与合理的制度安排结合起来,既强调对公务员的行政才能、廉洁素质和职业成长的尊重,又通过合理的制度架构为公务员培训和公务员能力提升提供稳定而持续的体制保障和支持,是新加坡公务员培训的又一大特色。这样一种培训体制的独到之处就在于：对于政府，强调其宏观指导、政策制定和监督协调作用；对于公务员所在部门，强调其对公务员培训的蓝图设计和定向指导；对于公务员个人，规定明确的培训时间、培训要求并确保培训经费；对于培训机构，鼓励其走市场化、国际化发展道路，准确把握政府要求和培训需求，努力建设高水平的、多元整合的培训资源网络。相关培训主体在职责上的明确划分与相互衔接，保证了新加坡的公务员培训体制能够获得架构上的科学性与统筹性。

新加坡《公务员培训和发展政策》规定，新加坡公务员每人每年都要进行100个小时（12.5天）的强化培训，并且把培训结果与公务员年度考核相挂钩。每年，新加坡公务员都要根据个人工作需要以及组织发展，在直接上司的协助下，制订下一年度的培训计划，并报公共服务署，由公共服务署统一管理培训计划的实施。新加坡公务员培训要求的具体规定体现在两个方面：一是规定一个经费标准，通常不低于年薪的4%。公务员参加培训既是一种权利，又是一种义务，公务员所在的政府部门必须在经费上保证落实。公务员工作满三年后就可以提出要求，要求政府提供助学金资助。二是公务员的培训结果与年终考核密切挂钩。没有完成规定课时的培训，公务员的评定等级、晋升、年终花红都会受到影响。这两种措施与公务员管理和考核措施相结合，充分显示出其作用。

培训种类的划分。新加坡公共服务署根据公务员的实际工作经验和工作需要，把公务员培训分为五个类别，即工作引导培训、基本知识与技能培训、高级知识与技能培训、延续培训、持续培训。新入职的公务员都必须接受工作引导培训，该培训旨在向公务员介绍公务员的核心价值观和各部门的基本情况。公务员被任命到新的工作岗位或获得晋升时需接受基本知识与技能培训，目的是提高公务员的工作效率，使公务员有足够的知识与技能从事分内工作。高级知识与技能培训的目的是使公务员充分发挥其工作潜能，提高工作绩效。延续培训的目的是培养公务员超越现有的职责范围，具备处理更高层次、从事更多工作的能力，并为日后能担任更高层的工作做准备。持续培训所学的知识与现实工作没有直接关系，但对保持公务员的核心竞争力具有重要作用。

新加坡公务员培训还根据培训对象的不同分类别设置课程。总的来说，培训课程可以分为政府治理、领导力、行政管理、政策开发四类。具体课程模块的设置根据培训对象而有所区别。在新加坡公共服务学院,负责公务员培训的有三个职能部门,分别是:公共行政与管理学院,负责新加坡所有公共服务机构普通员工进修类培训;政策发展学院,负责新加坡处级以上高级公务员任职类培训;国际司,负责外国公务员培训。

  培训的主要内容。新加坡的公务员培训注重培训内容的规范化。公共服务署对每一个公务员培训类别均规定了详细的培训内容。例如,2005年12月30日,公共服务署公布的《公务员培训和发展政策》修订版规定:所有公务员都必须在入职后的3个月内参加入职培训。政府各部有权结合本部的实际情况设置入职培训的内容,但必须包含以下方面内容:①政府组织机构;②治理理论;③公共服务组织声明;④公共服务系统结构;⑤面向21世纪的公共服务;⑥公务员的角色和任务;⑦公共服务的实践理论,如人力资源理论和财务理论、人际关系学等。新加坡高级公务员直接参与国家政策的制定和实施,因此对高级公务员培训的内容除基本技能培训外,还涉及战略领导学、公共政策学、行政发展学等课程,并由专门的培训机构组织高级公务员以"炉边谈话"的形式与总统或公共部门主要领导人进行政策论坛,以提高高级公务员的实战能力。

  培训的主要方式。新加坡公务员的培训方法多样,包括社区实习计划、学院式培训、担任领导职务等。社区实习计划是专门为刚入职的高级公务员设置的培训项目。新加坡《公务员培训和发展政策》规定,新入职的高级公务员必须参加为期4个月的社区实习计划,每位公务员都和当地的居民委员会联系在一起,并作为委员会成员参与居民委员会的各项会议,帮助制订和实施各项工作计划。通过社区实习计划,公务员能够更好地了解新加坡普通市民生活中所面临的问题和需求,这对公务员帮助政府制定出有利于民的政策起着至关重要的作用。学院式培训是为各级公务员设置的课堂培训项目,主要培训机构是公务员学院,设置的课程包括管理学、金融学、人际关系学、法学、信息学等,公务员可根据自身需要,选择相关的培训课程。如果公务员表现优异,具有发展的潜能,服务也达到一定年限,则可以申请奖学金到国内外的著名学府就读公共管理硕士或者MBA,学成归国后一般都会在重要职能部门担任领导职务。为了使公务员获得更多的实践经验,政府给予高级公务员担任与政府相关的公司或法定机构主管的机会,使公务员能够更直观地了解公司或法定机构的运营模式,从而为提高政府的工作效率奠定基础。

培训的质量控制。对公务员培训的质量控制,通过以下达到效果。一是竞争性的办学体制。新加坡原来各个培训学院的办学经费由国家通过财政部直接划拨,在这种吃皇粮的体制下,干多干少一个样,干好干坏一个样,学院没有把学办好的积极性。从1998年开始,财政部把经费直接拨到政府部门,由它们自己决定到哪个培训机构和学院(私人机构也可)培训公务员。竞争机制的引入,使压力激发了动力,培训学院适应市场的能力、培训的能力、经济收益大大提高。二是市场化的教学管理。通过市场来配置教学资源是新加坡公务员培训机构的显著特点。首先,它们组织了菜单式的课程体系,供报名者选择。需求的多样化迫使学院在课程和专业设置上多样化,不断更新课程。其次,通过市场配置教师资源。所需的教师到社会上按照市场行情和个人能力聘请。第三,灵活的考核方式。对受培训的学员进行严格考核是新加坡政府和与培训机构合作的私人企业的一致认识,但它们不是通过考试的方式进行考核,而是通过课时的方式进行考核。

二、国外公务员培训对我国公务员培训的启示

我国的干部教育培训愈来愈受到党和政府各部门的重视。党的十八大以来,中央明确将干部教育培训作为打造高素质执政骨干队伍的重要举措,提出了一系列加强干部队伍建设、改进干部教育培训的新的指导思想和战略部署。此后,中央制定出台了《2013—017年全国干部教育培训规划》,各地也结合实际,制定了未来五年的干部教育培训规划,对推进新形势下的干部教育培训改革创新提出了新的任务和新的要求,对开展干部教育培训的若干关键环节和具体问题进行了严格规定,有的还提出了量化考核指标。但是干部教育培训制度依然处于建设和完善阶段,当前的干部培训不同程度地存在着培训主体及培训对象不重视、培训目标不明确、培训内容不能与时俱进、教学方法单一、反馈和激励制度不健全等问题。西方国家公务员培训方面好的经验值得我们借鉴。

1. 把干部教育培训纳入法制化的轨道

党的十八届四中全会提出,我国要推动法治国家建设。法律和制度是各项工作的根本保障,完善的法律法规和制度体系也是做好公务员培训并促进其迅速发展的根本保证。我国于2004年2月4日试行《国家公务员暂行条例》,2005年4月27日正式颁布《中华人民共和国公务员法》,2006年3月29日出台《干部教育培训工作条例(试行)》,2008年6月27日公布《公务员培训规定(试行)》,有关公务员培训和干部培训的规定已经逐渐完善。其中规定的条目,如:"国家行政机关根据经济、社会发展的需要,按照职位的要求,有计划地对国家公务员进行培训。""国家公务员的培训,贯彻理论联系实际、学用一致、按需施教、讲求实效的原则。""国家公务员的培训分为:对新录用人员的培训;晋升领导职务的任职培训;根据专项工作需要进行的专门业务培训和在职国家公务员更新知识的培训。""国家公务员在培训期间的学习成绩和鉴定作为其任职和晋升职务的依据之一。""公务员所在机关建立和完善公务员培训档案,对公务员参加培训的种类、内容、时间和考试考核结果等情况进行登记。""组织、人事部门负责对公务员培训机构进行评估,评估内容主要包括培训方针、培训质量、师资队伍、组织管理、基础设施、经费保障等。""公务员培训主办单位要对培训班进行评估,也可委托培训机构进行,评估内容主要包括培训方案、培训教学、培训保障和培训效果等。评估结果作为改进培训工作、提高培训质量的重要依据。"等等。

从大方向来看,我国这些现有规定都已经跟世界先进国家公务员的制度接轨。但是分析我国从事国家公共管理工作人员队伍的实际情况,除公务员外,我国还有大量的事业编制人员,在基层,还有大量乡镇、村和社区工作人员,这些人目前还没有进入国家公务员的序列,但他们同样是"为人民服务"的国家工作人员,所以我国的干部培训制度,除了包括公务员之外,还应该包含更多其他国家工作人员。参考主要发达国家公务员培训的制度,要加强和规范我国目前的干部培训,需要在以下几个方面加以改进。

一要提升培训工作的立法层次,用基本法律或一般法律的形式规定培训工作,使干部教育培训更具权威性。《干部教育培训工作条例(试行)》和《公务员培训规定(试行)》,都在试行阶段,因此在法律的层面上,还需要进一步的完善。

二要建立和完善干部教育培训工作的单项法规。如国务院及人力资源和社会保障部应尽快制定国家公务员初任培训、任职培训、专业知识培训、更新知识培训等方面的实施细则,公务员培训质量评估的规定,公务员培训经费的来源和使用规定等,其中尤其要制定培训质量评估的制度化、规范化文件,实行培训质量的控制。

《干部教育培训工作条例(试行)》指出:"本条例适用于各级党委、人大、政府、政协、纪委、人民法院、人民检察院和各民主党派、人民团体机关的干部教育培训工作。国有企业和事业单位的教育培训工作参照本条例执行。"这也表明,有相当一部分干部的教育培训工作并没有包含在现有规定的框架之内,因此在立法上,一定要让干部教育培训工作能全方位覆盖,事业单位以及基层工作人员的教育培训工作也要参照公务员的教育培训的规定,制定明确的干部教育培训法规,整体提高各级各类干部"为人民服务的"能力水平,不能让基层干部在教育培训工作方面掉队。

三是建立和完善各个层次和方位的干部教育培训的具体实施办法。要建立健全适合地方实际的干部教育培训的管理、施教机制,并配以相应的法律规范作保障的培训体系,各地方政府在全国人大、国务院及人力资源和社会保障部关于培训工作的法律法规的引导下,尽快根据本地实际情况制定出具有本地特色的干部教育培训实施办法。

对于各级政府,强调其宏观指导、政策制定和监督协调作用;对于公务员和其他干部所在的部门,要对其对干部教育培训的方案有设计和定向指导;对于干部个人来说,要规定明确的培训时间、培训要求并确保培训经费;对于干部教育培训机构,要准确把握政府要求和培训需求,努力建设高水平的、多元整合的培训资源网络。相关培训主体在职责上要明确划分并相互衔接,保证干部教育培训体制能够获得架构上的科学性与统筹性。

2. 构建有中国特色的公务员培训课程体系

我国目前将公务员培训的课程设置分为公共必修课、专业必修课和选修课。课程内容基本是中国特色社会主义理论、法律法规、行政管理的基本知识和公务员的行为规范等,课程缺乏针对性、个性化。事业单位、国有企业、镇村基层等干部的培训教育没有明确的课程体系设置。构建有中国特色的干部教育培训课程体系就需要有培训需求分析,加入人的主观能动;还要从各类人员的能力标准出发设计培训课程体系。西方国家对公务员需求十分重视,比如美国高级公务员领导中心可根据受训机构的特殊需求进行一对一的咨询与个性化培训,了解每个受训者的培训需求,增强培训针对性。同时还要研究国家需要什么样的公务员,对照要求设置相应课程。例如,要求公务员有依法行政的能力,在课程中应当设置《宪法》等法律基础知识课;要求公务员有心理调适能力则应该开设心理学课程;等等。

我国的公务员培训的课程内容一直都保持着自身的特色,即高度重视理论知识和意识形态的培训。随着时代的发展,我国的公务员培训面临着新的挑战,对公务员的能力建设提出了一系列新的要求,需要通过提升领导干部的自身能力来提升我们党和政府的执政能力,最终实现社会的和谐发展,经济的"新常态"发展。因此,我国干部教育培训的内容除重视传统的理论和意识形态的培训外,还应根据时代发展的需求,注重实际,不断调整、丰富培训内容,使其不断更新。在提高干部政治思想水平的前提下,重点提升执政能力。基于这一目标,干部培训一定是全方位、多角度的,一定是和道德水准及价值观念乃至理想信念相关联的。只有提高干部的能力,才能使其自如应对复杂的内外部环境,它是干部素质中最主要的因素。加强干部能力建设是增强干部竞争能力的关键,是建设一个强有力政府的关键。

3. 创新干部教育培训的方式、方法,增强培训工作针对性

长期以来,灌输式的讲授教学法是我国公务员培训的基本方法,现在仍在培训中占有重要地位,培训手段比较单一,缺乏实践环节,很少有个性化、差别化的培训。讲授式培训更多的适应思想政治理论教育,对于能力提升和实践技能的培训缺乏有效性。由于西方国家的公务员培训更加注重实效性和实践性,因此不少国家的公务员培训机构都在创新培训方式、方法上做出了努力。在培训方式、方法上,除传统的课堂讲授、案例教学法外,还可以比较广泛地运用研究法、无领导小组讨论法、案例教学法、实践教学法、观摩、情景模拟、角色扮演法、头脑风暴法等方式、方法。比如日本由某省的专业人员交叉培训其他部门的公务员等方式都可以使培训更加灵活、有趣、多样。

要打破单一的理论培训,加强理论联系实践,加强理论与社会需要之间的联系,首先要认识到公务员以及其他干部,本身就具有丰富的实践经验的优势,运用启发式、互动式、情景模拟、角色扮演法、案例教学法等现代化的教学方式和手段,让培训方法更加具有应用性、科学性和灵活性。其次要充分发挥学员的主体性优势,增加学员的自主选择权,建立选修课、模块式教学等平台。最后要充分运用现代化手段实施教学,充分发挥互联网和信息技术在教育培训中的作用,如采用多媒体技术向学员提供技能训练,运用网络开设网上课程,运用网络加强培训双方的联系。

4. 加强师资队伍建设

建立师资队伍的专兼结合机制。目前,我国各级行政学院教师队伍多为专职,他们具有系统的专业理论知识,但缺乏行政管理部门和企业的实际工作经验。为此,《2013—2017年全国干部教育培训规划》强调2017年前建立国家级、省级干部教育培训师资库,市地级以下干部教育培训机构师资构成逐步过渡到以兼职教师为主。2015年前建立健全领导干部上讲台制度。各级党政领导班子成员每年都要到党校、行政学院、干部学院授课。探索建立符合干部教育培训特点的师资考核评价体系和职称评定、岗位聘任制度。我们要特别重视师资队伍的建设,教师队伍结构要专兼结合,适当扩大专兼教师的比例。从高级公务员,高等院校、科研单位的专家学者,以及企业高级领导人中选聘一批兼职教师,根据教学需要和本人的研究成果实行动态管理。

注重对培训教师的培训。现代培训对培训者提出了更高的要求。培训者应是培训师,而不是传统的教师;他不仅是组织者,同时也是学习者,是学习式的培训者。首先,培训者应不断学习,不断丰富和更新自己的知识结构;其次,现代培训对培训者在培训技能与艺术、培训服务方面提出了新的更高的要求,所以培训者要认真研究培训技术和方法,不断创新培训方式和手段,实现培训者和被培训者的互动。

完善干部教育培训的评估和激励机制。《中华人民共和国公务员法》中明确规定,公务员培训情况、学习成绩作为公务员考核的内容和任职、晋升的依据之一。《2013—2017年全国干部教育培训规划》也强调完善干部培训情况考核、登记、跟踪管理等制度,2015年前形成规范有效的干部学习培训考核评价机制,研究制定干部教育培训机构办学质量评估办法和指标体系。目前实际操作过程中,由于缺乏配套措施,使得规定无法落到实处,导致许多公务员在培训中缺乏学习动力。公务员往往是被动地接受培训,是为了服从上级的安排,这影响了公务员培训的效果。

西方国家每一次培训结束后,采取发放评估表、跟踪调查、个案调查和比较培训前后调查法等方法收集反馈的建议和意见,然后专家进行讨论,修改和完善以后的培训方案。我国现在也有评估程序,但不够完善。一方面局限于对培训本身的评估,缺乏对培训转化和工作成绩变化的评估;另一方面评估时间局限在培训课程结束时,缺乏后续跟进机制。我国公务员要实现有效的竞争和激励,就要建立严格的、科学的公务员培训考核制度,把培训和使用结合起来,按照考核结果进行提拔、晋升等。在公务员培训考核中,要学习和参考先进的培训考核方法,从而真正地激发公务员自觉学习和培训的动力。

完善我国干部教育培训的评估和激励机制,建议要向国外学习以下几个方面:

一是重视培训质量评估工作,建立立体型的评估框架。纵向有培训前的需求评估、培训中的培训内容评估、培训后的结果评估,横向有培训满意度、学习效果、成果转化和投资回报,以此为框架的立体型的评估体系框架,可以帮助相关部门深入了解培训情况,使之成为加强干部培训宏观管理的重要手段。

二是先进的培训质量评估技术和手段。为了保证评估的真实性和客观性,各国公务员管理部门开发或引进了一套先进的、适合本国国情的评估技术和方法。它们运用系统科学理论,借助绩效评估和现代科学技术的手段,灵活使用问卷调查法、标准化测试法、问题情境法、专家会议法、特尔斐法、观察法等评估方式。实现学员自我评估和培训机构、管理部门的考核评估,培训机构、管理部门的直接评估和同事及主管领导的间接评估的结合。这些评价技术和手段有助于准确了解学员需求,反映学习成果,计算培训的投资—收益比,值得我国借鉴。

三是完善的、科学合理的质量评估指标体系。各国公务员培训都有指向明确、操作性强的培训质量评估指标体系。它们主要围绕个人能力发展和组织绩效提升两方面而展开,不仅关注培训机构在培训过程中的作用,更将培训对象、培训主管部门和公务员所在组织的意见和建议纳入到现有的评价体系之内,并采取不同方式有针对性地进行测量。对于培训机构而言,包括培训工具与技巧、培训内容、培训讲师的学识水平、培训应用以及整体评价等方面的评估;对于管理机构而言,包括机构选择的合理性、经费保障等方面的评价;对学习效果而言,包括素质、能力的提升情况,技能、知识的运用情况,以及对政府和各部门工作带来影响的评估等。这套指标体系精确而具体,如美国、新加坡在培训效果评价日期的设置时都具体到培训前后开始的第几天。此外,考虑到培训对象所在部门、从事职业的差异,它们设置的具体指标和权重也各不相同。

四是重视评估结果的反馈与运用。评估的目的,全在于运用,因此,各国的公务员培训质量评估,都高度重视发挥质量评估的过程控制功能。通过构建严格的培训效果评估体系,跟踪了解公务员培训是否达到了预期目标,观察政府培训资金或其他投入是否取得了有效回报;通过对受训者所在单位定期的实地访问、信息反馈等形式,及时掌握培训动态和效果情况,发现现有培训项目存在的问题,同时利用市场化背景下评估结果与培训机构绩效相连的特点,帮助培训机构不断改善培训教育方式方法。并且,国外公务员管理部门大都建立了针对培训机构和公务员个人的激励机制,使培训效果与晋升、奖惩等挂钩,这也有助于激发学员的学习积极性,提升学习能力。

第二章　基层干部培训需求分析

按需施教是干部教育培训的基本规律,2011年,中共中央下发的《关于加强和改进基层干部教育培训的意见》中明确指出,必须坚持"以人为本","真正做到科学发展需要什么就培训什么、基层干部缺什么就补什么","不搞'一刀切'"。《2013—2017年全国干部教育培训规划》中也特别强调,要"把干部教育培训的普遍性要求与不同类别、不同层次、不同岗位干部的特殊需要结合起来","全面推行需求调研制度",并在"2014年前健全以需求为导向的培训计划生成机制"。《2010—2020年全国教育培训规划》中则进一步细化,明确要求"完善体现培训需求的计划生成机制。牢固树立按需培训理念,把需求调研作为培训计划生成的必经环节",还要求"干部教育培训机构要组织专门力量,开展深入细致的需求调研,准确把握组织需求、岗位需求和干部需求,以此为依据设计培训项目,提出教学计划"。由此可见,作为培训管理最前端的环节,也是把控培训质量最紧要的环节,培训需求调研的地位及功用日益受到重视,以需求为导向的培训计划生成及效果预估体系正在逐步建立。

第一节　基层干部培训需求的特征及层次

基层干部身处改革、发展与稳定的第一线,直接面向群众、面对基层,因而,科学有效地把握好基层干部的培训需求,对于提升教育培训的质量、增强教育培训工作的科学性有着至关重要的作用。为此,全面而准确地把握需求特征,并在此基础上进行科学分析、有效运用,将直接关系到教育培训工作开展的专业化程度和科学化水平。

一、干部培训需求的特征

所谓干部培训需求,是指在规划和设计培训活动之前,由有关人员采取各种方法和技术,对接受培训的组织及干部的目标、知识、技能等方面进行系统的鉴别与分析,以确定是否需要培训及需要什么样的培训的一种活动或过程。而培训需求分析是指在规划与设计每项培训活动之前,采取各种方法和技术,判断培训是否必要及培训内容的活动过程。落实到工作层面,培训需求则具备一定的特征:内容的多元性、焦点的动态性、个体的差异性、表达的内隐性和满足的长期性。

1. 内容的多元性

随着现代经济的飞速发展,社会专业分工进一步细化,政府管理面临的对象与环境日益复杂,复合型领导干部便显得更为稀缺,而干部培训的需求也随之水涨船高,涉及的面更广,内容更加丰富多元。

2. 焦点的动态性

培训需求因工作而生,随工作之变而变,处于不同工作阶段、工作环境中的工作焦点会发生改变,相应的培训需求也会随之发生动态性变化。

3. 个体的差异性

培训需求不仅因时因地而异,而且不同类型、不同层次、不同岗位干部的培训需求亦表现出较大的差异性,甚至同一类型、层次、岗位的不同个体之间,也会存在基于不同性格、能力、知识的培训需求差异。这就是所谓的个体层面的差异性。

4. 表达的内隐性

干部培训需求不同于生活需求,它是在工作中形成的一种特殊心理需求。出于性格、心理等多种原因,干部培训需求一般不易主动完整地被表达出来,需要培训管理部门有意识地主动挖掘,也需要培训承办机构在调研中不断获得。

5. 满足的长期性

干部培训是通过培训把知识转化为能力,把行为要求转化为态度作风的长期而持久的过程,这就决定了真正做到培训需求的满足不可能一蹴而就。更何况,干部培训需求是随着形势的发展、任务的变化和个人成长的需要而持续变化和调整的。因此,对于干部培训需求的满足不可能仅仅局限在某一个时段,某一个阶段,它必然是一个不断变化的、不断调整的过程。我们所谓的满足,也是针对当下的相对满足,而不是绝对满足。

当然,从发展的眼光来看,培训需求还体现出显性与隐性交互并存的特征。"显性需求"即当前状态下基层干部在知识结构、思维水平和工作能力等方面的需要和满足,是基于现时的社会需要、组织要求和个人企望的培训需求;"隐性需求"即当前状态下尚未被组织和基层干部普遍认同,而又是客观形势发展所需要组织,尤其是各类基层干部了解、接受的培训需求。毕竟,干部的培训需求是随着社会的发展、组织的变化和干部自身知识结构的改善而不断变化的。一方面,"显性需求"在不断变化,另一方面,"隐性需求"不断上升为"显性需求",同时又产生新的"隐性需求"。培训的组织部门和基层干部自身往往对"显性需求"易于关注和把握,而对"隐性需求"容易忽视和难以把握,为此,作为培训的承办机构应对此有明确的认识,通过调研分析来深入挖掘"隐性需求",全面把握"显性需求",并根据两种需求来设计、制订基层干部培训的内容和方案。

二、培训需求分析的层次架构

基层干部接受培训,不仅仅意味着他们是在完成社会和组织在一定时期内交予他们的发展任务,更为重要的是,作为独立的个体,他们各自有着不同的兴趣爱好、职业规划和成长需求。因此,基层干部的培训需求包括社会需求、组织需求和个人需求三个层面,是社会、组织和个人对教育培训在当下状态的需要和满足。20 世纪 80 年代,I. L. Goldstein、E. P. Braverman 和 H. Gddstein 三人经过研究,提出要从组织、岗位和个人三个层次来进行培训需求分析,现已成为培训需求分析的重要理论依据。

1. 基于组织层面的培训需求分析

培训需求的组织层面分析是从宏观角度对培训需求进行的分析,通常是通过对影响培训规划设计和组织绩效的组织目标、资源、环境等因素的系统分析,找出组织现有的状况与应达到状况之间的差距,并以此为基础确定整个组织范围内的培训重点,以保障培训符合并实现组织的战略目标和要求。在组织需求分析中,一般包括四个方面的影响:组织战略的影响、组织结构的影响、可获得资源的影响和组织文化的影响。

2. 基于岗位层面的培训需求分析

培训需求的岗位层面分析是指针对特定的工作岗位,结合实务操作,挖掘基层干部知识、能力、素质等方面的要求,进而在培训中加以突出和强调某方面的知识、技能及行为方式。可以说,这个层面的需求分析更加具象化,是针对某一个具体的岗位,研究和分析其岗位职责而提出的目标要求,尤其是针对其履职中的重点、难点和焦点问题而展开的,因而其指导意义更为突出。

3. 基于个人层面的培训需求分析

不同学历、不同职级、不同岗位的基层干部,从业性质是有差别的。他们对于培训的需求本身便存在差异,再加上大数据时代的来临,使得人们的生产方式、生活方式、教育方式、交往方式、思维方式、价值取向等均发生重大变革,而这些变革反映在基层干部的个人需求层面,就体现为扎实的理论素养、坚强的党性修养、宽广的世界眼光、开放的战略思维、高尚的道德品格和创新的实践能力等成为基层干部个体主动需要的培训需求。而在这期间,经济、社会发展程度和认知水平的不平衡,各地区干部的自身素质和知识结构存在的较大差距,都会要求培训管理者学会用发展变化的眼光,分析研究与不同层次、不同地域、不同岗位的基层干部相匹配的培训内容和培训途径。

但在具体操作层面,基层干部的自我培训需求与组织对干部的培训需求并不总是一致的,会出现基层干部存在自我培训需求,但组织尚未认识到这个问题,或者是相反,组织提出了培训目标,但基层干部自身尚未意识到在这些方面有提升的需要的情况。这两种情况的产生,会在一定程度上影响培训效果。

第二节　基层干部培训需求调研

"基础不牢,地动山摇。"党的基层组织是党在社会基层组织中的战斗堡垒,而身在组织中的广大基层干部队伍则直接联系群众、组织群众、团结群众,肩负着经济、社会和民生等各项工作职能。与此同时,随着"基层干部"界定范围的逐步扩大,不同性别、不同年龄、不同职级、不同岗位的基层干部需求也都具有很大的差异性,基层干部教育培训的任务更重,难度更大。只有高度重视需求调研这项工作,才能够使教育培训的组织实施走向更加规范、专业和科学的路径,也才能够真正提升基层干部培训的针对性、实效性。

一、调研情况综述

作为一所主要从事基层干部教育培训的干部院校,苏州市农村干部学院的培训需求调研分析一直以来都是常态化、长效性的惯性工作,其效果也日益反馈到培训的效果评估当中。随着基层干部的内涵逐步扩大,不同性别、不同年龄、不同职级、不同岗位的基层干部的需求也日益呈现出更大的多元性和差异性。因此,只有高度重视培训需求调研并将之形成一种工作惯性,做细做实,才有利于把握科学规律,使教育培训的组织与实施走向更加规范、更为专业的科学路径。

自2011年起,学院启动了大规模的培训需求调研工作,自此,培训需求调研及分析成为一种良性的工作机制。2014年4—9月,学院大规模的培训需求调研工作再次启动,主要针对来院培训的农村党组织书记/主任,社区党组织书记/主任,大学生村官,下派农村、社区任职干部等基层干部展开。

(一) 调查对象的结构

此次调研共涉及9个省份的21个培训班,获得有效问卷740份。其中,江苏367份,安徽130份,西藏45份,贵州34份,重庆33份,浙江32份,陕西29份,山东24份,吉林24份。

接受问卷调查的领导干部具体情况下。

1. 年龄结构

30岁以下170人,占23.0%;31—40岁275人,占37.2%;41—50岁244人,占33.0%;51—60岁以上56人,占7.6%;61岁以上仅1人。

2. 性别结构

男性515人,占69.6%;女性225人,占30.4%。

3. 学历结构

从学历层次来看,硕士研究生及以上91人,占比12.3%;本科453人,占比 61.2%；专科 152 人，占比 20.5%；高中学历 43 人；初中及以下仅 1 人。

4. 任职年限结构

从调研对象的任职年限来看，在现有岗位任职 3 年以下人员 198 人，占比 26.8%；3—5 年人员 140 人，占比 19.0%；5—10 年人员 127 人，占比 17.2%；10 年以上人员 238 名，占比 32.2%。

5. 工作范畴

街道 46 人，乡镇 185 人，社区 52 人，农村 112 人，县区 211 人，市直 89 人，开发区 129 人。

6. 职务类别

县处级干部 43 人，乡科级干部 263 人，一般干部 223 人，专技人员 22 人，村干部 133 人，大学生村官 18 人。

（二）调研结果的信度与效度

由于此次调研涉及全国不同省份的市县区，基层干部的类别也基本全部覆盖到，因而能够较为全面地获取到不同地域、不同职级、不同岗位基层干部的培训需求，具有较高的信度。问卷设计方面，先在综合以往调研情况分析的基础上形成初始问卷，在此基础上征询专家意见和学员建议并多次修正，形成最终调查问卷。此外，还将问卷调研与个人访谈相结合。因此，此次调研具有较高的效度。

（三）调研结果体现出来的特点与趋向

1. 基层干部对于学习培训的需求度变高

当前，我国发展处于重要战略机遇期，经济发展呈现出阶段性特征，以习总书记为首的新一代决策层以"新常态"定义当下的中国经济发展阶段，并通过"新常态"透视中国宏观政策未来的选择。在这种态势下，领导干部的学习培训比以往任何时候都显得迫切和重要。问卷调研中，有 77% 的基层干部认为，当前的干部教育培训在帮助自己提高自身素质和能力上所起到的作用"大"或者"比较大"。由此可见，基层干部不同程度地存在"知识恐慌""本领恐慌"，迫切希望通过学习培训加强理论素养，优化知识结构，拓宽知识视野，提高领导能力和水平，用学习成果来指导当前工作，解决现实问题。此外，在针对调研而开展的个别访谈过程中，笔者了解到，目前绝大多数基层干部普遍希望组织部门的培训覆盖面能够再广一些,参与的机会能够更多一些。

2. 基层干部的培训需求因其群体细分而变专

基层是一个大概念,既包括广大农村,也包括城市的街道社区;既涵盖县级以下党政机关、企事业单位和社会团体组织,也包括非公有制组织和中小企业;既包含自主创业、自谋职业,也包括艰苦行业和艰苦岗位。从问卷调研的相关结果来看,基层干部的培训需求因其岗位差异、职级特点、岗位职责等不同而有所不同、各有侧重。无论是对于知识方面还是能力方面的需求,抑或是在培训形式的选取上,都体现出较为显著的差异性。如村书记(主任)与社区书记(主任)由于岗位和身份背景不同,知识需求上具有极其显著的差异,而大学生村官和下派驻村干部对新型教学方式的期待程度则远远高于村书记(主任)。由此,普适性培训已经不能适应基层干部的实际需要,必须因需制宜、因材施教,推行层次分明、内容专业、架构合理的更具"针对性"的培训。

3. 基层干部对能力提升的期待变重

基层干部身处一线,思考的是基层的发展,解决的是基层的事务。调研结果表明,与知识体系的搭建相比,能力提升对于基层干部这个群体而言,是更加受到关注的话题。调研中,创新能力更是受到领导干部的高度推崇,这也反映出在经济社会发展的关键期,领导干部提升开拓创新能力的要求与日俱增;而应对突发事件的能力位列第二,则反映出在风险社会到来的当下,突发事件的发生几近常态,对领导者尤其基层干部应变能力的要求越来越高。在岗位技能方面,调查对象的能力建设需求已经逐步扩大并涵盖到传媒运用与应对、计算机知识、网络应用及电子政务、公文写作和外语等方面。基层干部迫切需要通过"务实""管用"的培训来有效提升处理基层事务的能力水平。

4. 基层干部在培训时的参与意识变强

干部培训意愿的变化可以从宏观上反映出干部培训需求的变化趋势。相关统计数据表明,基层干部对于传统的课堂教学的兴趣和需求在逐步降低,而更加愿意培训主办机构采取更为灵活、更突出互动的教学方式。为此,在调研中,基层干部对于案例教学、现场教学、专题培训、互动研讨、情景模拟、远程教育等新型教学方式表现出浓厚的兴趣。尤其是案例教学这种教学方式在调研对象的选择序列中排在第一位,这一调研结果,充分体现了《2013—2017年全国干部教育培训规划》中关于进一步改进教学方式方法,加大案例教学比重的目标趋向。为此,调研结果表明,基层干部对于学习过程中的双向互动、深入研讨的期望值与日俱增,主动参与、融入教学的心理倾向明显。

5. 基层干部对培训师资的要求变高

《2013—2017 年全国干部教育培训规划》中提出,要推动领导干部、学术名家、先进典型、优秀基层干部等走上干部培训的讲台,并在 2015 年前建立健全领导干部上讲台制度。从调研结果来看,基层干部对于师资队伍的架构提出了趋向一致的要求,希望除了现有的著名高校的专家教授、权威研究机构的知名学者等师资,还能够适当吸纳一些政府决策部门主要领导和基层工作者来充实师资队伍,完善师资结构。这种愿望,将直接影响到培训组织者对于师资结构的组合调整。

6. 基层干部对培训频率的要求变密

基层干部由于其群体类别和岗位属性,参与教育培训的心情更为迫切,预期的频次密度更高。调研数据显示,希望每年至少轮训一次的占比高达 75.4%,希望每两年轮训一次的仅占 18.4%。及时更新观念、补充知识、提高素质,已经成为基层干部的迫切需要。由此可见,基层干部的培训周期不宜过长,在任职期内一年培训一次最为适宜,并非一定要等到五年的任职期满或提拔任用之前才进行。对于不同类别的基层干部,必须确保其每年达到一定的调训率、参训率和人均脱产培训学时数。这不仅关系到基层的经济社会发展,也关乎基层干部这支队伍的成长。

二、需求情况分析

需求调研对于把握基层干部教育培训规律和基层干部成长规律而言,意义重大。而科学分析调研结果并加以合理运用,对于教育培训从业机构而言,则会推动其工作改进更有目标、更有重点、更切实际。笔者从学院的培训需求调研中加以分析,得出以下几点认识。

1. 基层干部对教学内容的需求更注重实用性

本次调研中,专门设计了"培训中开设课程的内容,您比较重视哪些"这一问题,选择较为集中的分别为"内容是否理论联系实际"(261 人,占 35.2%),

"课程内容的实用程度"(238人,占32.1%)、"案例的丰富程度"(211人,占28.5%)、"内容的科学性、研究性和前沿性"(186人,占25.1%),而"整体架构的合理性"和"内容前后的连贯性"选择人数则相对较少。由此可见,对于一堂课的教学,参训对象并不是非常介意整体架构的逻辑是否严谨,专题教学中涉及的内容前后是否连贯,而更多地看重这个专题本身与实际工作联系是否紧密,是否具有实用价值。基层干部是一个宽泛的群体,也是一个特别的群体。要提升整个群体对于教育培训的认同感和满意度,就必须在教育培训过程中突出其群体属性和鲜明特征。尤其在专题设计和方案拟订方面,更要从基层工作和基层干部队伍建设的实际出发,强化需求导向,因需制宜。因此,基层干部的教育培训不能仅仅停留在"听得懂"这个层面上,更多地要着力达到"学得会"并且"用得上"。

2. 基层干部对知识体系架构的诉求更侧重指导性

调研结果显示,在回答"您当前需要通过培训了解和掌握的理论与知识"(多选)这一问题时,298人次选择了"群众工作方法",占比40.2%;有260人次选择了"处理公共事件与应急管理知识",占比35.1%;有236人次选择了"经济金融知识",占比31.2%;有235人次选择了"依法行政与政策法规知识",占比31.8%;有223人次选择了"社会事务管理知识",占比30.1%。从选择频次最高的前五位选项可以看出,群众工作方法无论对于农村、社区还是市县区的基层干部而言,都是最为需要掌握和提升的,而在新常态的大环境中,在依法治国成为基本方略的背景下,金融类、法律类的政策法规知识对于基层干部的实务操作同样具有非常重要的指导意义。

在调研结果上进一步分析,可以看出,在对于培训内容的选择上,不同层级不同类别的基层干部也体现出了较大的差异性:一是以发展村级集体经济为主要目标的农村干部,更加关注的知识重点是"新农村建设"与"农村政策法规";二是以社会建设与管理优化为主要目标的社区干部,主要关注的知识重点表现为"公共管理和公共服务理论与知识",如社会建设与管理、公共事件处理与应急管理、领导方法与领导艺术;三是以关注社会发展热点、弥补自身不足为目标的大学生村官和下派村干部,主要关注的知识有新农村建设、科技与现代信息知识、社会建设与管理、突发事件的处理等;四是县区、开发区和市直属机关的乡科级基层干部则更加关注心理调适知识与技能、领导方法与领导艺术、生态文明建设理论与知识等。这意味着基层干部教育培训从业者要高度重视这种差异并进一步细分群体,在制订培训方案、遴选课题及配套师资等培训流程当中,均要充分体现出"按需施教"的基本原则。

3. 基层干部在能力素质提升方面的需求更倾向于操作性(实践性)

基层干部身处改革和发展的第一线,直接接触基层群众,他们的工作能力提升目标显然更加务实。在调研过程中,对于"根据目前的职务和工作需要,您认为最需要提高的能力"这一选项,有311人次选择"开拓创新能力",选择率高达39.5%。由此可见,开拓创新能力成为当前基层干部普遍亟待提升的能力。而对于其他几个选项,排序先后为"沟通协调能力"(284人,占42.0%),"群众工作能力"(246人,占33.2%),"应对突发事件能力"(226人,占30.5%),"驾驭全局能力"(202人,占27.3%),"行政决策能力"(171人,占23.1%),"公文写作能力"(128人,占17.3%),"媒体应对能力"(112人,占15.1%),"知人善任能力"(96人,占13.0%),"抓基层党建能力"(53人,占7.1%)。可以看出,基层干部由于经常与一线群众接触,因而在各项事务的处理中,迫切需要具备良好的沟通协调能力和群众工作能力。在碰到一些突发事件时,也需要具备一定的应对能力和决策能力。这些选项的排序,充分体现出了基层干部的群体特征和工作属性。而从相关数据的对比分析中则可以看出,农村、社区的基层干部更加关注提升科学决策、驾驭全局能力和做群众工作的能力,而乡科级干部、大学生村官则更加注重提升处理突发事件能力和媒体应对技能。

4. 基层干部对培训方式方法的需求强调多元性

笔者认为,如果教育培训解决的是基层干部的知识体系架构这个层面的问题,那传统的课堂教学无疑为最佳的教学方法。相比之下,如果期待通过培训来切实提高基层干部与岗位职责相匹配的实务操作能力,则仅依靠传统的课堂教学远远不够且效果不佳,必须辅之以更加灵活而新颖的教学方式。调研结果表明,对于"您易于接受的培训方式"一问,"案例分析"的被选率最高,认可度高达34.3%,居于首位,其后的排序则分别为"现场教学"(31.8%)、"专题培训"(30.1%)和"互动研讨"(25.8%)、"情景模拟"(17.2%)。而传统的课程讲解的选择选择比例仅占7.3%。由此可见,基层干部对于新型教学方式在教育培训过程中的引入具有较高的期待值,这也就对从事基层干部教育培训的机构提出了加大教学方式创新的要求。从调研中还可以看到,学历层次越高、工作年限越短、年龄越小的干部,对于新型教学方式的运用欢迎程度越高;农村、社区的基层干部相较于乡科级干部对于教学方式的选择略趋于保守和传统。

5. 基层干部对于培训师资的需求突出层次性

师资是教育培训的关键环节,也是直接影响到培训实效的重要节点。本次调研专门设计了两个关于师资的问题,一个着眼于授课内容架构及授课艺术层面,另一个则涉及师资结构层面。从调研对象的反馈来看,对于"您对培训中教师授课最重要的要求有哪些",位于前三位的选项分别是"突出重点有针对性"(370人,占50%)、"有对现实问题的分析与解答"(333人,占45%)、"语言表达与逻辑思维"(206人,占27.8%)。此外,还有"素材新颖"(180人,占24.3%),"对课堂氛围的营造与把握"(164人,占22.2%),"理论新颖"(161人,占21.8%),"信息充分"(149人,占20.1%)和"对学员上课状态的把握"(44人,占6.0%)。从相关数据可以得出,基层干部非常看重培训教师在一堂课的教学中能否把握得住重点,与此同时,迫切希望教师能够结合现实案例进行解析并提出相应的对策建议。此外,课堂氛围的营造、教学艺术的运用对于提升培训效果也至关重要。

而对于另一个问题"您希望增加哪些层次的教师授课"(多选),基层干部的选择也较为集中,位于前四位的分别是"著名高校的专家教授"(352人,占47.6%)、"政府决策部门主要领导"(319人,占43.1%)、"权威研究机构的知名学者"(302人,占40.8%)和"基层工作者"(227人,占30.7%)。此外,"政府职能部门的主要领导"选择人次达188,占比25.4%,"专业技术人员"选择人次达129,占比17.4%,"先进模范人物"选择人次达68,占比9.2%。基层干部既需要知名专家教授在学术理论上"传道授业",更需要直接参与政策制定的决策部门和政府职能部门领导在实务操作上"现身说法",并且在很大程度上,政府部门领导和基层工作者这两者所占的比重应超过于专家学者这一块的比例。这也提示我们,如何去遴选并架构更合理更科学的培训师资结构。

6. 基层干部对于培训专题设计的需求关注专业性

干部教育培训的原则就是要"务实管用",在调研中,对于"希望培训重点研讨的问题",排在前四位的分别是"现实热点问题"(354人,占47.8%)、"工作思路与对策"(332人,占44.9%)、"政府中心工作"(174人,占23.5%)和"理论热点问题"(110人,占14.9%)。排在末位的则是"国际形势",占比达6.1%。调研结果充分显示,基层干部的角色定位和职能发挥与基层的经济社会发展紧密结合在一起,对于广大的基层干部而言,充分把握当地政府中心工作是干好工作的首要前提。与此同时,由于基层工作事务繁杂、牵涉面广,基层干部面临着共同的发展困惑,而这些发展困惑,也都是一些现实的热点焦点问题,他们非常希望能够通过学习培训来打开工作的思路,寻找到破解难题的现实路径。

7. 基层干部对现场教学的需求集中体现为可学性

由于现场教学是苏州市农村干部学院打造"全国基层干部教育培训示范基地"的核心环节,围绕"三化"(教学化、主题化、专业化),经过十多年来的精心打磨,现场教学已经成为品牌项目和特色课程。从调研反馈来看,参训学员对于学院的现场教学表现出了浓厚的兴趣,在回答"参观现场教学基地时比较关注哪些方面的情况"一问时,关注度在前四位的选项分别是"环境整治与生态保护"(303人,占41%)、"城市规划"(258人,占34.9%)、"新农村建设"(248人,占33.5%)和"现代农业、工业园"(178人,占24.1%)。"产业示范基地""产业开发""农产品加工企业""高科技园""景观建设""大中型企业"等选项则相对占比较低。相关数据显示,村、社区基层干部的关注重点主要集中于环境整治与生态保护、新农村建设、现代农业工业园方面,而乡科级领导干部则主要集中于城市规划、产业示范基地、高科技园方面。

8. 基层干部对影响培训的因素认识趋于一致性

对于"比较重视哪些培训因素"这一问题,不同类别不同层级的基层干部则大体趋同,普遍认为"教学内容与主题"居于首位,有304人次选择,占比41.1%;居于后三位的则分别是"师资"(237人,占32.0%)、"教学形式"(182人,占24.6%)和"参与程度"(110人,占14.9%)。而"培训环境"和"教材"则选择人数较少。培训因素的排序先后,对于教育培训机构是一种信息传达,意味着今后的教育培训工作要花大力气研究和设计与基层干部这个群体身份和角色相匹配的教学专题,而在此基础上,如何遴选最佳的师资,匹配最恰当的教学方式,也值得深入思考。

9. 基层干部受训的频次与其实际的需求存在巨大的反差性

数据统计显示,对于"您认为培训次数应该达到多少"这一问题,选择"每年至少轮训一次"的高达558人,占比75.4%;选择"每两年轮训一次"的达136人,占比18.4%;选择"每三年轮训一次"的仅有14人,占比1.9%;选择"每五年轮训一次"的只有2人,占比仅为0.2%。事实充分表明,基层干部接受持续学习培训的愿望和需求非常强烈,但基层干部实际受训的频率较为低下。2013年,中组部曾作过相关的调研,有约五分之一的基层干部五年内(2008—2012年)都没有接受过培训,有半数以上的调研对象认为培训机会少。实际的脱产培训参训率也与国家要求的每位领导干部每年必须脱产培训12天的要求相去甚远。由此可见,基层干部接受教育培训的实际机会甚少,其迫切的培训需求也理应受到更进一步的重视与关注。《2013—2017年全国干部教育培训规划》首次对于干部培训的时间进行量化,而设计量化调训率、参训率、人均年脱产培训学时数等指标的举措,必将有效地解决基层干部缺乏培训机会这一现实问题。

10. 基层干部对培训目标的定位具有明确性

在调研问卷中,我们设计了"您认为当前干部培训后的重点是什么"这一选项,农村干部、社区干部、乡科级干部选择的前两位均相同,分别为"更新观念"(442人,占59.7%)和"开阔眼界"(377人,占51.0%)。但对于第三位的排序,乡科级干部选择了"提高理论水平"(168人,占22.7%),而农村、社区干部则选择了"提高工作技能"(297人,占40.1%)。从整体上来看,基层干部对于培训的目标定位还是较为集中的,尤其是村干部、社区干部和大学生村官这些群体,对于提升工作技能的需求高于提升理论水平的愿望,而乡科级干部则正好与之相反,希望有更为开阔的视野,接受更加新颖的理念。

三、存在问题

《2013—2017年全国干部教育培训规划》首次突出强调,干部教育培训是建设高素质干部队伍的先导性、基础性、战略性工程,在推进中国特色社会主义伟大事业和党的建设新的伟大工程中具有不可替代的地位和作用。与此同时,还进一步明确,要全面推行需求调研制度,在2014年前健全以需求为导向的培训计划生成机制。尽管新规划首次对培训需求调研工作的重要性予以突出强调,当前各大干部院校与培训机构也在这方面做了大量的工作,但在具体操作层面上仍然存在一些不足。

1. 培训需求调研的主体单一

按需培训是干部培训的基本规律。培训需求包括组织需求、岗位需求和个人需求。组织需求是根据干部战略发展目标确定的;岗位需求是针对干部所任职的工作岗位和任务确定的;个人需求则是针对干部个人所需要具备的政策、知识、能力等综合素质确定的。因此,培训需求调研应该结合组织需求、岗位需求和个人需求,将服务基层经济社会文化发展与个人能力提升结合起来。在当前自上而下的干部培训体系中,需求调研的主体仍较为单一,一般只针对培训对象这个单一的层面,对于组织需求和岗位需求层面的调研较少,这在一定程度上影响了培训需求调研信息获取的全面性和科学性。

2. 培训需求调研的形式简单

干部培训需求调研是利用科学、统计的方法获取关于培训者对于培训要求的工具和手段。当前,关于基层干部需求调研的形式较为简单,一般都是通过下发调研问卷、学员座谈、个别访谈或外联回访的方式来实施与操作,其他方式应用不多。总体看来,这种开放式的问卷调查及座谈在了解学员对于实施培训的感受、意见和建议等方面具有一定效果,但也存在一些局限。如座谈一般在培训结束后举行,这时学员已经完成培训,对本期培训改进的效果不佳;部分调研对象在座谈时碍于情面只讲优点,对培训的不足避而不谈,也导致收集到的需求信息不够全面和客观。从内容上来看,无论是问卷调研还是座谈,议题的涵盖范围均有限,不足以全面了解学员的多元化需求。

3. 培训需求调研的实效不够

当前,干部培训需求调研这项工作各类干部院校和培训机构都在做,但从总体而言实效性仍然不够,主要存在三方面的问题:一是培训机构和主管部门很少进行大规模的干部培训需求调研,对培训需求缺少全面科学的把握,从而使调研结果的权威性不够,难以有效指导干部培训工作的改进;二是干部素质和岗位的差异性,导致培训需求的多样化,从而使得培训需求把握的难度加大;三是由于种种原因,从事教育培训工作的教师深入实地调研较少,对一些重大问题的把握也受到信息不对称的影响,直接制约需求调研的问题设计不够微观和全面,也就使得调研本身缺少应有的深度和广度。

4. 培训需求调研的反馈缺失

培训需求调研的最大意义在于了解培训者所在组织、岗位和个人对培训需求的真实情况,随之运用到具体的培训中。而在当前开展的大部分调研中,调研结果的反馈缺失,应用不足。培训对象在填写相关问卷、参加座谈后,既不了解其意见对于改进培训质量的实际效果,也无从知晓培训者在收集培训需求信息后对于培训意见建议的应用,导致培训对象对于此类调研重视程度不够,存在"走过场"心理,不利于需求意见的收集和了解。为此,畅通而有效的培训效果反馈机制和共享机制尚待建立。

5. 培训需求调研结果的应用不足

从培训需求组织者本身出发,几乎每个月度都会选取若干具有代表性的培训班作需求调研,在此基础上统计大量数据,分析调研结果并形成相关参阅。从需求调研这项工作中,作为培训机构本身而言,可以把握和发现今后工作改进的重点及方向,但组织者对于这一类的信息分析往往不够透彻,对于调研的结果也不够重视,从而导致这些非常有价值的调研信息和结果往往被束之高阁,没有充分应用到客观实际当中,也没有跟培训实施、后期质量评估形成一个整体的、循环的良性互动。

第三节 构建以需求为导向的基层干部培训运行体系

构建以需求为导向的干部培训运行体系,关键是建立起包括培训需求分析、培训计划生成、培训管理实施和培训效果评估等四个环节在内的培训管理流程,使之形成一个开放互动、有效衔接的"行动链"。相对于传统的培训管理模式,这是观念上的重塑,更是系统层面的流程再造。重点要实现三个"突破":以需求为先导,突破以往主观、僵化的培训计划生成模式;加强与培训对象的互动和沟通,突破以往单向度的教学组织模式;重视培训效果的评估和反馈,突破以往重过程、轻结果的培训管理模式。只有高度重视培训需求调研,才能不断增强对基层干部教育培训及基层干部队伍成长的战略性、前瞻性、系统性、规律性研究,使教育培训更好地体现时代性、把握规律性、富于创造性。

一、按需施教,树立以需求调研为导向的现代培训理念

《2010—2020年全国干部教育培训规划》中明确提出,要进一步突出干部在学习培训中的主体地位,强化培训需求导向,真正做到科学发展需要什么就培训什么,干部成长缺什么就补什么。《2013—2017年全国干部教育培训规划》再次重申,要坚持按需施教,做到党和国家事业发展需要什么就培训什么,干部履职尽责和持续成长需要什么就培训什么。由此,必须进一步转变观念,牢固树立以需求调研为导向的现代培训理念,坚持以干部的需求为出发点来开展基层干部教育培训工作,并真正将这种导向引入、贯彻到培训组织管理的各个链条环节中,不断提升从事基层干部培训工作的科学化和专业化程度。

基层干部的内涵很广,不仅仅指村、社区干部,还包括乡镇、科级及企事业单位中层干部。因此,不同职务、不同层级、不同岗位、不同区域的基层干部,其需求有明显的差异性。这就决定了面向这个群体的教育培训工作必须因需制宜。而从另一个层面来看,培训学员的需求不仅包括党和国家的宏观需求,也包括各级地方党委、政府相应对于履职提出的中观需求,还包括微观需求即学员自身的个性化需求。而以往的干部培训,在很大程度上以满足组织需求为主,更强调组织的需要,存在与干部岗位需求和个人需求联系不够紧密这一现实问题,在一定程度上影响了干部学习的主动性和积极性。针对这一现状,干部教育培训的管理者、组织者和实施者,必须严格执行按需施教的基本原则,重视学员的意愿表达,尤其是要关注那些因学员个体需求而产生的对于教学内容、教学方式、师资遴选等环节的差异性,继而在相应的计划生成与组织实施中努力兼顾到这些差异性。只有突出学员的主体地位,坚持按需施教,才能真正激发和调动培训对象参与学习培训的内生动力,提升培训的针对性和实效性也才具备一定的现实可能。

二、以需为本,高度重视并切实提升调研实效

需求调研和分析是再造培训管理流程的首要环节,它对于后续的培训计划生成、培训管理实施和培训效果评估有着决定性的作用。教育培训机构必须高度重视并充分理解需求调研这项工作的意义与价值,通过定期开展干部培训需求调研,把握科学发展对于不同类别、不同职级、不同岗位的基层干部能力素质提升的不同要求,不断满足基层干部这个群体全面成长的共性的、个性的需求,进而准确把握基层干部成长规律和干部教育培训规律,最终切实提高基层干部培训的针对性和实效性。

1. 扩大调研范畴,全面采集信息

当下,培训需求调研的渠道主要集中于来院参训学员这一个层面。但由于每一年来院学习的基层干部学员区域、层级、类别都不同,因此仅仅依靠某一年的培训需求调研结果还难以形成关于基层干部群体需求的整体性、系统性的理性认识。为此,培训需求调研的开展,可以不仅仅针对当前参与学习培训的学员层面,还可以涉及未曾来院或者曾经来院的基层干部这一层面。通过邮寄调研问卷结合外联座谈相结合的方式,在更大范围内调研基层干部的岗位需求和个体需求,使得调研的样本及结果更加全面。与此同时,当前的需求调研往往集中于培训对象这个单一层面,而缺少针对培训组织部门的调研,因此,可以研究设计专门针对组织部门的调查问卷,帮助教育培训机构更好地把握组织部门的办班需求。由此一来,才能够全面地兼顾组织需求、岗位需求和个体需求这三个层面,干部教育培训的需求调研设计和结果才更为科学合理。

2. 丰富操作手段,建立常态化需求调研制度

培训需求的信息是宝贵的一手资料。从中,我们既能对基层干部培训的内容需求和方式需求、即时需求和延时需求、现实需求和潜在需求等要素进行综合性把握,还可以结合对不同类别、层次、岗位干部需求的分类调查研究,提炼出具有共性的需求,并发现差异性所在。为此,需求调研这项工作必须作为一种常态化的工作机制建立起来,辅之以丰富的组织形式和手段。既要组织开展大规模的问卷调查,又要进行细致深入的个别访谈和专题座谈,或尝试使

用工作胜任分析等新方法,利用不同渠道的优点和长处,努力做到主导方式深度研究和多角度交叉分析相结合。既要针对培训项目进行专题性、临时性的需求调研活动,又要立足于建立常态化、制度化的需求表达渠道,结合干部全面成长的个性化、差异化学习要求,探索建立反映培训需求的动态反馈机制。可以探索开通网络信息交互平台,依托组织部、联合办学单位等多种渠道,常态性地了解、掌握培训对象需求情况,保持一种良好的工作惯性,有利于全面有效地掌握干部培训需求的信息。

3. 把握科学方法,加强分析研判

培训需求分析不只是了解掌握干部想学什么、想参加什么样的培训,更需要摸清培训对象的知识、能力基础和胜任工作岗位应具备的素质能力水平。在此基础上,还能够从中找出基层干部关注的热点、焦点和难点问题等,为培训课题开发找到重点;从中发现组织管理的优势与不足,为进一步改进和完善综合配套服务找准方向。为此,需求信息的分析研判对于从事干部教育培训的干部院校和相关机构而言十分必要,通过对培训需求信息的分析、研判,确定培训目标、设计培训方案、安排培训项目。

而与此同时,正因为培训需求调查分析是一种技术,也是一门科学,所以需要正确选择和使用有效的分析的方法和工具,充分发挥调查问卷、访谈材料等一手资料的作用。开展培训需求调查,不仅要了解干部对学习什么、怎么学习感兴趣,而且要对干部的培训需求偏好进行排序、筛选。那些应该并且可以由集中培训来满足的培训需求得以保留,同时根据需求偏好的强度以及操作的可行性进行排序。位于前位的培训需求,应予以重点满足。

三、因需制宜,建立以需求为导向的培训流程再造

培训的组织实施是将培训目标、方案转化为培训实效的中心环节,其效果与培训质量密切相关,而组织实施又主要包括方案设计、班次分类、教学实施等各个环节,因此,要真正贯彻按需施教的基本原则,就必须建立以需求为导向的培训流程再造。

1. 引入主体参与,建立双向互动的培训计划生成机制

培训方案设计在很大程度上决定着培训效果的实现。因此,只有真正把

培训需求分析的结果作为制订方案的重要依据,才能够真正遴选出符合培训对象特点和需要的教学专题与教学形式。在现有的方案制订过程中,一般制订培训方案都是单向的,由培训组织部门和实施机构沟通后直接确定。这种方式的结果往往是充分体现了组织需求而忽略了参训者本身的自主意愿,由此可能导致针对性不够,一定程度上削弱了基层干部学习的主动性,不利于预期培训效果的实现。因此,可以探索建立学员参与方案制订的沟通交流平台,把征求学员对于培训方案的意见建议作为制订和完善培训方案的必经程序,作为实施培训的前置环节,通过让培训真正的主体亲自参与到方案的设计、论证和选择等环节中来,有效激发学员的内生动力,变"要我学"为"我要学"。

2. 坚持量身定做,拟订差别化的培训分类方案

以往培训组织实施的分类培训主要按照两个层面来展开:一是根据工作性质分类培训,二是按照职务职级分类培训。而本次的需求调研结果表明,在回答"您易于接受的培训方式"时,30.1% 的基层干部选择了"专题培训"。为此,在传统的根据行政级别分级培训之外,可以更加突出"量身定做",更多地关注、分析和研究不同类别基层干部在实际工作中面临的共性问题,在此基础上探索按照特定专题的模式分班管理,探索菜单式选学培训,如按村级集体经济发展、土地流转、新农村建设、社区管理、基层党建、群众工作策略及方法等专题设置班级,更好地满足基层干部多样化、个性化的学习需求,进一步提升培训的针对性和实效性。笔者以为,当前干部培训改革的一个重要方向就是从按级别为主设置班次转向按类别为主设置班次,这是实现干部教育培训可持续发展的可贵尝试。

与此同时,还可以进一步研究基层干部工作性质、履职资历等因素的差异,将培训班次分为任职培训、岗位培训、专题培训等类别。任职培训要突出"全",提供与履职相关的系统完备的知识体系和能力架构要求;岗位培训要突出"实",紧密结合具体工作尤其是重点难点问题的解决,推动实务操作能力的有效转化;专题培训要突出"专",聚焦某一个专项课题,引导学员进行深入研究、讨论,进一步深化对于某一问题的理性认知与规律性认识。培训工作者必须加大工作研究,从分级分类培训的实施中逐步摸清基层干部教育培训的科学规律。

3. 突出类别界定,建立特色化的教学模块

调研结果显示,在学习培训中,学员最看重的因素便是"教学内容和主题",因此,必须以需求调研中选择率较高的教学主题选项为依据,进一步探索建立差异化、专业化、针对性强的教学模块。

调研反馈显示,县区、乡镇、村、社区等各层级基层干部的培训需求因其岗位的差异及职位、职级特点而有所不同,各有侧重。如在依法治国成为基本方略的背景下,同样是政策法规,乡镇干部更倾向于学习党和国家、省市委的重大政策决策,特别是乡镇正职更关注事关全局的战略性、方向性的内容。而一般干部则更重视涉及实务操作的具体的政策、法规,村级干部则对于了解和掌握党在农村的最新政策方针,市委、县委(区委)在农村的发展规划、工作的重点,农村工作相关的法律法规等有着强烈需求。这就意味着我们不能以通用代替实用,必须研究出适合村、社区、乡镇、县区等各级别各类别基层干部的特色教学主题模块,实行差异化、区别化、专业化的教学设计。此外,在以基层干部应知应会的理论和知识为主体开发核心课程模块之外,也可以探索兼顾基层干部个性化的学习需求,开设自主选学专题,设计选课菜单。

与此同时,在教学模块设计突出特色化和差异性之外,还要兼顾基层干部应知应会的知识体系架构。在内容的安排上,既要丰富多样,又要重点突出。既要有中国特色社会主义理论体系学习和解读这个政治理论教育层面,帮助学员掌握马克思主义的立场、观点、方法,以政治理论为指导来提高分析问题和解决问题的能力,又要有涉及实务操作方面的知识,如基层党建、群众工作、领导艺术、公共管理以及现代信息、金融商贸等知识的培训,以进一步丰富和完善基层干部的知识架构。

4. 强调有的放矢,构建以能力建设为核心的教学体系

《2006—2010年全国干部教育培训规划》中首次强调要提高基层干部的执政能力,应"按照建设社会主义新农村的要求,加强农村基层干部执行政策、加快发展、服务群众、依法办事、解决自身问题等方面的培训。围绕促进社区事业协调发展的目标,加强城市基层干部依法办事、做群众工作、加强社会管理、开展社区服务、发展社区事业等方面的培训"。虽然目前基层干部教育培训从"知识型"培训逐渐转向"能力型"培训,但关于基层干部的能力要求仍然

过于笼统,缺乏分级分类的干部能力指标考核体系,以及对每一项能力要素具体行为标准的规定,因此在以能力为本位的培训过程中对于能力的培训效果也难以准确地衡量,为此,必须严格按照文件精神探索以能力为本位的基层干部培训模式,建立适合基层干部的能力胜任模型。

基层干部是上级部门政策的贯彻执行者,也是基层一线的实践操作者。由于特殊的工作性质,他们在培训中更加注重培训的效果,注重培训是否真正"务实""管用"。调研数据显示,提升实务操作能力,尤其是开拓创新能力、沟通协调能力、群众工作能力和应对突发事件能力成为基层干部最迫切的需求。因此,必须对基层干部按照群体类别、岗位性质、职级特点等进行细分研究,设计出以能力培养及训练为核心的教学课程体系。从这个体系中,分化出领导力、执行力、创新力和学习力等四大模块。领导力培训的重点是提高基层干部把控、认知、应对变革和突发危机处理的能力;执行力的培训重点则指向团队中的个人执行能力和组织执行能力的提高;创新力培训的重点在于通过思维方法的训练,引导学员摆脱或克服长期形成的影响领导干部创新能力的思维误区和思维习惯,提高创新水平;学习力培训就是通过科学训练,帮助基层干部在短时间内掌握大量新知识、新技能的方法、步骤和技巧,帮助其养成终身学习的习惯,提升其持续学习的能力。只有采用"能力——课程"对应的方式,围绕能力培养来设计教学专题,确立课程体系,才能够实现从传授知识、灌输理论向素质、能力并重的方向转变,也才能真正提升基层干部把控和应对复杂局面的能力,进一步凸显培训的实践性和实用性。

5. 多管齐下,提升新型教学方式的运用份额

双向、活跃、开放的现代教学方法更具吸引力和感染力,也深受培训对象欢迎。而这种现象本身,也恰恰体现了基层干部的群体特征和工作属性。当前,虽然各干部院校和培训机构纷纷在培训中引入了这种教学方式,但就总体而言,新型教学方式无论是在整个教学体系中还是在单次培训的课程总量中,占比都是较低的,还不能很好地与基层干部较为强烈的实施诉求相匹配。为此,加大对新型教学方式的研究力度和实施力度,成为提高教育培训效果的关键要素之一。为此,要积极适应现代教育培训的发展趋势,在遵循基层干部学习规律和群体特点的基础上,不断创新干部培训的方式方法,加大问题导向,

重视直观体验,强化互动交流,进一步调动学员潜在的理论记忆和实践记忆,使各方面的资源都能融到教学中来,实现教学相长、学学相长。

调研结果显示,基层干部最希望引入的新型教学方式分别为案例教学、现场教学、互动研讨和情景模拟教学。而这四种教学方式,恰恰最契合基层干部群体特征,最需要培训主体参与,最强调教学双向互动。苏州市农村干部学院近几年的教学方式创新分别围绕现场教学、结构化研讨、访谈教学和案例教学等开展,与基层干部的实际需求匹配度较高,并且学院的新型教学方式实质上在一定程度上是相互融合而不是孤立存在的。如在现场教学的实施中,就适当融入了案例教学、互动研讨式教学、情景模拟教学、体验式教学等多种教学新方式的优势与特点,力求参观考察与现场体验相结合、现身说法与互动交流相结合、案例研讨与情景模拟相结合,通过教学的良性互动和观点的有效碰撞,达到启迪发展思路、增强发展信心、创新发展举措、提升发展能力的教学目标,实现了让学员更新观念、提高兴趣、改变行为、增长能力的教学功能。今后,要进一步加大对这几种需求度较高的教学方式的研究与运用力度,优先选择"城乡一体化""村级集体经济""农业现代化""园区建设模式与经验""城市管理与社区建设"等运行较为成熟的课程模块作为案例编写方向,加速案例教学的普遍推广;按照"教学化""主题化""专业化"的要求优化现场教学的流程设计,提升现场教学的讲授水平,进一步增强对教学效果的预判和控制能力;在每个专题班都推出"结构化研讨",通过"头脑风暴"帮助具有同样发展困惑的学员理清思路,找到对策;挖掘并确立一批会干能讲的基层工作先进典型参与到访谈教学的方案制订和流程设计中来,使访谈教学不仅仅停留在简单的交流互动上,真正实现"教学"层面的启迪。

四、多方联动,建立科学有效的培训质量评估体系

如果说在整个教育培训体系的运行中,培训需求调研是最前端的环节,也是最基础的环节,那么培训质量评估则是最末端的环节,也是最核心的把控。因此,培训质量评估作为教育培训整个运行链条中的一个环节,必要且有意义。

1. 建立多层次的培训质量评估体系

美国人力资源管理专家唐纳德·柯克帕狄克提出的柯氏评估模型,对于建立基层干部培训的多层次评估体系很有借鉴作用:第一层次是受训者反应的评估,即评估学员对培训课程、培训教师、培训组织的评价;第二层次是受训者学习收获的评估,即学员对学习到的知识、技能的掌握程度和学习态度的评价;第三层次是受训者行为变化的评估,即学员再回到工作岗位后在组织绩效行为和组织公民行为上的变化;第四层次是对培训项目结果的评估,即考察培训项目给政府带来的改变,学员行为的变化是否对政府产生了积极的影响等。这种评估模型实质上已广泛运用到国外的干部培训中,如英国、加拿大、美国、澳大利亚、新加坡、分兰、意大利等国都构建了各具特色并较为完善的质量评估体系。

相比之下,国内的培训评估因为缺乏专业的机构来运作,一般由从事教育培训的机构单方操作,并没有形成组织部门、培训机构、学员单位与个人"四大主体"紧密相连、协调配合、相互促动的格局,因此,评估分析的效果往往不够客观和科学。与此同时,对于效果的评估也只做到了前两个层次,忽视了对后两个层次的跟踪评估。但后两个层次恰恰是整个评估体系最重要的部分,最能体现出培训效果,也是难度最大的评估过程。为此,必须学习、借鉴国外干部教育培训中的成功经验,逐步转变现有的评估只停留于教学满意度单一层次的现状,引入科学的管理方法和模式,建立一个从培训前规划制定,到中期组织实施,再到结束后效果反馈在内的有层次、全方位的评估体系,涉及教学满意度评估、掌握程度评估、组织满意度评估和公众满意度评估等四个层面。与此同时,要更为重视培训结束后的反应评估和行为变化评估,并将其作为接下来培训教学调整的重要参考依据。总而言之,要通过建立定量与定性相结合的系统的教学质量评价指标体系来对教育培训机构的办学行为和教学质量进行有效监督。

2. 配套建立相应的干部考试考核机制

除构建良性的培训评估反馈机制之外,还涉及一个对于评估结果的应用问题。为此,还需要配套建立科学有效的干部考评机制,强化激励约束机制,把考核结果作为任用干部、提拔干部的重要依据,真正做到干部的培训和使用、管理相结合,这样才能更加凸显出干部培训在培养干部、发现干部、考察识别干部方面的重要意义和独特功能,有效服务基层干部能力素质提升和队伍建设。

开展考核评估的核心在于建立考核评价指标体系,制定具体的考评标准这一层面。应结合不同工作需要,研究各类基层干部、各种岗位的能力胜任模型,制定分类培训大纲,设定相应的考核标准,逐步建立起分级与分类相结合的较为科学的干部培训考核指标体系。在此基础上,还要坚持对基层干部培训情况进行全面认真的考核,既检验学习成果,又考查学习纪律;既测验理论知识,又摸底处理具体问题的能力;既有授课教师的打分,又有培训学员和教学组织者的共同评价。此外,考虑到培训效果的滞后性,还要大力拓宽考核评估渠道,探索建立对参训学员的定期回访制度,每隔一段时间对部分参训学员进行跟踪式调查,了解其培训收获向工作能力的转化情况,掌握培训成果在实际工作中的应用程度。

落实到具体操作方式层面,可以综合运用书面问卷测试、学员论坛、撰写调研报告等多种形式,由组织部门实施对干部的训后考核,增强对干部培训效果与效能的把控。也可以建立基层干部学习积分管理办法,把基层干部参加脱产培训和"菜单式"自主选学的次数、天数、学习培训表现等各折算为学分,实现对干部培训的量化管理和考核。

干部教育培训是与人的发展有关的事业,既然对象为独特的个体,就存在诉求。《2010—2020年干部教育培训改革纲要》中明确指出,要把"突出干部在培训中的主体地位,强化培训需求导向"作为干部教育培训改革的重要原则,按照"科学发展需要什么就培训什么,干部成长缺什么就补什么"的要求,牢固树立按需培训理念,以推动干部教育培训工作的科学发展。这是国家层面的明确要求。与此同时,作为从事基层干部教育培训的机构本身,培训需求调研有助于其把握基层干部教育培训规律与基层干部成长规律这两大规律,增强工作的科学性和专业化水平,提升办学的质量和水平。最后,落实到培训对象这个层面,培训需求调研则建立了表达个人诉求的渠道,有助于实现其个人能力素质的全面提升。因此,无论是对于培训组织者、培训实施机构还是对于培训学员而言,按需施教、因需制宜都具有重大而利好的现实意义。

而教育培训机构要想不断提升从事教育培训工作的专业化、科学化水平,就必须紧扣"培训前""培训中""培训后"这三个关键节点,将前期的培训需求调研既作为中期培训实施计划生成和方案拟订的参考依据,又作为后期培训质量评估的反馈衡量。也只有真正将培训需求调研的结果参与和运用到教育培训的整个链条当中,才能提升教学的针对性,也才能够从培训质量评估的反馈中,进一步去完善需求调研的架构,反思培训实施的不足,进而推动教学改革,提升培训实效。按需培训体现了培训基本理念由被动向主动的转变,体现着培训管理方式由以训为本向以人为本的转变,这无疑是干部教育培训改革的新常态和新路径。

第三章　基层干部教育培训的运作模式

针对基层干部教育面临的机遇与挑战,可以从分析研究现行培训运作模式入手,以创新理念为基础,以优化方式为重点,以丰富内容为主线,以提高质量和效果为目的,创新模式,深化改革,彰显职能,主动适应社会发展新要求,重点打造核心竞争力,不断提高干部教育培训的科学化水平,以满足广大干部的新需求。基层干部教育培训必须坚持以党性教育为核心前提,围绕履行岗位职责和突发事件应急处理等所需具备的能力素质,以及领导力提升等设置特色培训课程体系,努力抓好专兼结合的高素质师资建设,并不断健全和完善与之相配套的后勤服务保障机制,以此作为基层干部培训模式切实可行的重要依托。

第一节　特色课程的开发与设计

"围绕党在不同时期的历史任务和中心工作加强干部教育培训,是我们党搞好干部教育培训工作的一条基本经验。"根据不同层级、不同类别、不同岗位干部的特点和需要,有针对性地组织开展教育培训,是凝聚培训特色与强化培训实效相结合的重要措施。就基层干部培训的特色课程建设而言,课程核心主要体现在"基层"二字上,必须紧密联系当前基层工作的重点、热点和难点,实实在在地帮助基层干部解决工作中的问题和困惑。

一、基于基层干部培训的特色课程定位

课程定位作为课程研发的首要基础工作,要充分考虑基层岗位的工作能

力水平、方式及要求，不同的基层岗位人员对于培训课程的需求也各有侧重，需要遵循基层干部的学习规律，以主动加强沟通做好需求调研，为培训主办方"定制"培训课程，尽可能形成专题系列，深化教学管理效果，保证基层干部培训课程彰显特色，这也是培训成效提升的有力保障。

1. 培训课程的需求分析

基层干部培训内容的需求主要由政策法规、领导科学、公共管理、经济管理和业务管理等核心内容构成。开展扎实有效的培训工作，要以培训需求为突破口，以提升领导力为目标，在课程设计上既注重能力、知识、技能、经验、方法艺术等表层结构，更注重思维观念、关键品质、价值取向、角色认知等深层内容，与基层干部的认知紧密结合起来。同时，要把专题内容讲授与需求差异有机结合起来，以进一步提高培训工作质量。

根据培训需求的相关统计显示，政策法规、领导科学、公共管理、业务管理、经济管理等综合学科、前沿学科和应用学科占据优势位置，而传统学科如哲学、人文科学、文秘写作及国情国力等排在后五位。出现此种变化，反映了社会政治经济发展对领导干部解决实际问题的知识能力的迫切要求，也说明在领导干部培训中，对政策法规的掌握，如目前对于党的十八大、十八届四中全会精神及群众路线教育等的学习活动，以及对领导科学的熟悉和对业务管理、经济管理以及公共管理知识的系统学习，提升实际工作中的领导能力、领导水平，已成为当前干部教育培训的首要任务。哲学、人文科学等长线知识，由于学员在学历教育时期接触比较多，内容丰富，选择学习的内容自由度较大，在干部教育培训专题讲授中略显宽松。

2. 基层干部培训机构的课程编排

为了进一步提高培训的实效性，培训内容编排要遵循科学合理的原则。近年来，突发事件应对、公共管理、宏观经济分析、重大会议精神解读如十八大报告精神解读等专题，在干部教育培训中的课程设置中所占比重明显增加，既反映了基层一线干部的现实培训需求，也从侧面反映出中央对于基层干部工作能力的新要求。

通过培训课程的满意度问卷调查结果统计，学员反映学习课程安排过于紧凑，课程内容之间有时跨度较大，如有时上午是舆情应对，下午可能是城乡一体化,有些学习内容根本来不及消化和吸收。因此,在培训课程编排上,每次培训内容不需要面面俱到,最好是围绕一个专题来进行,从不同方面请不同的专家学者进行解读,这样既可以使学员学得深、学得透,也给学员留下充足的时间思考、消化和吸收。

3. 特色课程的设置及功能定位

基层干部教育培训的教学管理诸多环节中,课程设置是一个至关重要的环节。受训干部级别层次、年龄层次、工作岗位、专业知识的不同决定了其培训需求有很大的差别。《干部教育培训工作条例(试行)》将培训课程分为五类,即任职培训、专门业务培训、初任培训、岗位培训和其他培训。培训类型在一定程度上反映参训学员的层次、岗位和培训需求,教学课程也要紧紧围绕培训类型来把握。通过需求分析和课程编排,精心设计好培训课程,对其进行准确的功能定位,使其既能满足共性,又能彰显特色,这是特色课程研发的首要前提。

二、特色课程的构建与设置

特色课程和干部院校的培训特色密切相关,如何构建特色课程、特色课程如何回应培训学员需求、特色课程如何保障实施、特色课程如何建立评价机制等问题都是特色课程建设过程中需要考虑的。在构建过程中,要对特色课程构建的类型、途径、策略、模式、流程等具体问题做分析,并对如何提升课程领导力、保证课程执行力、打造课程前景做相应研究和探索。特色课程的开发水平,已然成为新课程改革视野下培训机构发展的核心竞争力。

1. 课程设置的基本思路

课程设置需遵循四项原则:一是思想性原则,干部培训机构是培训轮训党员领导干部,加强干部党性锻炼的熔炉;二是系统性原则,主要体现在课程设置模式模块化和模块内部课程逻辑化两个方面;三是针对性原则,要针对不同培训对象的岗位要求,因类施教,要根据不同时期的经济社会发展目标,在培训内容上开展具有时代特色的培训;四是实效性原则,在教学课程中综合运用研究式教学、情景模拟教学、现场教学、案例式教学、结构化研讨、异地教学等方法。

课程设置要完成八项工作:一是了解和分析培训对象;二是确定培训的组织结构,尽可能将课堂讲授和现场考察相结合;三是排定项目课时分配表;四是确定培训的持续时间;五是选定培训教材;六是选择合适的培训方法;七是走访参训学员;八是确定评估方式或方法。

2. 特色课程的主题框架

遵循"高效务实,合作创新"的培训理念,以培训特色课程建设为突破口,努力提高培训的实效性,从培训课程的科学性、适切性、生动性和时代性等特征出发,围绕基层政府工作的时事热点和重难点问题,按照"宽基础、活模块"的原则,积极探索培训新亮点,稳步推进培训特色课程的框架体系建设。下面以表1为例说明。

表1 主题框架一览表

(以苏州市农村干部学院干部培训部分主题框架设置为例)

"贯彻落实十八大、十八届三中全会精神 全面深化改革"系列专题
专题一:贯彻落实十八届三中全会 全面深化改革
专题二:现代市场体系建设与经济体制改革
专题三:健全城乡发展一体化体制改革
"牢记宗旨 践行群众路线"系列专题
专题一:坚定理想信念 牢记党的宗旨 践行群众路线
专题二:政府职能转变和服务型政府建设
专题三:社会治理与社会建设
"全面深化改革与苏州发展实践"系列专题
专题一:深化改革与"新苏南"模式
专题二:县域经济发展与新型城镇化建设
专题三:深化农村改革 加快推进农业现代化
"公共行政管理主题班"系列专题 (县处级、科级、农村基层干部培训班;大学生村官培训班等)
"行业系统培训"系列专题(组工系统、财务系统等)

特色课程主题框架的创新主要有以下两种途径:一是落点要"实",将主题相关内容与培训需求紧密联系起来,有深度、重实效,解决教学内容的"枯燥性";二是运用反向思维,少一些照本宣科和经验阐述,多一些现象分析和可操

作性强的专题,打破教学内容的"规范性"。

3. 特色课程的教案构成

特色课程教案是指围绕特色培训主题的具体实教内容。没有一个系统的切实可行的教学预案,就好像打仗没有作战计划、表演没有剧本、建筑没有图纸一样,最终必然无法达到培训的预期目标。因此,在确定课程主题框架以后,需要对主题内容作进一步的梳理和延伸,并将其具体细分为若干子模块,在形成的具体培训教学目标基础上构建教案,才能彰显特色。培训课程教案的模板必须包括两项基本内容:一是阐述培训的目标和内容;二是拟定培训过程中的各个步骤及细节。在此基础上,可以根据不同层次的培训对象,进行适度的调整和补充。(见表2)

表2 特色课程的教案模块构成

(以表1中选取的具体培训专题为例)

培训专题	培训教案(课程)	教案类别
县域经济发展与新型城镇化建设	学习贯彻十八届三中全会精神 全面深化改革 共享发展红利	专题辅导
	贯彻十八届落实三中全会精神 走健康城镇化之路	专题辅导
	苏州市经济社会情况及发展战略	典型交流
	城市化与小城镇建设	专家讲座
	城市区位与城市发展定位——以苏州市为例	专家讲座
	苏州县域经济发展中的城镇化道路	专家讲座
	解读苏州发展的三大法宝:园区理念、昆山之路、张家港精神	现场教学
	新港口、新太仓——太仓"以港兴市"的秘诀	现场教学
	板块经济格局中的政府创新——解读"吴江现象"	案例教学
	常熟市发展民营经济的做法与启示	案例教学

三、特色课程的考核评价机制

对培训课程进行考核评价是手段而不是目的,主要作用在于帮助授课教师不断完善教学内容,提高教学质量,从而实现特色课程精品化、品牌化。通过试讲审查(初评)、学员反馈(复评)、调整修改后再讲(后评价)这个循环反复的过程,不断提升特色课程的品质。

1. 坚持特色课程试讲审查

试讲审查是特色课程考核评价的第一关,它关系到该课程能否合格达标,审查内容包含教学安排、课堂教学、教学大纲、教案及教师本人对所讲课程全部内容的理解程度等,以全面考核其课程准备情况。试讲审查的现实意义和作用也十分明显,主要有三点:一是帮助授课教师了解自身在教学中的薄弱环节,通过审查意见反馈可以清楚地发现课程存在的不足和问题,效果远远优于"传经式"的培训;二是帮助授课教师扩展教学思路,具有启发性,目前部分培训机构采用的"集体备课"也正是为了达成这一目的;三是对于新开课程而言,教师心理压力普遍较大,试讲审查相当于"彩排",有利于授课教师信心的培养和激励。

2. 跟踪特色课程的学员满意度

参考市场需求的供需平衡理论,试讲审查相当于供应方的满意度,而对学员满意度的跟踪分析则反映了需求方的接受程度,应当予以足够的重视。特色课程满意度的调查研究一般采用课堂或课后问卷的方式,将课程内容、课程形式、课程模式、师资能力等作为主要评价因素,通过反馈的意见和建议来对培训课程实施针对性的及时改进,既能够充分考虑参训学员的认同感,使其对于课程的参与热情大大提升,又能使得课程更贴近基层实际,进一步丰富内涵。

3. 完善特色课程后评价机制

如果将特色课程的建设工作作为一个项目来管理的话,课程后评价就是指对于已经完成的课程或教案的目标、教学过程、满意度、作用和影响所做的系统的客观分析,这对于特色课程的"生命周期"无疑是一剂益寿良方。完善课程后评价机制,需要将课程的后评价结果(经验、不足和改进建议),作为课程立项和教研拓展的参考和依据,《课程后评价报告》应作为课程建设是否成功以及取得多大成功的重要依据。同时,在开设新课程时,应参考过去同类课程的后评价结论和主要经验及不足。在新课程立项后,应尽可能参考课程后评价指标体系,建立课程管理信息系统,也为课程后评价积累分析资料。

四、特色课程的品牌化建设导向

1. 干部教育培训课程品牌化的积极意义

培训课程品牌化可以增加无形资产,提高竞争力。品牌化主要包括培训机构的名称、专用标志、声誉、教学特色、名师等,特别是干部培训长期发展过程中积淀而形成的整体形象和办学品牌,是最重要的无形资产,在干部培训发展过程中发挥着特殊的功能,产生着特殊的推动作用。

2. 特色课程对培训品牌塑造的作用

干部培训品牌塑造是干部培训机构在培训对象中传播推广的过程,也是在长期的培训办学过程中逐步得到组织部门和参训干部认可乃至肯定的过程。特色课程的打造能够充分发挥群体凝聚功能,起着强化培训学员认知感和亲切感的作用,建立起和谐、理解、信任、互助的群体关系,形成奋发向上的群体意识,凝心聚力,让干部教育培训的品牌效应最大化。

3. 品牌化是特色课程的终极目标

特色课程是培训品牌化建设的重要组成部分,其目标就是打造成为精品课程、品牌课程,以提升培训机构的核心竞争力。良好的培训课程具有规范约束的功能,是一种强大的管理力量,同时也可以提高教育培训效益。它以隐性的方式产生管理情景和氛围,使教师和学员对教学目标、办学思想、行为准则及价值取向产生认同感,自觉地去学习和接受知识,同时对课程建设也能起到很大的促进作用。

第二节 专兼结合师资队伍的培养与建设

基层干部培训机构承担着面向广大基层一线干部的培训教学工作,面广量大。作为干部培训系统的一分子,基层干部教育机构必须以质量立校来发挥培训教学的整体优势,深入研究探讨干部培训教育规律,加强与各级机关、党校及培训机构的工作经验交流,努力做好师资队伍的培养和建设工作。一方面,注重提升本机构培训教师特别是青年专职教师的教学科研水平及综合能力,练好内功;另一方面,通过完善兼职教师的选聘和教学评估,不断优化兼职教师队伍的教学效果,以专兼互补来推进基层干部培训事业的科学发展。

一、基层干部培训师资队伍的现状分析

1. 培训教育教学的一般理论

干部培训教学的对象是成人,干部培训也属于成人继续教育的范畴。因此,要顺利开展培训教育教学工作,首先要认真分析、研究和把握成人学习的特点,遵循成人学习的认知规律。其次,在充分借鉴、利用成人学习相关理论成果的基础上,重点把握好几个环节:干部教育培训应重点关注理论知识的实际应用,要充分利用学员的经验、能力等学习资源,要注重受训者的个体差异;培训教师应从以往单纯的教员角色向咨询师、催化师角色转变,要为学员提供新颖、趣味性强且有实践意义的学习课程;培训环境建设以营造宽松且具有开放性、支持性的环境为标准。

2. 培训师资队伍的主要构成及现状

《干部教育培训工作条例》要求按照素质优良、规模适当、结构合理、专兼结合的原则,建设高素质的干部教育培训师资队伍。目前,我国基层干部培训机构的师资主要是由专职教师和兼职教师两部分组成。专职教师队伍由本单位教师组成,主要承担理论研究、时政分析、案例解读、经验介绍等模块课程的培训教学和科研工作,兼职教师除部分本单位领导干部外,多为外聘,主要承担专业性、指导性和实践性较强的模块课程的教学工作。

由于培训办学的局限性,部分基层培训机构面临着双重困难:一方面,专职教师队伍老龄化严重,年轻教师的成长还有待进一步的磨砺;另一方面,外聘教师受地域、行业、条线等诸多因素制约,也难以满足培训需求。"双重困难"瓶颈的制约严重阻碍了培训教学的品质提升。

3. 师资队伍建设存在的误区

师资队伍建设存在几个误区:一是过分偏重"外力",外聘教师队伍建设的引进存在盲目性,审查粗放,系统性不强,有时会出现培训班临时提出新课题需求而不得不"另请高明"的现象,教学管理过程中又缺乏必要的督导和淘汰机制。由于过分依赖外部师资而造成自身灵活性不够、主动性不强,品牌建设更加无从谈起。二是专注"闭门造车",专职教师主要依靠自我钻研、备课,思路存在局限性且缺乏碰撞,研究经费不足,缺乏"走出去"培训教师的长效机制

等,这些因素制约着专职教师教学能力的提升。

二、专职教师应具备的素质和能力

基层干部培训院校要为青年教师成长提供帮助、创造条件,青年教师自身也要发奋努力、自我提高,坚持理论联系实际,坚持教学相长,坚持终身学习。根据当前干部培训目标要求,干部培训院校需要一批跨世纪的适应市场经济需要的复合型教学人才,要具有现代思想观念、现代思维方式、现代知识结构和现代实际应变能力。因此,除从年龄结构、职称结构、学历结构考虑问题外,基层干部培训院校对于专职教师的素质和能力还有具体的要求。

(一)专职教师的素质要求

1. 思想素质

应具有共产主义远大理想和中国特色社会主义坚定信念,重视自身党性修养的培养,自觉遵守党的政治纪律,热爱党校教育事业,始终与党中央保持一致。熟悉党的路线、方针、政策,思想坚定。学风严谨,品德高尚,为人师表,特别是作为干部培训机构重点培养的青年教师,面对挑战时应当具备勇挑重担、不惧失败的决心和毅力。

2. 知识素质

要具备教师—经济师(或工程师)综合素质,成为"双师型"或"三师型"教师。知识范围不局限于所授课程,要有较深的现代社会经济理论知识,以及对我国的时政方针、政策的深刻理解作支撑。概括来讲,在知识范围方面要做到"广""深""新""活"。"广",即全面掌握本专题的内容,并向基层干部工作热点难点贴紧,逐步向一专多能发展。"深",是要求理论根底深厚,基础知识功底扎实。"新",是指能够跟上当前改革创新的步伐,时时注意本专题、本课程涉及内容的新变化、新成果。"活",则是以前三者为基础,在对掌握的知识理解消化、融会贯通的前提下,灵活运用于实际。

(二)专职教师的教学业务水平

1. 教学组织管理能力

专职教师不能只局限于本职教学工作,还需要具备把控教学组织管理的能力,这直接影响到教学质量和培训效果。具体包括:善于与学员交往的能力;善于发动学员积极参与课程学习,激发学生学习动机的能力;善于营造课堂教学环境的能力;善于组织形式多样的教学研讨活动的能力,善于反馈、调控课堂教学的能力;善于处理偶发事件的应变能力,较强的人格、情绪的感染力等。

2. 教学改革的创新能力

每个专职教师不仅要能够讲授两三门课程,而且要能在传统的课堂讲授中具有观念启迪的教学深度和联系实际的内容。要见微知著,发现普通人不注意的容易忽略的问题。要学会分析处理信息,并运用综合能力重新组织信息,从而获得解决问题的新意和创意。此外,要不遗余力地提升自身的职业技能,推出创新的教学方式,如案例教学、考察教学、模拟教学、演示教学、电声情景教学、角色扮演等。教师创新能力的形成和发展是一个漫长的过程,它贯穿教师职业生涯的始终,需要教师在教育教学实践中自觉地进行培养与训练。

(三) 专职教师的科研能力

1. 研究解决实际问题的能力

理论联系实际和独立科研能力是专职教师不可缺少的能力。在跟踪教学过程中,抓住实践中的主要问题,不仅能够把现实问题上升到理论高度来认识和说明,而且能够提出解决问题的办法和方案,甚至成为培训学员欢迎的信息提供者和咨询诊断者。

2. 教材的编写能力

干部培训时间短,学时少,内容更新较快,新课题缺少适用的教材,只能由授课团队及时了解培训对象的情况和需要,根据培训目的和要求采取集体备课的方法,编写出重点突出、逻辑层次清楚、结合实际且带有自己观点的有特色的培训教材,这恰恰是干部培训当前迫切需要的。

三、专职教师的队伍建设及管理

专职教师队伍的建设和管理应在全面规划、统筹安排、有计划、有组织的原则下进行,专职教师必须拥有较高的政策理论水平,具备一定的实际工作经验,以及掌握现代化的教育培训理论和方法。因此,广大的干部培训机构在专职教师队伍建设中,既要制定短期的现行管理激励办法,也不能忽视制定长期的培养计划和目标,确保建成一支专业化的培训教师队伍。

1. 专职教师培养对象的确定

专职教师的培养是一个系统工程,在对象选择上需要首先认真分析现有的师资储备,确定所能开展研究的课题方向,鼓励校内年青骨干教师自主报名选择。组织专业评审开展试讲评比,试讲优秀的教师确定为优先培养对象,对于勉强合格以及初次试讲尚不能达标的教师,不能"一刀切",要给予足够的指导和鼓励,帮助其尽快成长,这对于培养壮大专职教师队伍意义深远。

2. 建立专职教师的阶梯式培训机制

专职教师队伍的培养要充分考虑教师的个人教学研究能力和水平差异,制订阶梯式培训计划,将专职教师队伍划分成若干类,同一层次的归为一类,确定培训内容,根据"缺什么补什么,同时还能接受什么"的原则开展阶梯式培训,如语言表达能力不够的教师,重点对其进行语言艺术的培养,并辅以逻辑思维培训。培训内容做到因人而异、因岗而变,采用艺术讲课、案例分析、过程培训等方式,让每位教师都能在培训中真正学到内容,彻底改变以往师资培训"大锅饭"、走形式、效果不明显的局面。

3. 形成专职教师的360°评价机制

合理评价专职教师的教学质量并不断促进其发展成长,是基层干部教育机构普遍关注的议题。笔者认为,完整的干部教师评价体系,应当由参训学员评价、教师自评、同事评价、教务管理人员评价这四个要素构成,是一个全方位的360°的评价系统。不仅要通过学员反馈、问卷调查等评价教师的教学效果,还应当对教师的教学态度、教学能力、思想和知识水平进行综合考量,从而实现评价指标的科学化。

四、建立兼职教师师资库,深化兼职教师职能

随着中央对基层干部培训工作的日益重视,培训学员规模的不断扩大,师资队伍的扩充已成为干部培训机构在市场竞争中的必然举措。而兼职教师作为基层干部教育师资队伍中必不可少的组成部分,对于干部培训机构的学科建设、学术水平的提高、教学科研工作的促进以及高层次师资队伍力量的补充等有着重要意义。

1. 兼职教师队伍的主要构成及存在问题

目前,基层干部教育机构的兼职教师主要包括党政领导干部、党政机关所属研究机构的专家、企业管理人员、基层一线的代表典型、高校的专家学者等。兼职教师由于有自身的本职工作,从当前教学实施的操作层面看,干部院校对其在教学内容、时间安排以及教学要求上均无法掌控,而且由于其"非专职"性,不可能将干部教育培训作为一门学问来研究,不熟悉干部教育的规律和方法,结果往往是有什么就提供什么,熟悉什么就讲什么,按需施教的原则也无从体现。

2. 兼职教师的师资库建设与管理

鉴于兼职教师队伍建设存在的不足,基层干部教育培训机构要做好兼职教师的选聘、管理、评价和激励工作,具体可从师资库建设管理入手。一是要严格选拔标准和程序,把好入口关,实现兼职教师人员的相对稳定。建立相对稳定的兼职教师数据库,明确兼职教师的课程类别以及教学工作重点,实现授课方向或主题的相对固定。加强对教学讲义和课件的审核把关,确保授课质量。二是要强化激励考核。培训课程结束后,运用问卷、访谈等方式对在库兼职教师的教学效果进行评估,对教学效果好、受到学院广泛认可并且能为教学提出有效建议的教师给予充分肯定和奖励。对于授课效果不好、与教学要求相距甚远的人员,可以采取扣发课酬、暂停聘用等约束措施,实现兼职教师师资库的流动性。

3. 兼职教师"导师制度"的借鉴运用

"导师制度"源于企业,最早的形式就是"师带徒"。笔者认为,基层干部教育培训机构同样适用这一办法,即依据教学研究的需求,选聘部分兼职教师,让其担任院内专职教师的"导师"。这样做的原因有二:一是由于兼职教师无论如何管理和激励,受其时间、精力等不可协调的因素制约,终究不可能完全适应培训教学的多元化需求,且资源使用成本偏高;二是专职教师队伍的成长需要良师的点拨,而且专职教师作为"学徒",有"举一反三"的时间和精力,有融会贯通的能力,能够更好地为增强基层干部培训核心竞争力服务。

第三节　全方位培训质量的控制与管理

建立全方位的质量控制与管理体系,是针对基层干部教育培训进行全面质量管理的需要提出的。ISO 9000 中对于全面质量管理的定义是:一个组织以质量为中心,以全员参与为基础,目的是通过让顾客满意和本组织所有者及社会受益,从而得到长期成功的管理途径。基层干部教育培训机构借鉴全面质量管理理论,可以从"三全一多"四个方面入手,主要内容是:全过程的质量管理、全员参与的质量管理、全机构的质量管理以及多方法的质量管理,藉此进一步优化培训质量管理,提升实效。

一、影响培训质量的相关因素分析

单就培训而论,培训质量的影响因素主要有培训的内容和教学方式、培训双方的协调沟通以及学员对于培训目标的认识程度。

(一) 培训内容和教学方式

1. 培训内容

基层干部教育机构的课程设置遵循的是培训需求决定培训内容的价值规律,要求培训内容具有指导可借鉴性、实践可操作性等基本特征。现有的培训内容主要围绕加强党的执政能力建设和社会转型期面临的热点问题展开,依据既定的培训目的来主导培训内容。

科学发展观理论培训的目的,是要提高干部运用科学发展、可持续发展的立场观点方法分析解决实际问题的能力;党性教育旨在增强干部拒腐防变、抵御风险的能力和自我净化、自我提高的能力;党和国家重大战略部署的培训,落脚点在于提高干部领导科学发展、促进社会和谐的能力;新知识、新信息、新技能培训,意在帮助干部开阔眼界、思路和胸襟,提升履行岗位职责的能力。概括而言,干部教育培训内容必须把能力培养贯穿始终。

2. 教学方式

基层干部教育培训机构常用的教学方式有:专题辅导、专家讲座、案例教学、结构化研讨、现场教学等,根据不同培训内容的教学目标进行选择搭配。随着社会的不断进步,教学方式也在经历着演变和创新。

中共中央颁发的《关于21世纪加强和改进党校工作的决定》明确提出了党校的硬件设施现代化建设的目标,其中就提到了教学设备和教学方式在现代化建设方面的更新。干部教育信息化建设、网络信息技术等逐步进入干部院校改进教学方式的主渠道,充分体现了现代先进生产力的发展要求,也使得干部院校与科学技术革命时代同步,进入了数字、网络、信息密切结合的发展新阶段。教学资源的丰富、教学手段的更新以及培训新领域的拓展,都需要通过一定的教学方式来实现,要注重传统与现代教学方式的兼顾。

(二) 培训主办方与实施方的协调沟通

协调沟通是保障培训目的准确、提高培训实效的重要方法,是培训需求最大化得到满足的必备要素,贯穿培训前期方案确定、培训方案实施和培训方案效果评析的全过程。收到培训主办方提出的办学初步设想意向后,实施方需要重点了解培训目的并充分沟通,筛选培训内容,才能为其量身定制培训方案;培训期间,教学管理的实施需要和学员加强沟通,根据反馈进一步优化培训内容,从而把控好培训进度;培训结束后的回访机制,也是协调沟通的重要举措,通过及时的跟踪并关注培训的成果后续转化情况,找不足促改进,进一步深入挖掘潜在的培训需求,为以后的合作培训办学做好铺垫。

(三) 学员对于培训参与性的认识

依据教学相长的原则,为切实保障培训质量,基层干部教育培训机构除了注重提高自身教学能力水平,练好内功外,还需要培养学员的全员参与意识。学员对于培训的认识程度,直接决定了其参与的态度是积极参与还是被动接受。美国成人教育专家罗杰斯说:"凡是可以教给别人的东西,相对来说都是无用的,即对人的行为基本没有什么影响。能够影响一个人行为的知识,只能是他自己发现并加以同化的知识。""没有人可以改变别人。"认识参与度和学习效果的关系详见表3。参与有助于增强学员学习的热情,提高学习的效果。参与程度越高,培训效果越理想。

表3 活动、参与与学习效果关系表

学习效果	活动	参与水平
阅读的10%	阅读	文字感受
听到的20%	听讲	文字感受
看见的30%	看图表或图片	视觉感受
看见的30%	看电影或录像	视觉感受
读、听和看到的50%	看示范	视觉感受
说过的70%	参与讨论	感受并参与
说过的70%	参加角色扮演	感受并参与
说过的70%	交流	感受并参与
说过、做过的90%	模拟练习、实践	操作
说过、做过的90%	实际操作	操作

二、完善教师授课质量评估机制

授课质量评估主要运用科学的理论、方法和程序,对教师培训课程教学的实际效果作系统考察,是促使师资队伍成长成熟的长效管理办法。干部培训机构在教学质量评估时采用较多的是说课、问卷等方式,为提高评估科学性和实效性,需要从完善、改进和健全评估机制上下功夫。

1. 完善教案评估机制和办法

教学质量主要由教案和教学两方面影响决定的,而教案的好坏至关重要。对于教案的审查评估,主要考察教案的设计理念,应当从以下几个方面加以完善:一是教案设计要有实用性。分析培训对象,分析培训内容,看教案是否适用,这是基本要求。二是教案设计要有全面性。一份完整的教案不仅是教学知识的堆砌,而且要有教法设计、学法指导、时间安排,甚至需要有对教学中可能出现的问题的预设及解决办法。三是教案设计要有创新性。创新的前提是教学目标的达成,创新的目的是更高效的教学,是让学员更愉快地学习。四是教案设计要有艺术性和独特性。通过网络下载或以他人的教案为原型的教案,只是他人智慧的移植,缺乏备课教师的独特智慧,更不会有艺术性。五是教案设计要注意细节。如要有导入设计、习题选择、板书设计等。

2. 改进说课评估要求与流程

说课是指任课教师在规定时间内从干部培训教学的角度,对已备好的课进行概述,以表明对课程主题的理解情况,以及教学目的的确定、教学总体设计、教学方法选择等的依据。

改进说课评估要求可以从两个方面入手:一是逻辑性强,条理清晰。引入PDCA(戴明环)分析说课教师的 Plan(计划)、Do(执行)、Check(检查)和Action(处置)情况,对其进行评估。二是详略得当,重点突出。评估主要从说课教师表述的大纲和目标、设计、学情、学法、教法以及媒体(教学设备、教学环境布置等)等方面综合考量。说课评估的流程应当严格执行公开、公平、公正的原则,对于每堂说课都应给予点评意见和建议,帮助说课教师进一步提高教学水准。

3. 健全教学质量问卷评估制度

教学质量的进一步提高还需要健全教学质量问卷评估制度,主要是通过学员听课评价和教学小组听课评价两方面的问卷来进行,就课堂现场的气氛、秩序、上下互动、学员反应和授课内容等方面进行观察和评估,从课堂纪律、退场率、听课专注程度以及提问、掌声情况等各种课堂反响和学员反应等方面评估培训效果,针对《授课质量评议表》反映的问题及时分析,帮助教师实现教学质量的稳步提高。

三、注重学员培训效果评估

学员培训效果评估是培训流程中最后一个环节,它是组织管理中对培训工作修正、完善和提高的重要手段。培训效果评估既能对培训组织部门业绩做出评价,也能了解接受培训的人员培训效果;学员培训效果评估还可以作为对培训投入产出的收益进行定性的统计分析的基础,为培训机构人力资本投资和管理提供依据。培训评估能够帮助教学管理层做出科学的决策,在不同的培训课程之间做出科学的选择,确保培训目标的顺利实现。在学员效果评估中,可以采用柯克帕特里模型,培训机构可以针对自己的实际情况对评估内容做出相应的调整。

1. 反应层面的评估

要了解学员对培训计划的真实感受,通过学员的参与情绪、态度、意见、互动情况等来总结他们对培训设施、培训方法、培训内容和培训教师的看法。这个过程一般采用问卷调查方法，譬如要求学员填写《培训课程评估调查表》或《培训满意度调查表》，以此准确掌握学员对培训项目的主观感受。

2. 学习层面的评估

这个层面评估的是学员所学应用于工作的情况和学员的思想行为改进的情况，评估中可以通过跟踪调查，由学员的上下级和同事判断其在工作中对所学知识的应用情况，包括工作态度、工作表现和分析解决实际问题的能力。这一过程需要培训结束后定期的回访反馈机制来进行。

3. 行为层面的评估

这个层面的评估主要是针对学员在知识、技能、态度等方面的学习情况，通过卷面或实际操作，了解学员在学习后对于在培训中涉及的一些理论知识的运用和实际技能的提高情况。这种对学员实际培训收获的评价可以直接检验培训效果。

4. 结果层面的评估

该层面评价的是培训为主办方带来多大程度的效益和效率的提高，它要从两个角度入手，一是学员个人学识能力的提高，二是学员管理领导能力的提高，综合两方面来总结培训对学员和单位的影响。

建立一套科学完善的培训效果评估系统，能够及时了解学员培训后思想上的转变，能力的提升，使培训计划的制订和实施与培训主办方和学员的需求更加契合。只有对培训对象在反应层、行为层、学习层、结果层的效果进行全方位评估，才能真正实现培训的战略目标。

四、干部教育培训绩效评价的问卷设计

干部教育培训采用绩效评价的手段，主要针对课堂授课、现场教学以及综合满意度展开问卷调查分析，可以迅速发现或找到存在的不足或问题，分析原因并制定解决对策，对提高培训的效果具有显著作用。为了充分、准确、及时地反映培训的绩效情况，问卷设计的科学性、合理性、实效性都必须兼顾。

1. 课堂授课质量的问卷设计

课堂教学质量问卷设计由于涉及众多因素，是一个具有一定操作难度的现实课题。立足新的培训形势需求,应着力构建贴近实际、贴近学员、贴近生活的评价措施,进一步推进基层干部教育培训课堂教学质量评价和改进完善工作。以表4为例。

表4　干部培训课堂教学质量问卷设计(样表)

×××干部培训班课堂教学质量评估表

培训课程名称(代码):＿＿＿＿＿＿　培训时间:＿＿＿＿＿＿

教师姓名:＿＿＿＿＿＿

评估总分:＿＿＿＿＿＿

评估内容	评估指标	评估等级				
		很满意(10分)	满意(8分)	较满意(6分)	一般(3分)	不满意(0分)
教学水平	教学态度					
	理论联系实际					
	调动学员参与度					
教学内容	与培训目标的一致性					
	针对性、前沿性					
	信息量					
教学方法	多样性、有效性					
	运用现代化教学手段					
教学效果	对个人帮助程度					
	总体满意度					
意见建议						

注:请在评估等级所对应的单元格内打"√"。

2. 现场教学质量的问卷设计

现场教学内容一般围绕经验、典型、案例等展开,通过具体化、直观化的现场教学氛围,提高学员的学习兴趣和培训效果。其基本流程分为:现场选择、资料准备、教师导学、教学程序介绍、实践者讲课、教师总结、学员互动交流等阶段。问卷调查主要围绕这些流程的实施效果展开统计分析,进一步完善现场教学。

3. 培训满意度的综合问卷设计

综合满意度问卷调研目的是分析培训计划实施的整体效果,包括:培训初衷（目标）与实际成效的差距、课程设置（课堂教学与现场教学内容的相关性、互补性等）是否合理，还能体现不同层次、不同地区的学员对同一专题培训的理解差异等。

第四节　后勤管理与服务的保障体系建设

一、基于基层干部培训的后勤保障的重要性

行政后勤保障的作用是由后勤管理的基本职能所决定的，其重要性及研究价值主要体现在以下几个方面：

一是为基层干部教育开展培训学习提供可靠的物质保障。基层干部教育要想正常进行，后勤部门就必须事先安排提供好工作的必需的条件设施，提供后勤服务，这是培训活动正常进行的物质基础。只有加强后勤管理，才能使这些基本的物质条件得到可靠的保证。

二是进一步提高培训教育的人、财、物等资源的利用率，从而促进干部教育工作效益的提高。如果只是有了充足的物质保障，而不去科学地组织管理，工作的效益是不会提高的。搞好后勤管理，可以使人、财、物以最佳方式结合，得以充分有效地利用，进而调动起人的主观能动作用，做到"人尽其才"；提高资金使用效能，做到"财尽其力"；充分发挥物资设备的潜力，做到"物尽其用"。所有这些正是保障培训工作高效运行的必要条件。一切管理的作用都在于提高效益，否则就没有管理的必要。

三是营造和谐的行政后勤管理团队，有助于职工积极性的发挥。后勤工作与职工的生活密切相关，牵涉个人的切身利益。后勤管理工作做得好，可以为职工提供舒适的生活、工作环境，解除他们的后顾之忧和实际困难，职工就会更加热爱自己的工作，以极大的热情一心扑在工作上，最大限度地发挥工作积极性，完成本职工作。

四是促进干部教育机构的精神文明建设。行政后勤工作是服务工作，也是展示基层干部教育培训机构形象的"窗口"之一。通过行政后勤"窗口"可

以展示文明服务,礼貌待人;通过行政后勤"窗口"可以展示团结协作,互相帮助的集体主义荣誉感;等等。总之,后勤的"窗口"作用可以大大促进基层干部教育机构的精神文明建设。

五是稳定职工队伍和生活秩序。搞好行政后勤管理工作是稳定职工队伍和生活秩序,确保安定团结的重要条件。搞好衣、食、住、行等工作,是后勤管理工作者对内服务的重要职责。后勤管理工作搞好了,可以使领导省心,职工们放心,大家都不担心,从而使职工队伍稳定,生活秩序安定,确保安定团结的局面。

二、目前国内干部培训机构后勤管理与服务的模式划分

鉴于江苏经济社会发展在全国来讲影响较大,且面向全国各地包括省内的干部交流培训量巨大,从事干部教育培训的机构也较多,故此以江苏省为例,通过对其行政后勤服务模式进行的调查,结果显示主要有以下三种模式。

1. 开放市场模式

将行政后勤服务完全面向社会开放,通过招标引进社会专业化管理机构提供服务,并引入竞争淘汰机制。这种模式的优点是可以为干部培训机构减少直接操作后勤板块的精力消耗,机构不需要背上密集劳动型板块的包袱。但这同时也要求培训机构职能部门具有较强的统筹规划与监督管理能力,否则,由于社会企业的趋利性,势必导致管理监督方和经营方各自为政、服务价格不受控制等弊端;特别在遇到重大事件时,很难与培训机构在政治上保持一致,使得后勤服务的抗风险能力较低。

2. 准企业化模式

以干部学院原有后勤队伍成立后勤服务实体,实行管理上的甲、乙方分开,也就是实质上的管理机关与服务板块的分离,将后勤服务任务交给分离后的实体承担。这种模式在一定程度上改变了以往事业后勤服务效率低下、吃大锅饭、不计成本等弊端。但由于目前在产权划分上存在障碍,这类实体大多实行准企业化运转,没有进行工商注册,不具有社会独立法人地位,其本质是事业法人下的另一种管理体制。由于资产权属不清,很难彻底调动起后勤员工的积极性并形成服务品牌化,尤其是经营管理人员缺乏对学校资产保值增

值的动力和责任感,很容易出现短期行为。从可持续发展的角度看,后勤企业没有法人资格就无法走向社会,缺乏再生能力。

3. 传统自主管理模式

行政后勤管理人员和服务人员皆归属于干部培训机构员工,服务团队规模一般在 50 人左右,服务能力和规模都有所限制,自主创新和团队内外部沟通较为灵活,自主管理是这类培训机构的最显著特征。该模式在干部教育培训机构行政后勤服务管理中较为普遍,原因有二:一是体制原因。例如党校、行政学院、事业性质的干部培训机构等,都采用这种模式,这是由单位性质决定的。二是资金条件原因。后勤服务社会化与自主管理相比,每年需要额外增加管理费用支出,这是一笔不小的数字,对于资金较为紧张或申请不到资金的干部培训机构来讲,加强专业化、规范化和创新管理,也能取得异曲同工之效。

据不完全统计,目前采用行政后勤服务传统自主管理模式的干部教育机构仍然占大多数。调查中我们发现,上述三种模式以及未统计的其他模式,都存在一个共同点,就是没有从根本上解决服务质量市场化与收费标准公益化之间所造成的财力缺口之矛盾,因此,至今未形成地区性或全国性的规模模式。详见图 1。

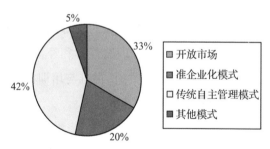

图 1　干部教育行政后勤管理模式分类及占比统计

三、社会化的后勤管理与服务的产生原因

(一)传统的后勤服务自主管理存在的难点问题

与社会上的酒店宾馆相比,干部教育培训后勤服务的对象有所不同,主体

是参加培训学习的机关干部、企业的经营管理者等,其服务质量既要体现规范化、标准化、精细化、人性化的星级服务特点,又要体现出自主性、多样化的综合服务特点。通过近年来的工作实践和相关的问卷调研,笔者认为基层干部教育培训机构后勤服务管理中主要存在以下几个难点。

1. 忙闲不均

基层干部教育的后勤服务不同于社会上的酒店宾馆,也不同于党校、行政学院的运作模式。对于基层干部教育机构而言,培训高峰期是对后勤保障服务的巨大挑战,员工工作强度大,还必须保障服务质量,用工紧缺是该阶段基层干部教育培训机构后勤部门面临的普遍难题。培训淡季则要在做好设施的定期维护检修工作的同时,担负起创新渠道、营销资源、盘活资产的工作。

2. 人员管理存在一定难度

基层干部教育培训机构目前后勤员工队伍的年龄结构、知识结构、技能结构等大都存在不均衡的问题,年龄差距大、文化程度不高、技能强弱不一,结构差异对系统化、规范化、专业化的后勤服务管理要求提出了不小的挑战。另外,岗位人员存在流失现象,大致分三种情况:①谋求个人发展的需要。有些员工为寻求自我价值的实现,比较注重所在单位的个人成长环境,一旦达不到预期极易引发离职。②工资福利待遇问题。有些员工认为所在岗位工资福利待遇与工作量不相符,就可能选择离职。③工作岗位压力和劳动强度问题。一般情况下,教室打扫、设备维护、客房保洁、餐饮服务等部门岗位的工作压力和劳动强度比较大,相比其他岗位而言,这些岗位的员工流动更为频繁。

3. 服务质量与期望值存在差距

市场经济体制下,人才的培养已成为各地各单位都十分重视的一项工作,培训主办方对于后勤保障服务的要求早已不再满足于一间教室、一张餐桌、一张睡床这些基础设施,而是更多地考虑能为其提供良好的整体配套服务环境,提升学员的培训学习效果,这对后勤服务管理提出了更高的期望。而由于配套的员工技能培训较少甚至被忽视,以及激励机制尚不够完善,员工技能水平和服务意识跟不上等原因,极大程度地影响了学员对后勤服务的满意度。

(二)社会化后勤服务管理的必要性

后勤服务管理社会化是为了进一步解放和发展后勤生产力,对后勤服务生产关系进行调整和变革,对后勤资源和各方面利益进行优化组合和统筹兼顾,目的是为了尽快提高干部培训机构后勤服务的保障能力,助推培训事业不断进步和发展。后勤服务管理通过完善内部机制,规范服务向商品化、产业化过渡,既是后勤部门转换运行机制向社会化适应过渡的必备条件,也是后勤实体开展对内有偿服务,对外经营服务,提高经济效益的重要保证。

四、后勤社会化管理与服务的实施要求

1. 科学化管理

科学发展观是做好后勤工作的指导思想和行动指南。坚持科学化是统领,只有加强科学化管理和服务,才能确保后勤工作持续、稳定的发展。科学的管理、科学的服务是做好后勤工作的核心。一要有科学的理念和科学的思维。后勤工作涉及培训学习和生活的各个方面,必须用科学的理念、科学的态度和科学的方法来研究管理后勤工作中的问题。二要改进后勤管理与服务的方式、方法。由办后勤向管后勤转变,由分散管理向集中管理转变,由封闭式管理向开放式管理转变,由要我管理向我要管理转变。三要建立科学的管理服务机制。建立一套科学完整的后勤工作机制,是提高后勤建设管理服务水平的重要依据。要不断规范后勤管理秩序,落实好各项后勤管理制度,建立民主决策机制、制约机制和监督机制。

2. 精细化管理

倡导精细化管理是确保后勤工作质量的关键和内在要求。后勤工作有四个明显的特点:一是事多、繁杂、琐碎,每件事都牵扯参训学员的不同需求;二是点多、线长、面广,伴随在培训的全过程中;三是有很强的政策性和时效性;四是培训学员对服务工作有多种需求,有很高的期望。这些特点决定了后勤工作必须用精益求精的工作态度和严谨有序的工作流程,从严、从细、从实地做好各项服务工作。建立各项工作准则,进一步细化后勤管理服务标准,比如在客房管理上,就要坚持整洁卫生,规范操作,服务及时,只有这样才能提高住宿满意度。同时,要把各项后勤工作全部纳入量化考核,使量化服务、定位管理覆盖到后勤工作的方方面面,做到件件工作有人抓、人人岗位有责任、条条责任有监督、各项服务有标准。

3. 人性化管理

落实人性化操作是坚持以人为本思想的具体体现,是后勤服务工作的重要指导思想。必须牢固树立以人为本、突出服务的工作理念,始终把学员满意作为第一目标,把满意程度作为第一追求,要围绕这个目标来不断提高管理服务质量,不断提高后勤工作的标准。要正确认识后勤工作的地位和作用,正确对待后勤岗位的职责和分工。坚持为培训工作服务、为参训学员提供优质服务的宗旨。在服务中实施规范管理,在服务中实现有力保障。同时,深入研究和准确把握学员饮食习惯、住宿需求、学习环境等事项,提出有效的工作措施,切实加以解决,不断提高工作的主动性和积极性。

4. 专业化管理

推进专业化管理是做好后勤工作的保障。培训后勤工作是一项系统工程,作为一个专业化比较强的部门,它涉及的知识面广,操作的技术性强,需要有一批专业技能人员来实施。因此,要加强专业化人才的培养,加强在岗人员的培训,建立一支高素质的专业化后勤人才队伍。后勤队伍是培训服务工作的具体承担者,其能力和素质对做好后勤工作至关重要。要开展形式多样的岗位练兵活动,为后勤人员的创新、交流创造条件,提供平台。要不断优化后勤队伍的年龄、文化、专业结构,提高他们的思想政治素质和业务能力,打造过硬的后勤工作队伍,为培训后勤服务保障工作的高效运行提供人才保障。

第五节 竞争性培训市场的开拓与维护

自中央提出"继续大规模培训干部,大幅度提高干部素质"以来,基层干部教育培训机构拥有了更为广阔的发展空间,干部培训的市场化运作趋势也越来越明显。各地各级单位选择培训机构的理由也变得很简单,只要能切实提高选派干部的能力素质,哪家培训效果好就到哪家去,这正应了"物竞天择,适者生存"的自然法则。培训市场的竞争性日益凸显,这促使培训机构的市场分析工作变得举足轻重。通过分析研究,明确培训机构的市场定位,并深入挖掘自身竞争优势,塑造品牌,是应对培训市场竞争性的主要手段。

一、竞争性培训市场分析

1. 培训行业竞争环境分析

近年来,围绕"新农村建设""招商引资""城乡统筹发展""干部执政能力建设"等专题,各地干部培训机构各展所长,纷纷创新培训亮点,深挖经验典型,培训市场环境呈现多元化竞争的格局。基层干部培训的主体对象是广大的基层党员干部,其培训需求必然以党的方针、路线为指引,如中央提出党员干部要加强理想信念教育,这就催生了一批以红色主题为代表的干部培训院校(如江西干部学院、焦裕禄干部学院、红旗渠干部学院等)。培训环境一般都具有地方特色优势,与其历史文化底蕴有关,不能照搬现学。在培训环境的竞争上需要采取"人无我有"的差异化竞争与"携手共赢"的差异化互补相结合的策略。

2. 培训行业竞争机构分析

培训行业的机构竞争主要存在于同地区、同区域内的培训机构之间。以经济社会发展较好较快的长三角地区为例,作为培训主办方首选的重点热点区域之一,区域内培训机构竞争尤为激烈。长三角地区干部培训机构主要包括:中国浦东干部学院、各级党校行政学院、名牌高校(如浙江大学、复旦大学等)继续教育学院以及各类基层干部教育培训机构等四大类,由于交通便利,优秀师资、现场教学点等培训资源基本都能共享,除了科学管理,控制培训成本,打好"性价比"这张牌外,培训机构之间的竞争更突出地体现在教学的广度深度和科研创新能力的比拼上,需要重点采取"人有我特"的差异化竞争策略。

二、基层干部培训对象的主体划分及目标定位分析

一直以来,中央都高度重视基层干部教育培训工作,《干部教育培训工作条例试行》和《干部教育培训改革纲要》对加强基层干部教育培训都有明确的规定。习近平同志强调,要"加强对基层干部的教育培训,大力推进优质教育培训资源向基层延伸和倾斜","要采取脱产培训、在职自学、远程教育等措施,加大以乡镇干部为主体的农村基层干部、以街道干部为主体的城市基层干部和以机关事业单位干部为主体的基层公务员的教育培训力度。对基层干部的

培训,一定要务实、管用"。

基层干部教育培训需求千差万别,不能"一张方子开药",搞"一刀切""一勺烩"。通过分析基层干部能力素质和工作结构差异,结合具体培训对象的具体要求,为不同类别、不同需求的基层干部分别"订制"培训计划的做法,深受基层干部欢迎。以苏州市农村干部学院为例,主要将基层干部划分为科级(后备)干部、乡镇干部、农村基层干部、社区干部、大学生村官这五个主体类别,并提出了明确的培训目标定位。现选取部分主体作相关阐述。

1. 科级(后备)干部培训

以十八届三中全会精神为指引,以苏州率先实现基本现代化为宏观社会经济背景,以科级(后备)干部的思维创新、能力提升、知识学习为着力点,以培养创新型、复合型人才队伍为目标,以科级(后备)干部成长规律为培训指导方针,通过系统的专题培训和座谈研讨,切实提高其工作能力和领导管理才能。

2. 大学生村官培训

以苏州农村经济社会各项事业率先发展的实践与探索为基础,主要通过苏州农口领导干部权威解读苏州推进农村经济社会发展各项政策创新和工作亮点,安排农村基层一线干部座谈交流,介绍农村基层各项工作的开展思路、举措和方法,以帮助参训大学生村官树立扎根农村创事业的信念,提升大学生村官的履职能力为培训定位目标。

三、竞争性培训市场开拓的主要做法

基层干部教育培训机构面临诸多挑战,市场迫切需要扩展,又苦于要维护原有市场而分身乏术。不少培训机构也在寻求新的市场发展渠道,但是寻找存在盲目性,资金的投入无法得到相应的回报。那么,基层干部教育培训机构如何在激烈的市场竞争中寻求生存呢?关键还是选对方法才能找准出路。笔者认为,适当借助营销理念的陌拜法、转介绍法等策略,有助于提高培训市场开拓的成功率。

1. 陌拜法

陌拜法类似于典故中的"毛遂自荐",没有哪一家培训机构的人脉资源是无限的,总有开拓新客户的一天。虽然很多培训机构意识到了这一点,也都提

出了"走出去、领进来"的思路,但实际操作中收效一般,主要是没有系统深入地去研究"陌拜法"的运用技巧。陌拜法的运用首先要提前做足准备工作,包括弄清对方的发展现状、面临困境、发展愿景以及能为对方提供的培训服务有哪些等,陌拜的过程中切忌一味宣传自己,目的性过强。最佳的陌拜心态是以交个朋友为首要目的,其次才是介绍培训,即使培训意向未达成,也可将其纳入潜在客户源,做好维护并适时再次联系。

2. 转介绍法

相较于陌拜法的"误打误撞",转介绍法的操作过程要简化得多,而且成功率较高。用转介绍的方式获得新的培训客户几乎不需要花上一分钱成本,却可以通过转介绍积累源源不断的准客户,维持稳定的培训市场占有率,创造最大的经济社会效益。所以,和现有培训合作单位建立深厚的伙伴关系,为其提供更为优质的培训服务,才能使其乐于提供自身的人脉关系,做好推荐介绍工作,"以班引班",促成新的合作,从而跳出竞争性培训市场开拓的"瓶颈"。

除此以外,应对竞争性培训市场开拓的方式还有很多,如"送教上门",即选派培训机构自己的优秀专职教师,主动上门为有合作意向的培训单位提供培训课程的试听活动,使其对培训机构的培训质量和水平有更为直观的了解和比较,提升进一步合作的可能性,这种方式对于专职教师的教研能力提高也能起到鞭策和激励作用。

四、培训市场维护的策略

随着市场信息化时代的到来,培训市场的维护早已不再局限于通过电话或者上门回访、邮寄宣传册等传统方式,而是综合通过理念的开放更新和运用新兴的网络技术来完成。

1. 专题精细化、对象终端化

很多干部教育培训机构都不止做一种类型的培训,随着市场透明度的提升,培训资源必须进行有效的整合,才能确保新形势下培训机构效益的稳步增长。同一专题培训一定会有很多的同行业的竞争对手,在竞争对手中体现特色才是拓展市场的方法。在竞争对手中挖掘潜在客户是很多培训机构都不会尝试的,原因是对干部培训机构而言,会觉得自己的客户可能会被别人挖走,这是对培训师资队伍能力和自己的培训实力不自信的表现,这类的培训机构从长远的发展角度来看是发展不起来的。只有坚持既竞争又合作的现代市场理念,才能将市场维护工作做好。

专题精细化强调的是培训内容要不断打磨,彰显专业化特色。比如说某干部培训机构做的是新农村建设专题辅导,现在开设该专题的培训机构很多,新农村建设的内容又比较多,像破解"三农"难题、社会矛盾协调处理、现代农业等,培训机构一般都是选择部分培训内容,因为多元素发展会让人觉得不专业。这里遵循的就是专题的精细化策略。

对象终端化主要通过整合资源来实现。所谓的资源整合就好比做网站网页一样,我们在选择友情链接的时候一定会关注这个网站与自己网站的相关度是否一致,如果一致,我们会选择加为自己的友情链接。对于友情链接而言,我们同样是竞争对手,同时我们还是合作关系。做干部教育培训也是如此,很多培训机构看到的只是眼前的弊端,没有真正去挖掘对手在本单位的潜在客户。就如以上所说的破解"三农"难题、社会矛盾协调处理、现代农业都是新农村建设的主要工作,如果培训机构愿意结合起来,构建稳定的客户关系网,那么实现利益的最大化将不是纸上谈兵。对象终端化的举措可能会失去一些资源,但是得到的资源一定更多。

2. 利用微博稳定客户,利用微信实现学员自主管理

在信息化时代,基本上涉足教育、培训的机构都选择了设立微博、开放微信等平台来进行客户的维护,在干部培训中引入网络教学评估,能够及时获取学员对课程教学质量的反馈意见,为培训机构提供有力的数据基础,更好地服务于干部培训。但是这种新兴的维护模式转化率不高,有效订单较少。我们先分析一下微博维护。教育培训机构做微博维护的大多青睐于腾讯微博,因为基于腾讯的用户群体有4.6个亿,活跃粉丝有1.03个亿,辐射面广,而且用户群体的精准性较高,对于干部教育培训机构而言,腾讯的产品是很好的选择。但现实情况是依然有不少的机构声称微博维护培训资源的效果不明显,这里需要首先反思你有没有进行微博的分类维护,就是你需要梳理你的粉丝(也就是合作的培训主办单位),进行有效的舆情监控,他们关注什么,你就维护什么,进行有效的热点信息分享,这是需要花费一定的时间和精力的。微博

维护是为了让主办单位去持续地关注并热衷你所提供的信息,能做到这一点,稳定和拓展客户自然就能轻松高效了。

除了利用微博稳定培训合作关系,还可以通过学员自主管理来优化培训客户的维护,这就需要有一定的外部服务措施,最有效的是通过微信来实现。可以将培训机构的微信二维码配上很好的素材,做一些小的图片或者海报,图片可以做那种粘胶的,贴在课桌上,如果有学员来院参训学习,随时都可以扫描你的微信二维码。这样,你的用户的资料就出来了,对于这些微信用户,你可以长期持有,为其提供后续的服务咨询,同时你的微信的亮点也就出来了,如开课提醒、公开课、自主选学讲座安排、专题班次情况等等。这既体现了干部培训机构的服务特色,又通过良好的口碑,使学员的自主管理模式随之成型。

第四章　基层干部教育培训方法创新

第一节　干部教育培训方法创新的内涵

一、干部培训方法释义

方法一般是指为了获得某种东西或达到某种目的而采取的途径、步骤、手段或行为方式。干部培训方法是为了完成培训任务、满足培训需求而采取的方式方法、工具手段等，从教学角度看，可以通俗地理解为"如何教"和"如何学"的问题。干部培训方法从来不是孤立地、独自地发生作用，不只是一个简单的高度总结概括性的词条或定义，而是包含培训思想、理论、技术、管理于一体的综合系统，如培训资源的设计、开发和利用、管理、评价等。

二、干部培训方法创新的推动力

正如"变是唯一的不变"，干部教育培训方法的不断演绎、改进、创新是永恒的，纵观影响干部教育培训方法创新的要素不难发现，主要的推动力体现在三个方面：教育理论的推动、科学技术的推动和培训需求的推动，其中培训需求的推动是原动力，培训需求引起教育理论创新，科学技术则是培训方法创新得以实现的技术条件。培训需求可以分成培训组织需求和受训学员需求，二者对干部教育培训方法创新的推动是一致的、统一的，都是基于干部培训的实效性。干部培训方法或是教学方法的改进、创新受到干部培训组织者、管理者的高度重视，相关干部教育培训文件都提及了培训方法的改革创新。

三、中央文件对干部培训方法创新的要求

《2001—2005 年全国干部教育培训规划》指出,"要学习和运用现代教育的培训方法,采用情景模拟、案例教学、对策研究等方式,提高学员的参与程度,注重能力培养"。《干部教育培训工作条例(试行)》明确要求"开展干部教育培训应当根据干部的特点,综合运用讲授式、研究式、案例式、模拟式、体验式等教学方法,提高培训质量"。《2010—2020 年干部教育培训改革纲要》提出了"创新培训方式方法"的要求,指出,"改进培训班次设置方式,推广专题研究、短期培训、小班教学,突出按干部类别开展培训。改进讲授式教学,推广研究式、案例式、体验式、模拟式教学"。《2013—2017 年全国干部教育培训规划》对培训方法创新提出了更明确的要求,"改进教学方式方法,加大案例教学比重,2015 年前省级以上干部教育培训机构的案例课程占能力培训课程的比例不低于 30%",并提出了"教学方法有效性"的命题,为培训方法创新注入了改革动力,把"培训需求适配度、课程设计科学性、师资选配合理性、教学内容满意度、教学方法有效性、教学组织有序性、学风校风良好度以及培训对干部能力素养提高的帮助程度等"作为质量评估的主要内容,努力探索科学的项目质量评估办法。

四、干部培训方法创新的维度

从历史的视角看,干部培训方法创新与时俱进,从未停止,新的培训方法在继承中不断发展,不断涌现。继承隐含着对培训方法优劣的评价,没有一种方法是最佳的,继承不是推倒重来,而是在传统方法基础上的改进,改进的方向、路径或是维度就是干部教育培训方法创新的方向、路径或是维度。笔者认为,理念创新、技术创新和实践创新是干部教育培训方法创新的三个重要方面。理念创新与技术创新是生产关系和生产力的关系,技术创新为理念创新提供原动力,实践创新则是理念创新、技术创新的实践成果。

第二节 讲 授 法

人类教育的历史有多久远,讲授法的历史就有多久远。讲授法是教学领域中非常古老而又经久不衰的经典教学方法,随人类语言的产生而产生,随人类社会的发展而发展,无论是师傅带徒弟式的口耳相传还是现代工业社会的教学传授,讲授法都在教育培训中占据绝对统治地位。当然,讲授法在历史上也是不断改革、创新的,尤其是理论创新和技术进步使得讲授法不断焕发青春活力。此外,干部培训实践中有多种教学方法,如案例式教学、体验式教学等,但每种教学方法都是在讲授的基础上,由老师传道解惑、解说展示、指导总结,因此,讲授法在干部教育培训中的重要地位,是社会发展的历史选择,并不以人的意志、偏好而转移。

一、讲授法的特征及其优缺点

1. 讲授法的基本特征

教育培训的主体主要由教师和学生(学员)构成,不同的教育培训方法对应着二者在其中的参与程度的差异。讲授法的基本特征主要有两方面。一是教师为教育培训活动的主要参与者,在教学过程中居于主导地位。讲授更多的是体现教师自己的意图,表达自己的思想,教师是教学活动的主角。在讲授法应用中,教授内容、讲授形式、情境塑造等都由教师主导完成,教师是教学活动的主角。二是学员为教育培训活动中知识信息的接受者,在教学过程中居于被动地位。讲授过程中,教师面向全体学员,对普遍存在的问题进行传授,学员主要通过听取讲授知识获取信息,加以领悟,转化为自身学习、工作前行的原动力,学员是在被动接受的基础上对信息"再加工"。

2. 讲授法的优点

讲授法主要由教师通过口头语言传道授业,历经千年,经久不衰。讲授法具有四大优势。一是信息量大,学员受众面广,效率较高,单个老师即可在短时期内让大量学员获得系统知识。二是灵活性大,适应性强。对设施、环境要求低，约束少，且容易组织实施。三是教育培训过程中，教师可以主导整个教学进程，对课堂教学的全面管理有较强的控制力。教师在讲授过程中，还可以利用其主导地位，对教学中出现的各种情况及根据学员对问题的掌握程度随机应变，优化调整。四是讲授法应用范围广泛，适用于各层次、各类别的学习、教育、培训，各种新型教学形式方法如案例式教学、结构化研讨、体验式教学等，都离不开讲授，都要在讲授的基础上实施开展。

3. 讲授法的局限

讲授法有其合理性和有效性，同样也存在局限性。一是讲授法忽视学员学习主观能动性的发挥。讲授法在课堂上往往只限于教师单向信息传递，不利于发挥学员的主动性和积极思考能力，容易导致学员惯性依赖，认为教育培训就是听课，就是记住，失去了教育培训是为了解决问题的最初教学目的。二是教师讲授和学员参与二者在讲授过程中形成相互挤压，教师讲授时间多了，学员参与、互动时间就少了，反之，讲授时间少了，信息传递量就无法保证。三是学员个体差异得不到足够重视。讲授法的一大优点就是满堂灌、信息量大、受众多，这必然带来因材施教的难度，难以区分学员差异，影响教育培训的效果，使得教育培训流于形式化。

二、讲授法的应用

1. 讲授法的基本原则

运用讲授法必须遵循它的规律和原则。一是讲授形式要有感染力。教学是"教"与"学"的互动，讲授不只是"教"得天花乱坠，天马行空，更应注重"学"的实效。正如苏联学者斯卡特金曾指出："未经过人的积极情感强化和加温的知识，将使人变得冷漠，由于它不能拨动人们的心弦，很快就会被人遗忘。"①二是讲授内容要有灵活度。教师要善于化繁为简，要善于在简单的现象中抽丝剥茧，找寻内在规律。要善于在保证科学性的前提下将晦涩难懂的知识变成学员乐于接受和容易理解的信息，将抽象的概念具体化、形象化，将枯燥的内容生动化、趣味化。三是讲授方法要有启发性，讲授要善于举一反三。美国教育家杜威曾说过，教学的艺术，一大部分在于使新问题的困难程度，难到足以

---

① 朱家存：《外国教育史》，山东人民出版社2008年版，第211页。

激发思想,易到若加上新奇因素带来的疑问,足以使学员得到一些启发,因此产生有助于解决问题的建议。

2. 讲授法应用的适用范围

讲授法有一定的适用范围,并非在任何情况下都适用。心理学家通过大量的研究,提出了适宜应用讲授法的条件,一般而言,满足下述任何一种条件的情况下,都可使用讲授法:①教学的基本目的是同化信息,即知识的理解;②缺乏现成的可以利用的学习材料;③材料需要重新组织并以特殊的方式为特殊的对象呈现;④有必要唤起学员对某一课题的兴趣;⑤学员只需要在短期内记住材料;⑥为某一领域或某一学习课题方向提供介绍。① 下述情况则不适用讲授法:①教学的目标不在于获取信息而在于其他方面,如形成技能;②强调长期保持;③学习材料复杂、精细或抽象;④必须有学习者的参与才能达到教学目标;⑤高水平的教学目标(分析、综合和评价)是教学的主要目的。②

3. 讲授法的实施过程

从时序上看,讲授法实施主要包括三个方面:课前准备、课中讲授、课后提升。课前准备最重要的是教师备课,由三部分组成。一是教师的知识储备,"学高为师,身正为范",教师必须具备深厚的专业基础知识和社会实践知识,正所谓台上一分钟,台下十年功。二是对教学对象的研究准备。要坚持因人而异、因材施教,如果不能准确把握学员的心理状态和心理诉求,教学注定要失败。三是教师讲授内容和讲授方法的准备。在教学主题明确的情况下,教师要牢记,只有精心设计的教案,教学才能有案可循。同时还要明晰,教案在一定程度上是死的,教学才是活的,教案编制不仅要考虑内容,还要精心设计教学组织、语言表述、肢体形态等。备课既是一项艰苦的脑力劳动,更是一种创造性的艺术活动。

4. 基层干部教育培训中讲授法的应用及相关要点

学员是教学的重要主体,学员对象差异决定了讲授法的应用和实施。基层干部教育培训中讲授法的创新源头来自于对学员对象的理解和培训需求的把握。基层干部教育培训讲授法应用需要关注以下要点。一是因人而异,因

---

① 李静、郑玉飞:《新课程背景下再论讲授法与讨论法》,《教学与管理》2009年第9期。
② 谌业锋:《与教师谈讲授法和讨论法》,http://www.cbe21.com/jgsyx/wenzhai/6.php。

材施教,把握学员对象心理状态和心理诉求。基层干部从行政级别上看,一般指县处级及以下干部,包括了上至机关部委办局,下至村书记、社区干部等,涵盖范围广、工作职能差异大,教师讲授必须针对不同对象,寻找培训需求的关切点。二是创新基层教育培训理念,弱化教师的主导地位,在讲授法应用过程中重视学员的形式参与、情感参与和内容参与。可采用集中讲授和互动交流相结合的方式,在时间安排上,可在讲授结束后开展互动交流,讲授与互动交流的时间长度可确定在4∶1左右。三是讲授表达戏剧化、讲授内容情景化。对基层干部而言,讲授法要吸引学员必须创造教学情境,必须对教学内容进行艺术加工,不是简单的信息传输、知识灌输,而是"授人以渔"。正所谓讲授恰如演话剧,"编剧"要好,"演戏"要佳。

第三节　结构化研讨式教学

一、结构化研讨的特征及其优缺点

结构化研讨是围绕某个大家共同关注的主题,在培训催化师引导下,按照一定的程序和规则,灵活采取团队学习、团队决策工具,帮助学员分步骤、多角度开展研讨的一种形式。

1. 结构化研讨的基本特征

结构化研讨自获得了2011年国家行政学院"最具创意成果奖"以来,引起了各级各类干部培训机构的关注。结构化研讨在研讨主题、研讨成员、研讨流程等方面都呈现结构化的特征。一是研讨主题结构化。在结构化研讨的过程中,教师会将学员带来的问题聚焦出共同关注的若干个主题,以此作为培训期间研讨的重点问题,再采用民主的方式确定最后讨论的主题,主题一旦确定,每一位学员都要围绕这一主题开展研讨。通过这样的方式确定研讨主题,使得研讨议题逻辑结构清晰,层次分明,便于学员更积极地参与到研讨中。二是研讨成员结构化。结构化研讨的成员由催化师和学员组成,研讨成员按照一定的规则分为若干个研讨小组,每个小组配备一名催化师。催化师的主要目的是保证学员以更有效的方式思考与对话,并由外部培训专家担任,以确保其中立性、客观性,并被参与者所信任。三是研讨流程结构化。结构化研讨一般分为四个阶段:第一阶段,民主聚焦亟须讨论的课题;第二阶段,在培训催化师的引导下,围绕主题进行三段式研讨;第三阶段,小组代表向全班汇报,教师和专家现场点评;第四阶段,深化认识,献计献策,形成书面研究报告。结构化研讨按照分步骤、结构化的研讨要求,要求学员放慢思维步伐,严格按照每一阶段的讨论议题和要求进行研讨。

2. 结构化研讨的优点

结构化研讨在干部教育培训中呈现的主要优点体现在三个方面。教学形式上,实现灌输式教学到互动式教学的转变。传统教学中课堂主体是教师,客体是学员,学员被动地学。在结构化研讨中,学员是主体,学员通过结构化研讨的平台激发主动学习的热情,激发智慧的火花。结构化研讨中,教师是催化师,催化师就像化学反应中的催化剂一样,让学员通过结构化研讨的平台获得思想上的变化。教学深度上,实现从理论说教到深入剖析的转变。结构化研讨通过发现问题、分析分问题、解决问题,上升到理论,然后再指导实践,从认识到实践,从再认识到再实践,构成了哲学上的认识规律,符合干部培训的学习理论规律。教学广度上,实现从个体思考到群体交流的转变。传统教学中,教师自己讲,学生被动听。即使是一般的研讨式教学,大多是个人的思考,大多是德高望重、位高权重的人承担讨论发言的角色。结构化研讨搭建了交流的平台,在研讨中,通过小组研讨,人人发言、人人讨论、人人参加决策,实现了个人思考和群体交流的有机统一。

3. 结构化研讨的局限

一是教学秩序不易控制。包括教学预期达到的目标事先不可知,在一定程度上取决于学员的认知和参与程度,同时教学过程组织协调也存在一定困难,需要主催化师和各小组催化师共同协调,保障教学有序开展。二是教学班级的适用范围有着较为清晰的约束,对学员的年龄层次、工作阅历、人员构成及培训班专题等都有一定的要求。三是结构化研讨不是单纯的课堂研讨教学安排,必须在教学方案设计中预先设计相关培训课程作为教学导入,作为研讨的知识储备。四是教学实施约束较多,包括研讨环节必须提供无线话筒、纸、白板、计时器、水笔等教学道具；教学人员配备较多，不仅包括教师（主催化师），还包括教学辅助人员（催化师）。

二、结构化研讨的应用

1. 结构化研讨的适用范围

一是在培训班的选择上。专题培训班比较适合围绕培训专题开展结构化研讨。如文化建设专题培训班在方案设计中可以安排一次文化建设的结构化研讨，转型升级专题培训班可以安排一次转型升级的结构化研讨。专题培训班的其他课程都是结构化研讨很好的前期导入，结构化研讨也可以看成是培训课程学习的总结凝练、汇报提升。二是在研讨主题的选择上。相对于学员从事的不同岗位工作，研讨主题要避免专业性过强。如党性教育、群众方法等就是比较适合开展结构化研讨的主题。专业性是一个相对概念，必须考虑到培训对象的结构、层次。社会上的一些热点也可以是结构化研讨很好的主题，如社会建设、转型升级、服务型政府建设等。三是在学员对象的选择上。除专题培训班外，来自不同部门、不同岗位的主体班，尤其是一些后备干部培训班、中青年干部培训班比较适合开展结构化研讨教学，但在研讨主题的选择上必须避免专业性过强，培训方案设计时可以安排一个与研讨主题相关的课程作为结构化研讨的导入。如果没有相关课程作为导入，则要求主催化师在结构化研讨前期做相关知识铺垫。

2. 结构化研讨应用的基本原则

一是在教学情境设计上。分组讨论、群体交流既需要开敞的空间，也需要相互不产生干扰的教学环境，教室必须相对较大。一般结构化研讨学员分成四个或五个小组，四个小组可以分布在教室的四个角落，五个小组则可以分布在教室的四个角落和中间区域，避免各小组之间在讨论时因相隔太近产生相互干扰。教室墙壁、黑板等处可以张贴、悬挂与结构化研讨、团队讨论相关的卡纸、条幅等，塑造激发研讨热情的氛围。

二是在教学道具选择上。提示时间的时钟，控制时间的秒表，代表发言的无线话筒，用于记录小组成员意见的白板等必不可少。在结构化研讨的实践中，笔者认为，以下三方面值得关注：每位学员发放一张白纸用于记录个人思考的观点可以提高研讨质量;研讨过程中记录小组成员观点使用白卡纸比白板更方便;通过打分的形式聚焦讨论主题时,使用设计好的打分表能提高效率。

三是在教学进程控制上。主催化师必须根据分组情况、每组学员数以及整个教学安排,优化设计结构化研讨不同阶段的时间分配,并和各小组的催化师在教学前召开碰头会,统筹各个具体事宜。在教学开始初期,要把整个教学流程、要求、注意事项、时间分配以幻灯片的形式等告诉各个学员。各小组催化师要协助各小组选择出称职的小组长、发言人,要鼓励小组成员在正确的研讨方向上简明扼要地提出问题或观点。相比小组成员,各小组催化师熟悉结构化研讨教学方式,可能更善于总结归纳,小组讨论的发言记录建议由各小组催化师完成。主催化师要实时跟踪各小组研讨进度,控制整个进程。

四是在催化师队伍建设上。一个成功的催化师必须具备以下几种能力:对研讨课题具有全面、深入的研究,如果具备相关的实践经验则更好;具有相对较为宽广的知识结构,不限于公共管理、行政管理、经济发展、法律知识等;较为出色的观察能力、随机应变的能力、归纳总结能力、系统思维能力等。催化师队伍建设是一个长期过程,教师、培训师、催化师三者的要求是有差异的,应逐步形成从教师到培训师、从培训师到催化师的催化师队伍培养计划,打造催化师团队,推进结构化研讨方式更广泛的开展。

3. 结构化研讨的实施过程

结构化小组讨论具体实施的基本流程分为前期准备、具体实施、总结和分析三个阶段。一是前期准备阶段。结构化研讨的组织者和参与者要做好讨论主题、人员配备以及讨论所需的相关条件准备。包括参与研讨教学的催化师和记录员。催化师必须对所负责的小组讨论的问题进行前期知识储备和教学准备。教学辅助部门和相关人员做好讨论场地的安排以及讨论所需设备。二是具体实施阶段,可以细化为催化预热和催化活动具体实施这两个环节。在催化预热环节,主催化师要进行教学导入,帮助学员熟悉研讨内容和研讨细节。催化活动环节,将研讨主题分成若干层次,一般而言,可将问题分为三个层次,即问题描述、问题产生的原因分析和解决路径,依次分别开展研讨。问题描述研讨完后,各小组将问题汇总,并选出学员关注的共性问题,一般问题数与分组数一致。各小组领取一个问题,围绕问题产生原因和解决路径继续开展研讨。研讨结束后各小组代表将成果向全班汇报,教师现场点评。三是总结分析阶段。一般由主催化师做教学总结和教学分析。

4. 基层干部教育培训中结构化研讨的应用及相关要点

从思维模式看,结构化研讨采用"结构化"的方法,把人们思维的不同阶段划开,克服垂直思维的影响,并保证成员间的平等;用"建设性"的强制规定保证小组成员积极参与讨论,激发思想,使讨论始终保持正向。而垂直思维习惯使用综合、概括、提升等方法分析问题,喜欢一言以蔽之,常常用一种观点分析一类现象,说明一类问题,得出一种结论。在笔者看来,结构化研讨改变了垂直思维的单向性,增加了"水平思维"的多向性,模糊或缩小"约哈里窗口"中的未知象限,也正由于此,在教学设计方面必须更多地激发水平思维的产生,水平思维的活跃程度决定了结构化研讨的成败。基层干部在开展结构化研讨时,要关注团队成员的差异性有利于学员间的相互学习、有利于活跃水平思维的教学现实。催化师应在教学开展前按照差异化的原则和要求尽可能地安排不同地域、不同专业背景、不同岗位职位的学员在一个小组,小组学员选择上要避免自由组合、随意搭配,比如市直机关干部应尽可能与县区基层实践部门的干部分在一个组。

第四节　案例教学法

案例教学法是一种以案例为基础的教学法,案例本质上是提出一种教育的两难情境,没有特定的解决之道,而教师于教学中扮演着设计者和激励者的角色,鼓励学生积极参与讨论。案例教学法起源于20世纪20年代,由美国哈佛商学院所倡导,当时是采取一种很独特的案例型式的教学,这些案例都是来自于商业管理的真实情境或事件。通过此种方式,有助于培养和发展学生主动参与课堂讨论的能力。这种案例教学法到了20世纪80年代,才受到师资培育的重视,尤其是1986年美国卡内基小组提出《准备就绪的国家:二十一世纪的教师》的报告书,特别推荐案例教学法在师资培育课程中的价值,并将其视为一种相当有效的教学模式。

一、案例教学法的特征及其优缺点

1. 案例教学法的基本特征

案例教学法涉及教学形式、师生关系、教学目标等一系列因素的变革,对提高基层干部分析问题、发现问题、解决问题的能力具有较好的效果。案例教学法的基本特征主要体现在三个方面。一是在指导思想上,案例式教学倡导以启发式代替填鸭式、注入式、灌输式教学,强调学员的主动参与,师生间的相互讨论、协商,鼓励学员在案例讨论时发表自己的不同观点,强调对问题解决方案的反省与思考。二是在教学功能上,案例式教学主张教学目的由学习知识转向应用知识、分析问题、解决问题,教师在教学过程中是组织者、指导者和推动者,学员是教学的真正主体。三是在教学方法上,强调学员学习的主动性、独立性,学员是知识意义的主动建构者,师生之间、学员之间多方互动,展示差异、碰撞思维、共同提升。

2. 案例教学法的优点

案例教学法作为把案例作为教学材料,结合教学主题,通过讨论、问答等师生互动的教学过程,让学习者了解与教学主题相关的概念或理论,并培养学习者高层次能力的教学方法,现已得到广泛应用,其优点主要体现在三个方面。一是案例式教学在指导思想上突破传统,倡导以启发式教学代替灌输式教学。二是案例式教学在教学功能上突破传统,实现由教给学生知识向教会学生应用知识、分析解决问题方向转变。三是案例式教学在方法上突破传统,强调学生学习的主动性、独立性、应用性等,学员的创造性思维能力与实践能力获得了提高,从而更易达到干部教育培训中培养能力、提高素质的教学目的。

3. 案例教学法的局限

案例教学虽然在干部培训中显示出较多的优点,但从实际运用效果看,仍然存在种种局限。一是案例素材的获取和优秀案例的编写困难。与国外相比,目前国内案例库建设还刚刚起步,案例相对单薄、简略,案例本身缺乏足够的信息含量和多维度分析视角。二是案例教学对师资的要求较高,教师需要经过良好的训练才能取得预期的教学效果。案例教学既要求教师具有渊博的理论知识和实践经验,还要求教师必须具备理论与实践有机结合的融贯能力;既要求教师是一个优秀的教育工作者,还要求教师成为一个具备临场反应能力、判断能力等综合素质的教学组织者。三是案例教学易受案例讨论主题脱轨而使得"教学"失色,学员个性、专业背景、工作阅历的差异使得"讨论"容易变成"争论",偏离既定的教学目标。

二、案例教学法的应用

1. 案例教学法应用的基本原则

案例教学要求学员有更多的主动性、独立性参与教学活动,充分发挥学员的主体性作用。案例教学应用的基本原则就是学员的主体性原则和学员主体性原则基础上的教师主导性原则。学员的主体性原则是指:学员是案例式教学的最重要参与主体,充分调动学员学习的主动性和参与意识是案例教学取得预期教学效果的关键。只有每一个学员认真研究案例、融入角色,独立分析、大胆评析,变被动接受为主动学习,教学目标才能实现。反之,如果忽视学员的主体作用或者学员的主体作用没有得到最大程度的发挥,案例教学必然失败,或只是形式主义。教师的主导性原则是指:教师在案例教学中依然发挥着重要作用,是案例教学顺利开展的组织者,是学员积极主动参与教学的引导者,其主导作用不容置疑。案例教学作为新型的互动启发式教学形式,教师肩负着组织、协调、总结等职责,引领各方完成教学流程,达到教学效果,实现教学目的,同时还需要调动现场气氛,活跃学员思维,让大家畅所欲言,激发头脑风暴。

2. 案例教学法的适用范围

从案例教学法适用的学员对象看,案例教学是一种基于反思的体验,是在探索和解决工作难题的同时获得新知识、掌握新技能、转变思想观点的过程,符合成人学习的特点,因此,符合成人学习规律的对象受众基本都可以开展案例教学。成人学习特点和规律主要指:①成人的学习具有自我选择性和自我导向性;②成人已有的知识积累是其学习时加以利用的重要资源;③当学习能够帮助他们解决实际生活问题时,他们会更愿意学习;④成人学习的最佳方法是问题解决的方法,而团队学习的方式效果最好;⑤成人学习重视良好的学习环境。师生共同参与、充分尊重学习者、能各抒己见、利用学习者经验的情境等,更有利于成人学习。从案例教学适用的培训主题看,具有时代性、体现改革精神、符合时代特征、提供多元性及冲突性观点讨论空间的主题都可以适用案例教学。

3. 案例教学法的实施过程

案例教学法应用的实施过程主要包括三个方面。一是案例教学的导入。学员只有在熟悉案例的基础上才能融入角色、深入思考、大胆评论,这既需要案例教学实施前的培训课程学习、相关知识积累,熟悉案例之外的基础理论、政策法规等,还需要事先对案例本身有足够的了解、思考,包括对案例本身时序发展、客观背景、相关主体利益诉求等的熟悉。二是案例教学的实施。教师作为教学的组织者、引导者,积极鼓励、调动、挖掘学员参与到教学中,避免冷场、僵局等问题,由被动接受向主动参与的角色转化。教师作为教学的总结点评者,要心胸开阔、态度真诚,切忌泛泛而论、厚此薄彼。三是案例教学的评估。从过程而言,评估已超出实施范畴,但从教学整体而言,这既是教学实施的末端,亦是教学实施的开始,是教学良性循环的重要环节。一个包括但不仅限于学员参与程度、案例讨论深度和广度、学员能力素质表现等在内的指标体系是教学评估的重要依据。

4. 基层干部教育培训中案例教学法的应用及相关要点

案例教学法强调学习者的主动参与,案例讨论时强调师生间的讨论、参与和协商,鼓励学生在案例讨论时发表自己的不同观点,并强调对解决方案的反省与思考,不鼓励机械的记忆与联系。基层干部教育培训中运用案例教学要注意以下要点。一是案例本身要贴切基层干部的工作实践,力求从实践中来到实践中去。二是基层干部教育培训在开展案例教学时,要做好教学的导入,包括前期理论学习、现场教学的知识储备、信息收集。三是基层干部教育培训在开展案例教学时,要重视培训组织方的支持,案例提前发放、教学前期动员等都是顺利开展好案例教学的前提。四是基层干部教育培训在开展案例教学时,教师要善于运用诱发学员积极参与和讨论的教学艺术和方式方法,避免基层干部不愿讲、不敢讲的尴尬教学场面出现。

第五节 访谈式教学

一、访谈式教学的特征及其优缺点

访谈式教学法是指在课堂教学中,主持人围绕特定的教学目标和主题,在一定的教学情境中,通过主持人与被访谈者的采访交流及听众的参与,触发听众的感情、感悟、思考,固化听众相应的信念与行为的方法。

1. 访谈式教学的基本特征

从教学环节看,访谈式教学包括两大部分,一是主持人和被访谈者围绕教学主题的访谈,二是学员就教学主题相关的内容和被访谈者开展互动。从教学主体看,访谈式教学主体包括:学员、被访谈者、主持人。在整个教学过程中,访谈式教学凸显了学员的主体地位,打破了"教"与"学"的传统边界,拉近了"台上"与"台下"的距离。从教学理念看,访谈式教学是一种导向型、潜移默化式、言传身教式教学方式方法,用具有叙述性的语言、"戏剧性"、"逻辑性"的教学导入,塑造亲临其境的情境,从内心对世界认知的潜意识自觉寻找解决问题的路径和思路,从而实现主动学习、自主学习的意图。

2. 访谈式教学的优点

一是培训形式灵活。访谈式教学借鉴当前媒体普遍推出的谈话类节目,给学员耳目一新的教学体验,具有时代性、开放性和可操作性,极大地丰富了当前的教学形式。二是培训内容丰富。访谈式教学不是传统课堂教学的"灌输式""填鸭式",培训内容不仅与教学主题密切相关,还与学员的兴趣点、兴奋点紧密结合,尤其是学员与被访谈者的互动交流环节,更易激发学员的兴趣。三是培训成效显著。访谈式教学在两个方面保证了培训的实效:在教学情境的塑造上,访谈式教学有天然优势,学员容易接受、融入教学主题;在学员主观能动性、自主学习方面,激发了学员的学习潜能,打开了学员的认知空间。

3. 访谈式教学的局限

一是教学主题的确定。访谈式教学在党性教育中应用较为广泛,获得的培训效果也很突出。但在其他教学主题，如"新型城镇化道路选择""协商民主与民主政治建设"等专业性较强的培训课程中，在实践访谈式教学方法时往往挑战较大。二是教学秩序的控制。教学秩序控制包括三个方面。第一，访谈式教学给予学员的信息量还不足以支撑培训内容的体系完整性，这也是除党性教育以外的教学主题实践访谈式教学最大的挑战。第二，教学主题容易脱离教学目标和原先计划。第三，时序安排上对主持人提出了较高的要求。三是教学师资的选择。教学主体中主持人、被访谈者都是教学的师资成员。主持人必须具备访谈的基本素质和能力，还需要具备教学主题相关的知识储备。被访谈者必须兼具实践的探索者和理论的思考者两种角色，是实践与理论有机结合的践行者。

二、访谈式教学的应用

1. 访谈式教学的适用范围

从访谈式教学适用的学员对象看，访谈式教学对学员人数即培训班的规模并没有如结构化研讨、案例式教学等教学方法类似的严格约束，对学员的层次、对象的制约主要取决于教学培训的主题。如果培训主题是党性教育，基本上所有的学员、培训班都适用，如果培训主题专业性较强，则适用于对理论学习要求一般、侧重实践务实的学员群体，因为访谈式教学的理论体系较弱是其基本特征之一。从访谈式教学适用的培训主题看，访谈式教学几乎适用于所有的培训主题，并无主题方面的严格要求，但就各大培训院校实践的结果看，访谈式教学在党性锻炼教育方面成效最为显著。专业性较强的专题要尽量避免采用访谈式教学方法。

2. 访谈式教学应用的基本原则

一是增加形式的多样性。可从多个方面来增加访谈式教学的多样性：被访谈者的嘉宾数量和构成，如安排两位嘉宾，其中一位是从学员中推选出的代表，访谈环节就直接可以产生"教""学"的互动和碰撞；或者两位嘉宾拥有不一致的观点，通过"教""教"碰撞，产生新的教学元素和教学内容。二是增加内容的可听性。访谈式教学就教学目标而言并非只是为了实现理论知识的传播、灌输，即便是党性教育，也是情感交流、心灵共鸣成分居多，以情动人、以情感人、以情服人,而不是"说理说教"。因此,访谈式教学的内容要多一些工作经历、工作经验的分享和交流。三是增加教学的互动性。教学实效是以学员的接受度、满意度为基础的,学员对自身主动参与、自身主动关注的学习培训内容的感受度最为真切,学员与嘉宾的互动是访谈式教学在访谈基础上的教学重点,在一定程度上,访谈只是"教""学"互动的前期导学。

3. 访谈式教学的实施过程

访谈式教学主要由四大环节构成,分别为:访谈设计、背景材料准备、场景布置、访谈。其中访谈设计是开展访谈式教学一项基础性工作,访谈是否成功,效果如何,教学设计是根本。访谈设计包括两部分:一是访谈的宏观设计,主要从培训方案整体架构的角度开展;二是访谈的微观设计,主要从如何实现访谈教学目标的角度开展。访谈是访谈式教学的关键环节,主要有四个基本程序。第一,介绍被访谈者,突出被访谈者在教学中的地位,但不能无限抬高,以免引起学员反感。第二,介绍访谈主题及程序,并对学员提出相关要求。第三,开展访谈与互动,主持人要控制好访谈的秩序、进度,紧紧围绕教学意图来实施。第四,主持人总结。访谈结束前,主持人应简要地对本次访谈教学的效果评述和总结,并致谢。

4. 基层干部教育培训中访谈教学的应用及相关要点

基层干部教育培训中访谈教学应用应注意以下要点。一是访谈对象构成的弹性,要满足教学目的,切合学员需求。不能盲目追求访谈对象的"高大上"。二是以学员为中心,而非以访谈对象为中心,切忌为了访谈而访谈。访谈式教学如何调动学员的主观能动性?积极参与其中是访谈式教学取得实效的根本所在,参与程度高低是评价访谈式教学成功与否的重要标志。三是要突出"教学"元素。访谈式教学是通过访谈式教学组织形式提升学员的理性认识,实现"感性与理性""理论与实践"的融合。访谈必须围绕教学主题进行,现场教学老师既是访谈的主持人,更是教学的组织者,现场教学老师要善于开启嘉宾和学员的心智,要善于激发学员问问题的能力和参与教学的主观能动性,要善于围绕教学主题提炼、提升嘉宾的观点和讲话内容,要善于从学员关切点和关心的问题入手,通过学员提出问题、嘉宾解决问题、听众研究问题,使学员获得直观、生动、形象的第一手资料,消除传统课堂教学中的消极被动现象。

第六节 体验式教学

一、体验式教学的特征及其优缺点

1. 体验式教学的基本特征

体验式教学是指教师利用各种手段和方法,精心创设一种适宜的情境和情感氛围,通过置身于特定情境的实战演练,让学生亲自参加实践活动,在活动中以自主独特的方式认识、思考、体验、感悟周围世界,从而获得新知识、技能和态度,激发学习者的内在价值和生命活力的教学方式。体验式教学主要通过专门设计的、富有挑战性的课程,利用种种典型场景和活动方式,让团队和个人经历一系列考验,从而磨炼参与者克服困难的毅力,培养健康的心理素质和积极的人生态度,激发参与者的自身潜能,启发想象力和创造力。这种教学方式为领导干部搭建了一个自我反思、自主探索的平台,在体验式教学中,领导干部通过体验进行总结、反思、交流和沟通,获得新的认识和能力。它调动了参与者作为学习主体的积极性,有利于激发领导干部学习的内在动力,有利于培养他们的创新意识。

2. 体验式教学的优点

一是提升个人潜能与激活团队创造有机融合。体验式教学往往是以团队为基础来进行项目设计的,尤其是拓展训练这种教学形式,教学任务的完成往往要依赖团队的精心合作。在团队中,参与者根据各自特长合理分工,发挥集体的聪明才智,互相给予支持,整合资源,应对挑战,解决问题,实现最大限度地激发潜能和熔炼团队的目的。二是教学情境真实感强。体验式教学是一种情景化的学习,在这里,学习过程被置于各种虚拟的或真实的活动情景中。虚拟情景要力求逼近真实的情景,从而使学习者从外在的环境和内在的心境两个方面体验自己身处的空间,对即将发生的无法预料到的事情进行思考,做出反应,进行决策,从而在解决问题的过程中获得对知识、生活、问题的深刻体验。

3. 体验式教学的局限

一是教学组织要求高。体验式教学的教学地点不是在教室,而是在开放性的空间;不是一般意义上的教师、学员以讲和听为主要形式的或是讲授演示或是研讨交流或是访谈对话的教学方法,而是以某个游戏、活动为主要形式,组织要求较高。二是教学设计难度大。体验式教学意在培养人们的团队精神、合作精神、凝聚力、执行力和乐观向上等品质,通过丰富多彩的培训游戏来实现教学意图。如何让平常工作状态一直处于相对较为严谨、严肃的领导干部走进游戏、融入游戏,这对体验式教学的设计提出了较高的要求。三是教学评估难度大。体验式教学目标是多元的,提倡运用诊断性和形成性评价来促进和提升学习者的思维和解决问题的能力,每一个环节甚至每个细节都衍生相对应的教学子目标,并不能简单地以某个培训结果来评价教学的实效,因此,不能用传统的学习评价指标体系来评估体验式教学的结果。

二、体验式教学的应用

1. 体验式教学的适用范围

从体验式教学适用的学员对象看,体验式教学采用一系列的组织手段,保证参与者都能参与其中,使每个参与者都能体验到自身与他人知识经验的价值。从培训班规模看,为保证体验式教学顺利开展,每次活动的人数不要超过40人,以20—30人为最佳,每个小组最好4—6人,小组数最好不要超过5组,过多或过少都会影响互动教学的质量。从培训班对象年龄、层次、结构看,以青年、中青年领导干部较为适宜,一方面这个年龄层次的领导干部的体能、身体素质能满足培训游戏的要求,另一方面他们相对较容易融入培训游戏中。从体验式教学适用的培训主题看,体验式教学倡导在实践中体验,在体验中提高,主要培养培训领导干部认识问题、思考问题、解决问题的方法和技能,是人才开发的重要途径,不涉及专业知识和技能,因此,体验式教学对培训主题并没有限制,作为能力开发的教学模块,基本可以在所有培训班中应用,只是需要根据不同的对象特点安排不同的培训游戏。

2. 体验式教学应用的基本原则

体验式教学一般遵循如下四个原则。一是亲历性原则。体验式教学要求学习主体发挥主动精神,对自己的学习负责任,真正成为教学过程的主体,如果没有这种主动的参与,就不可能产生任何体验,更谈不上学习过程的完成。二是反思性原则。反思是体验式教学的关键。通过反思,学员对自己在学习过程中的感受、体验的内容进行批判、探究和讨论,最后整理、抽象和概括、提炼升华,形成自己的新观点、新认识和新发现。三是情景性原则。体验式教学是一种情景化的学习,学习过程被置于各种虚拟的或真实的活动情景中。四是动态性原则。体验式教学是一个多项互动、主客体交融的学习过程,学员和教师都会遇到许多未曾预料到的情况,这使得教学过程不可能像传统的教学那样,而是充满了许多不确定性和动态性。

3. 体验式教学的实施过程

一是开展体验式教学培训需求分析,判断、确定是否需要设置体验式教学模块,实现人际沟通、领导技巧、小组动力、个人成长及团队建设等方面的能力提升,包括公共精神的培养、服务意识的强化以及公共角色的塑造等。二是根据学员特点,设计体验式教学的教学组织形式,学员相对年轻的培训班可以设置一些动作较大的肢体运动体验,学员年龄相对较大、层级相对较高的培训班可以设置情景故事、案例说法等。三是体验式教学的活动组织。教师做好体验式教学的组织、协调,并做好各个环节的引导和点评,提升学员的学习认知。四是体验式教学的总结提高。在做好体验式教学绩效评价的基础上,不断提高体验式教学的培训实效。

4. 基层干部教育培训中体验式教学的应用及相关要点

基层干部教育培训中体验式教学要关注以下要点。一是合理设置课程计划,形成科学的培训工作机制,以稳步发展。体验式教学作为新颖的教育模式,思想理念很先进,能让学员在玩中体验、在学中成长,但它的核心是"小故事、大道理",每个游戏和环节的背后都包含着一个寓意,需要不断体验、总结,才能深刻体会到。二是重视对培训对象的分析,以精益求精,形成特色。一方面,干部培训中,不同内容、不同对象的班次非常多,只有对培训对象有全面的了解,才能采取正确的行动步骤从而获得成功。另一方面,体验式教学必须要针对不同的培训对象,不断开发新的课程,为各类培训班准备好丰富多彩的"菜单",甚至在一些严肃的法律课或党政课中,穿插一至两个游戏。也只有这样,才能不断吸引更多的培训对象,促进体验式教学可持续发展。三是要有管理创新,建立目标管理责任制等制度。一方面为开展体验式教学创造一种宽松的环境,提供更好的设备设施,促使参与者不断创新发展;另一方面要有一种激励机制,保障参与者有不断创新发展的动力。应注重建立科学的体验式培训工作机制,合理配置资源,充分调动各方积极性。

第七节　情景模拟式教学

一、情景模拟式教学的特征及其优缺点

情景模拟是"通过学员对事件或事物发生与发展的环境、过程的模拟或虚拟再现,让学员在所设情景中去发现问题、解决问题,从而理解教学内容,进而在短时间内提高能力的一种认知方法"[①]。情景模拟的具体方法一般有公文事务处理训练法、管理游戏法、无领导小组讨论法、角色扮演法等。

1. 情景模拟式教学的基本特征

在现代干部教育培训中,情景模拟式教学与其他的教学方法相比,更加注重实践能力锻炼,更加注重教师和学员、学员相互间的互动等,形式也相对生动活泼。情景模拟试教学具有以下特征:一是针对性突出。情景模拟法兼顾了理论教学和实践培训两方面的优势,因此在具体实施过程中能很好地解决当前实践培训环节上存在的问题。一方面,通过情景模拟使学员对所学的基本理论知识、基本技能深刻领会和理解;另一方面,培养学员综合、独立地分析问题和解决问题的能力。二是实战性仿真。情景模拟法通过模拟出真实工作环境的复杂程度,引导学员运用所具备、获得的知识解决问题,使得学员在模拟中获得体验和感受,实现理论与实践的有机结合。学员所处的教学场景就是仿真的真实工作环境,学员能够较为容易进入角色,感受实战演练,从而提升能力。三是能动性出色。和传统教学方法不同的是,情景模拟的主体是学

---

① 尹子民、孙辉、魏颖辉:《情景模拟教学法的初探》,《辽宁工业大学学报(社会科学版)》2009年第3期。

员,教师在其中的作用是主导。教师努力创设仿真工作情景氛围,使得学员处于多种激励情景中,不断思考问题、分析问题、解决问题,从而提高领导干部主动学习、主动处理问题的能力。

2. 情景模拟式教学的优点

一是培训形式新颖。情景模拟法以学员为中心,以学员角色扮演和学员评议为主,教师主要起着引导、帮助和提升的作用,让学员置身于真实的工作情景中,教学方法活泼,培训形式新颖。二是培训内容综合性强。情景模拟可以将学员在实践活动中可能遇到的问题综合运用于一个具体的问题情景中,从而使学员在解决问题时结合所学知识及平时已有的实践经验创造性地处理问题。三是培训实效针对性强。情景模拟法进行干部培训工作,直观形象,过程与环境具有真实性,理论与实践得到很好结合,尤其适合以能力提高为主要学习目的的干部教育培训。

3. 情景模拟式教学的局限

一是准备时间长。情景模拟需要再现逼真的工作场景,需要专门的类似实验室的场所及各种设施,此外,从教学角度而言,还需准备各种材料。情景模拟实施结束后对整个过程的收集、整理、分析、反思都需要耗费较多时间。二是对教师要求高。情景模拟中,教师需要不断调动学员的参与积极性,主导、引导学员根据事态发展状况围绕主题思考问题,即时响应,这对教师提出了很高的要求。三是教学实效不可预知。情景模拟中,学员的自发参与积极性直接影响到教学实效,而学员参与积极性、参与程度高低都是不可预知的。

二、情景模拟式教学的应用

1. 情景模拟式教学的适用范围

在现代干部教育培训中,情景模拟式教学由于其独特的体验性和有效性而备受青睐,但在适用范围上也有相应的要求。一是在适用内容上,适合实践性、操作性强的内容,而不适合理论性强的内容。二是在培训层次上,适合党政领导干部等高层次的管理人员的能力培训,对学员的综合素质有着较高的要求,不适合一般人员的培训。三是在培训人数上,适合较少人数的培训班次,大面积人员培训如果实施情景模拟式教学,往往难以做到面面俱到。四是在培训时间上,适合培训时间较长的班次,因为情景模拟从准备到组织实施到反馈矫正是一个周期较长的过程,短期培训班次往往难以实施或难以取得预期效果。

2. 情景模拟式教学应用的基本原则

情景模拟式教学应用应遵循、坚持以下三个原则。一是方案的适用性。培训设计必须适合学员的身份及工作实践,能够调动学员已有的知识经验,使其积极思考。二是情景的仿真性。情境设计是学员工作中经常遇到或可能面临的问题或情景重现,或者是某种典型案例的现场再造,能够让学员产生身临其境的感觉,更好把握角色的思想和行为,增加思考的深度。三是组织的有序性。在模拟课程的组织上需要教师提前做好准备,方案的设计编写、场景布置安排及学员的组织引导等都应有条不紊、规范有序,这样才能使情景模拟课程真正取得应有的效果。

3. 情景模拟式教学的实施过程

情景模拟式教学的真正目的是使学员在体验中增加对理论知识的理解和掌握,提升实际工作能力,教学过程主要包括四个方面。一是教师向学员书面陈述事先准备好的材料,并以小组为单位分配角色,提出要求。不同内容的情景模拟准备工作也是有差异的。二是以各小组为单位进行现场模拟,其他学员作为配角参与其中。三是模拟结束后,其他学员自由点评。四是教师进行总结及评估情景模拟式教学的培训实效,为下一次教学的优化提供参考。

4. 基层干部教育培训中情景模拟式教学的应用及相关要点

基层干部教育培训中应用情景模拟法应关注以下要点。一是必须考虑学员的接受度。基层干部涵盖范围广,工作职能差异大,不是所有的基层干部群体都适用情景模拟式教学,必须考虑学员的层次、年龄结构等。二是必须考虑方案的适用度。情景模拟法所选择或所设计的方案情景必须符合学员的身份及工作实践,能够调动学员已有的知识经验,引发学员的思考。方案必须为学员量身定做。三是教学组织必须协调有序。教师要提前做好准备,包括方案的设计编写、场景的布置安排,以及教学过程中学员的组织引导,必须规范有序。

第八节　行动学习法

一、行动学习法的特征及其优缺点

行动学习法就是通过行动实践学习,即在一个专门以学习为目标的背景环境中,以组织面临的重要问题为载体,学员对实际工作中的问题、任务、项目等进行处理,从而达到开发人力资源和发展组织的目的。

1. 行动学习法的基本特征

和其他教学方法相比,行动学习法有着鲜明的特征。一是问题导向性。只有带着问题或任务进入学习小组,从解决问题的需求出发带动知识的学习,以此引导和反思学习的方向,并提出解决方案加以执行,"行动"二字才能得到真正体现。二是反思性。将反思作为一种精神贯穿应用到项目的每一个环节,并且特别重视小组的团队建设与经验分享,把行动学习设计为一个"认知发现"和"认知接受"的反思性过程。三是行动性。行动学习法必须付诸行动,提出行动计划,付诸实践,发现新问题,重新反思总结,提出行动计划,如此周而复始,形成循环式的学习全过程。四是主体性。每一小组承担一个分课题,每个学员都承担一个子课题,学员是子课题的责任承担者和计划执行者。五是主动参与性。只有学员决心成为行动学习小组的一员,主动参与到学习中去,行动学习的效果才能够体现出来。六是团队合作性。充分强调学员之间的团队合作性,小组内部相互帮助,共同完成小组任务和个人任务,行动学习注重的是学员和团队的共同进步。

2. 行动学习法的优点

一是行动学习提倡学用结合的教学模式,有效解决了干部培训中较为突出的工学矛盾,从某种意义上看,行动学习强调的"学用结合""工作学习化,学习工作化"等重要理念,都是"学"与"用",即"学习"与"工作"有效结合的集中体现。二是行动学习以工作中的具体问题为导向,在地方经济社会发展中实现了围绕中心、服务大局行动学习以解决工作中的问题的目的,解决了干部培训中针对性不够、实效性不强的难题。三是行动学习丰富的研究过程和学习方式,贴近基层干部学习的多样化需要。行动学习搭建了研究的平台,学员在民主、平等的环境下,在团队的支持与协作中学习研究,共同成长。四是行动学习激发干部主动探索和不断成长,在一定程度上解决了基层发展中人才不足的难题。行动学习就是要激发干部主动探索和不断学习的潜能。第五,行动学习注重深入的沟通交流,促进了跨部门的集体合作,密切了基层干部同群众之间的联系。行动学习强调深入实际,切实调查,了解情况,密切了干群关系,有助于转变干部作风,提高行政效能。

3. 行动学习法的局限

一是组织实施难。难在三个方面:第一,问题的确定,一般由个人提出,但一个能够汇集智慧、引发共鸣、切实重要的好的问题并不容易确定。第二,小组会议的组织容易流于一般化。第三,行动学习的师资队伍建设难。二是学员调训难。目前的行动学习项目周期比较长,尽管行动学习项目的问题性和实效性可以减少工学矛盾,但行动学习项目的长周期决定了工学矛盾总是存在,且不容忽视。三是项目成本高。行动学习是一系列的学习,是一个持续、系统的过程,所耗费的时间成本、精力成本、费用成本较高。

二、行动学习法的应用

1. 行动学习法的适用范围

行动学习法基于"问题—学习—反思—行动—解决问题(新的疑问)"的循环过程,在适用范围上有着较多的限制。一是在适用内容上,需有着较为清晰的、实实在在的工作中碰到的困难,并通过理论学习、团队学习获得解决问题的思路和方法,且在工作实践中加以检验。二是在培训层次上,适合党政领导干部等高层次的管理人员的能力培训,对于学员的综合素质有着较高的要求,不适合一般人员的培训。三是在培训人数上,行动学习法不能参照一般培训班进行调训,开展短期集中学习,行动学习法在一定意义上可看成是定制培训,或是因人设训或是因问题设训。四是在培训时间上,行动学习法是一个长期的学习循环过程,周期长。

2. 行动学习法应用的基本原则

行动学习法要达到行动学习的目的,有效地完成一次行动学习项目,必须包含以下六个核心要素:学习小组或团队、真实存在的尚未解决的问题、质疑与反思的过程、学习承诺、付诸行动、促进师。这几个要素中,比如像学习小组(团队),在其他培训方式中也是不可或缺的,但是在行动学习过程中,却被赋予了全新的意义。而问题、反思等要素,在行动学习中也得到了强化。行动是行动学习的最大特色之一,在"问题—学习—反思—行动—解决问题(新的疑问)"的学习循环过程中,行动是促进反思、解决问题的关键。促进师的角色必不可少,只有专业可靠的促进师才能控制整个学习过程,使之不演变为一般讨论或会议,从而完全失去行动学习的特点和优势,使人对行动学习产生误解,失去信心。

3. 行动学习法的实施过程

在具体实施中,一般采用项目的方式进行,可包括如下步骤:一是确定主题。结合本地区本部门的发展需要,结合实际,选择当前急需解决的重点难点问题作为行动学习的研究主题。二是组建小组。根据主题需要,选择相关人员组成行动学习小组,明确成员的职责任务。三是开展学习。小组成员在掌握基本学习与工作方法的基础上,围绕主题和各自课题,采取个人自学、小组研讨、调查研究、专家咨询、试点探索等形式,研究问题,形成解决方案。四是决策实施。召开决策会议,评估小组提交的问题解决方案和建议,经研究后提出处置意见或付诸实施。五是跟踪评估。跟踪实施情况,及时研究遇到的新问题,不断完善解决方案,评估实施效果。六是固化分享。将问题解决方案形成制度或规定,在更广泛的范围内推广应用。

4. 基层干部教育培训中行动学习法的应用及相关要点

基层干部教育培训中开展行动学习法,必须关注以下相关要点。一是不能用任务或课题取代问题。提出问题是行动学习的起点,问题必须自下而上、客观存在且迫切需要解决,这样才能有效提高参与主体的积极性。二是需要大力培养行动学习的项目团队,为大力开展、推广行动学习法提供组织保障。三是行动学习法在一定程度上属于定制的个人培养,而非一般意义上的短期培训,要有人才培养的长期思维。四是关注行动学习法中促进师队伍的建设。一般而言,外请促进师更容易开展工作,并容易获得学员的信任和接纳。

第五章　现场教学理论、方法与体系研究

现场教学法是教师和学员同时深入现场，通过对现场事实的调查、分析和研究，提出解决问题的办法，或总结出可供借鉴的经验，从事实材料中提炼出新观点，从而提高学员运用理论认识问题、研究问题和解决问题能力的教学方式和方法。现场教学具有现场、事实、实践者、学员和教员五个要素。现场教学法的根本特征体现在现场成为课堂、事实成为教材、实践者成为教师、学员成为主体、教员成为主导；其教学功能主要在于亲临实践现场、直接认识事实，面对事实讨论、掌握规律，启发拓展思路、提高实际能力；其操作流程一般分为准备、实施、总结三个阶段。

第一节　现场教学法基本理论

一、现场教学法的概念

现场教学作为一种教育实践活动，在基础教育、职业教育、高等教育的应用与研究较多，杜威的"实用主义"、苏霍姆林斯基的"自然教育"、陶行知的"生活教育"等都体现了现场教学思想的本质。从教育学的角度看，现场教学是以现场教学情境为媒介、问题为起点的教学双方共同探讨的教学形式。通俗地讲，现场教学就是把课堂设在具有经济社会发展典型经验和实践特色的地方，通过参观考察、主题演讲、研讨交流、互动答疑等，提高学员认识、分析和解决问题能力的培训方法。

现场教学最早始于医学院学生的生理解剖和临床教学，后来由地质矿冶

学院在教学实践中开展。近年来,中央提出大规模培训干部,大幅度提高干部素质,并倡导异地培训、分段式培训,加强领导干部对解决现实问题、开展社会实践等的学习培训,各级党校、行政学院和干部院校纷纷试行现场教学。中国三大干部学院也都对现场教学有专门研究,其中中国延安干部学院王健等提出的"现场体验课的案例教学",虽然文字表述有所差异,但其内容、实质和现场教学是一致的。

开展现场教学的基本思路是:通过课堂理论教学和案例教学,在学员具有一定理性认识的基础上,把学员带到现场教学点,了解其发展历程、参观其发展成果、交流其思路举措,通过感性认识带来的顿悟促进领导干部解放思想、转变观念,通过互动交流带来的感悟拓宽领导干部工作的方式方法,通过深入研讨带来的领悟提升领导干部分析问题、解决问题的能力。

二、现场教学的发展演变

教育改革的脚步从来就没有停止过。迈入21世纪,教学改革范围之广、数量之巨、类型之多,前所未有。其中,形成了一些独特的体系,如斯金纳(美国著名的教学心理学家)的程序教学法:程序化教材,导致电脑教学不断推广;杰罗姆·布鲁纳(美国著名的心理学家、新教学论思想家)的结构—发现教学:不由教师讲解传授知识,而是安排情景,让学员探索发现;美国心理学家卡尔·罗杰斯依据其人本主义心理学理论和精神治疗中的"患者中心疗法"提出的"非指导性"教学模式:教师不对学员进行指示,而是进行平等地对话、交流,双方真诚、平等地进行沟通,注重学生的个性和情感,体现学生的主体性;瓦·根舍因(德国教育实践家、范例教学法创始人)的范例教学:不是系统地进行知识学习,而是提供一些具有典型性的范例,通过对范例的学习研究,获得知识和方法,突出以点带面的特性,培养学生的独立性和主动学习的能力。

现场教学亦称"现场体验式教学"。经验主义者提出"白板说",提出"行动""体验"对人的重要性,构成主义、行为主义、认知理论都以不同的方式提出"体验"对学习的重要性。杜威的"从做中学"的教育思想,认为"从做中学"比"从听中学"是一种更好的方法,突出强调了知与行、学与做的关系。心理学研究表明:"阅读的信息,我们能记得10%,听到的信息,我们能记得20%,但所经历过的事,我们却能记得80%。"

第二节 现场教学的要素、特点和功能

一、现场教学的要素

现场教学,不是单纯地组织领导干部到现场听取成功经验的介绍,而是把每一个现场教学点上已经发生的故事、正在发生的事件和未来将要发生的事情作为鲜活的案例呈现在学员面前,供其思辨;现场教学的过程,也是一个实地调查的过程。通过组织学员到现实世界的真实环境中去感受、去体验、去调查,聆听教师的经验介绍和讲解,引导学员实现对事物的性质、规律以及该事物与其他事物之间联系的深刻理解。实地调查的过程是学员思考问题并验证观点的过程;现场教学过程中,为了辩证分析现场点讲述的案例,需要学员在有事先准备的情况下,通过有技巧的提问和交流来提升现场教学的研究深度和教学效果。互动研讨成为将现场教学引向深入的推进剂,也成为学员感受最为深切的一个环节。因此,案例研究、实地调查和互动研讨,是现场教学的三个关键要素。通过以现场作为课堂、以素材作为教材、以实践者作为教师,将一个个现场成为一个个生动鲜活的案例,引导学员带着问题实地调查,在实地调查的过程中获得真切的体验,在互动研讨中激发思路和提升认识,在案例分析中提升能力。

根据不同的主题,现场教学可以采取不同的形式。如,以革命传统教育为主的现场体验式,可以通过参观革命旧址、了解史实,把革命旧址旧居转化为干部培训的课堂;到法院旁听庭审过程;开展各种拓展训练;还有教师、学员和现场教学点相关人员三方共同运用基本理论,以分析和解决现实问题为主的现场研究式。各种形式的现场教学在内容上必须特色鲜明,具有理论价值和应用价值,其核心是利用现场的经济社会资源实现教学目的。

提高培训实效是开展现场教学的初衷,现场教学必须根据培训需求不断

创新,不同类型的干部培训院校应积极探索和开展具有自身特色的现场教学模式。现场教学大致可分为五类:观摩学习型现场教学、教训总结型现场教学、问题诊断型教学、决策审定型教学、综合型现场教学。其中观摩学习型现场教学最为常见,细究、解构"现场教学","现场"、"教"与"学"是现场教学重要的三个关键要素。

1. "现场"要素

现场教学法通过现场察看、现场介绍、现场答问、现场讨论和现场点评等教学环节实现教学目的,现场教学的每一个环节都与"现场"密切相关。从培训空间维度看,教学活动的进行不是在学校,不是在课堂,而是在事物发生发展的现场;从培训时间维度看,现场教学以具有示范性、典型性的现场教学点发展时序为轴线,将走过的历程、面临的问题、形成的经验等作为教学内容。时空维度对现场教学的要求可简化为"可看""可学",对应的培训需求就是看得懂、学得会。

"可看"指具有可看性。现场教学点要有具体物化的建设成果,要有视觉上的冲击力,能给人以耳目一新的感觉,起到"百闻不如一见"的效果。适宜的现场教学点往往具有两个特征:发展的过程具有示范性;发展的成果具有可视性。

尽管"可看"在一定程度上停留在表面,但对于观摩学习型现场教学,这是实现"解放思想、开阔眼界"等培训需求的重要部分。"可学"则是在"可看"基础上向"耐看"的延展,是现场教学的核心组成。一般来说,现场教学点需要具备以下若干基本要求:1个发展的教案,现场教学点在经济社会等各项事业发展方面必须有可供学习考察的典型性或代表性,已经总结、形成了具有特色的经验或做法;1个展览馆,现场教学点需要有生动直观的发展历程和发展经验的展示载体;1部录像片,现场教学点需要有形象活跃的多媒体展示平台;1个会场,现场教学点需要有可供学员交流研讨的场所;1个讲解员,现场教学点需要有1名讲解员,带领学员参观考察现场,全面介绍现场教学点的发展历程、工作举措、经验做法等;1次交流,必须安排1名现场教学点领导和学员进行交流探讨,为学员答疑解惑。

2. "教"的要素

区别于一般意义上的参观考察,现场教学不只是提供教学的"现场"情景,更为重要的是综合了参观考察的直观性、专题教学的理论性、案例教学的仿真性等诸多优势,现场教学中的"教"完全不同于其他教学方法。从"教"的主体看,承担现场教学"教"这一职能的工作人员有3个,他们分别扮演着各自的角色:教师、现场教学讲解员、现场教学点领导。教师扮演的角色为现场教学活动的组织者、交流研讨的主持人、点评总结的发言人;现场教学讲解员一般带领学员参观考察,介绍现场教学点的发展历程、软硬件设施、各类活动载体等;现场教学点领导主要和学员交流研讨,为学员答疑解惑等。从"教"的内容看,现场教学的内容更多的是述说性的案例、总结性的工作举措、点评性的分析等。从"教"的形式看,现场教学包括观看影视资料、听取教师讲授和讲解员介绍、与现场教学点领导交流等。

班主任在现场教学中扮演重要角色。班主任在开展现场教学前要帮助学员"预习功课",事先介绍现场教学的安排、现场教学点的总体概况等,预先提出若干问题让学员带着问题看、带着问题学;到达目的地,班主任和现场教学点讲解员一起陪同学员参观考察,接受学员提问,并控制整个参观考察的进程;在交流研讨环节中,作为主持人,班主任需要调动现场气氛,活跃学员思维,让大家畅所欲言,激发头脑风暴;现场教学点的安排结束后,班主任结合培训主题、现场教学进行过程中的具体情况,进行总结性点评。现场教学并非真正意义上的类似于课堂教学的"教",更多的是一种引导、启发。

3. "学"的要素

现场教学的培训学习模式从传统程序化的知识灌输式和报告式转变为适合干部学习特点的高度参与式,调动了学习主体的主观能动性,其教学效果主要来自学员的亲身体验、感受和交流。调动学员的主观能动性,使之积极参与到现场教学中来,是现场教学取得实效的根本所在,学员参与程度的高低,是评价现场教学成功与否的重要标志。

捷克教育家夸美纽斯说过:一切后教的知识都要根据先教的知识。让学员在现场教学开展前熟悉整个过程、相关资料,预习现场教学内容,带着问题学、带着问题听、带着问题看、带着问题问。现场教学一般包括如下六个流程:预习现场教学点的相关资料、班主任讲解和介绍、现场参观考察、与现场教学点领导座谈交流、班主任总结点评、培训班组织研讨等。

班主任的讲解和介绍内容包括现场教学的流程、现场教学点的概况以及预留的相关问题等,都有助于学员对现场教学相关内容的熟悉。现场教学重视感性认识,通过塑造特定的教学情景让学员参与其中,加上现场教学点讲解员的精心介绍、班主任的现场辅导等,张弛有度、寓教于乐,让学员感知感悟,主动学习。学员学习过程是在原有认知的基础上,在多向双边互动过程中完成的,与现场教学点领导座谈交流是最能激发学员热情的重要环节。在现场教学点的参观考察、座谈交流结束后,"教"与"学"两个要素并未结束,班主任需要对现场教学点的整个教学安排做一个总结、点评,回答学员提出的问题,这本身也是学员"学"的过程。现教学安排结束并不意味着现场教学的结束,最后一个重要环节是培训班组织研讨,激发头脑风暴,将大家的智慧汇集,启迪分析现实问题的方法,寻找解决现实问题的思路,提升、强化培训实效。相比"现场"和"教"两个要素,"学"的要素更为关键,激发学员参与到现场教学的各个环节中来,让学员有效参与是现场教学的难点和重点。

二、现场教学法的特点

1. 现场成为课堂

现场教学让教师和学员走出校门,以事实现场作为教学的场所,投身其中,亲临其境,接触现场的人,观看现场的物,考察现场的事,研究现场的理,起到"百闻不如一见"的效果。让学员走进社会实践的前沿,改变以往课堂教学远离实际的状况,显著提高教学的直观性。

2. 事实成为教材

现场教学的教学材料取自现场,观看现场事实、听取现场介绍、进行现场交流,运用的都是现场事实材料。这些存在于第一线的最鲜活的材料,都是当今社会最值得关注的重点、热点和难点问题。研究这些问题,对学员的工作最有启发和指导意义。

3. 实践者成为教师

现场教学把学员带回到实践之中,让事件或事实的当事者现身说法,介绍事实真相,介绍事件经过,介绍实际结果,介绍工作思路、经验和体会,实践者的亲自讲解比教师在课堂上传播要真切得多,具体得多,可信得多,从而大大提高了教学的有效性。

4. 学员成为主体

现场教学克服了灌输式教学的缺陷,把学员带到现场,让学员自己看、自己听、自己问、自己想、自己得出结论,依靠学员的亲身感受和体悟来获取知识,掌握真理。这样的教学过程充分发挥了学员的自主性和能动性。

5. 教师成为主导

现场教学中,教师所起的是组织者和指导者的作用,着重把握教学的主旨和进程,使教学效果有基本的保证。在教师的组织下,学员实现了听与看的结合,学与想的结合,教与研的结合,动与静的结合。学员考察他人的实践,既有深切感,又有超然感,能不带框框、自由思考,能有效培养、锻炼和增强学员分析问题和解决问题的能力。同时,也提高了教学的生动性。

三、现场教学法的功能

(一)现场教学对教师的要求

1. 现场教学过程中教师的作用

一是制订计划。计划是现场教学的起点,计划的好坏直接关系到现场教学的成效,周密科学的计划是现场教学成功的重要基础。

二是组织实施。实施现场教学,教师讲的内容少了,但是组织的工作量却大多了,必须认真做好组织工作。

三是引导激励。学员成了现场教学的主体,但主体作用发挥得如何,主要取决于教师的引导与激励。

四是总结点评。点评是对现场讨论、交流所取得认识的提炼和概括,是一个总结性的环节,直接决定学员对整次课的印象和收获,影响现场教学的成效。

2. 现场教学要求教师具备的"四项能力"

一是要有准确选题的判断能力。教师要深入社会生活,既了解社会现实,又了解学员需求,尤其是对现场事实材料要有深入的了解,只有这样才能选取学员普遍关注的主题。

二是要有扎实的理论功力。能站在理论高度上剖析和透视现实问题,这不仅关系到主题和现场的选择,关系到教案编写的质量,而且关系到最后点评的效果。

三是要有良好的组织能力。现场教学比课堂教学花费的时间长,活动空间大,联系人员多,调用资源广,只有组织能力强,方能协调各方,掌控好整个过程。

四是要有深厚的教学实力。现场教学的效果是教师教学实力的综合体现,只有教学经验丰富、教学素质全面的教师才能真正搞好现场教学。

(二) 现场教学的功能

1. 亲临实践现场,直接认识事实

现场是对事实或事件的本质和规律的保留和展示。走进现场了解是人们考察认识事实和事件最直接、最有效和最可靠的方式和手段。因此,现场教学相对于其他教学方式来说,对社会现实和客观对象的认识是比较全面、真实和深刻的。

2. 面对事实讨论,深入掌握规律

现场教学中,学员在看、听、问的基础上开展讨论,既有事实的对照,又有教员的指导,既有同学的交流,又有当事者的答疑,更能激活思维、深化认识,比其他的教学方法更能透彻掌握事物的本质和规律。

3. 启发拓展思路,提高实际能力

现场教学研究的是现实问题,学习的是当前的经验,这些对于处在领导岗位上的党政干部具有直接的借鉴意义。同类问题可以进行类比,参照解决,异类问题能够启发思考,创新办理,有效地提高研究和解决实际问题的能力。

第三节 现场教学的基本步骤

目前,苏州市农村干部学院(以下简称"学院")已经组建起八支现场教学团队,各团队通过资料收集、实地调研和交流研讨等方式,对各自负责的现场教学基地进行内涵挖掘和教学创新,实现了"教室讲授""沿途解说""实地参观"和"讨论总结"的一体化,打造起"车轮上的课堂"。

2012年,学院制定了《干部教育培训现场教学组织实施规范(征求意见稿)》,对前期沟通、组织实施、总结反馈等三个阶段的每一个环节都做出了具体的规定,进一步规范了现场教学流程,加强了现场教学过程的组织实施与效果控制,避免了现场教学点走马观花式的参观,保证了教学效果。以"1小时车程"为半径,结合全国各地各级学员不同培训需求,在苏州及周边长三角地市,共建起100多家现场教学基地,和课堂教学形成了良好互补。学院在挖掘代表苏州发展的示范点、典型点的同时,更多地关注到了学员的实际需求。每个现场教学基地都配有讲解员,能有基地领导干部进行现场交流研讨,能提供现场交流的场所,不断优化现场教学路线,整理学员意见反馈给教学基地,共同提升现场教学基地的功能,提高参观考察的实效性。

一、准备阶段

1. 确定现场教学基地

现场教学基地就如教室一样,是现场教学的硬件条件,需事先确定。现场教学基地的选择以就近为原则,围绕培训班的对象和主题,选择在苏州具有代表性、特色性、先进性、创造性的村、社区、企业等。现场教学基地的选择还要秉持双赢的原则,充分尊重现场教学基地的意见和要求。只有得到现场教学基地的支持,现场教学活动才能很好地开展下去。确定现场教学基地的过程中,对于现场教学基地的参观点、参观路线、容纳人数、会议室、讲解员等现场教学涉及的方方面面都要有明确的安排。现场教学的核心要素在于实现与现场教学点的共赢。参照一些社会化程度高、成熟的现场教学点的考察流程与管理模式,学院加快对一些新的符合现场教学基地要求的村或社区的孵化,通过派教师去基地上党课,派专家下基层解难题,共建党员关爱基金等多种形式,建立长期与现场教学基地合作的共赢机制,促进教学基地持续、稳定地发挥现场教学功能,为学员提供良好的考察基地。

2. 干部需求点调查

现场教学基地是活生生的现场,包含的信息量巨大,就如同一本教科书。而现场教学一般是一次活动,时间有限,教学内容就如同教科书中的篇章选择。因此,只有了解干部的需求点,知道他们对现场教学基地最感兴趣的是什么问题、最想了解的是什么情况,才能使现场教学更有针对性、实效性。并且不同层次、不同班次的干部的需求也有所差别,需要区别对待。干部需求点调查可以采用问卷调查、座谈会、非正式的交谈等方式进行,关键就是要了解到干部最真实的需要。

3. 备好教案

备好教案的第一步是要确定主题。主题是现场教学的核心与关键。现场教学资源丰富固然是优势,但如果挖掘不够、选取不当、提炼不精,对资源就是一种浪费,教学效果也难以达到最大化。主题的提炼大体有两个原则:一是资源点的选择,突出典型性。二是找准切入点,提炼主题。备好教案的下一步骤就是紧密围绕主题,丰富教学内容,完善教学安排。在备好教案这一流程中,必须要与现场教学基地的负责人和讲解员有一定的沟通协调。因为基地讲解员讲解的角度往往从自身单位出发,并没有以现场教学为中心,紧扣教学主题。这时就需要教师与教学基地负责人、讲解员做好沟通协调,让他们了解本次现场教学的主题、学员的需求点,给予更好的支持与配合。

二、实施阶段

1. 现场教学预热

预热即在现场教学实施前,发给学员相关资料,并提出相关问题让学员自行做好准备。预热的目的是发挥学员的积极主动性,一方面引起学员的兴趣和注意,一方面增加学员关于本次现场教学的知识储备量,为充分的互动交流打下基础。现场教学预热完善了现场教学法的环节,为一次高效率的现场教学打下了基础。

2. 现场教学实施

现场教学的实施是流程体系的中心环节,是现场教学成败的关键。现场教学实施可以概括为"看、听、说、评"四个方面,环环相扣。"看"要深挖。既包含对现场教学点的直观考察,也包括对自己曾经经历的历史场景的回顾;既要看到现场所呈现的直观事物,更要理解现场背后所蕴含的东西。"听"要深融。"听"就是听教师和讲解员的介绍。这一过程是将"看"的过程中得到的感性认识进行深化和提高。"说"要深度。所谓"说",指讲解员、教师与学员之间的互动交流。这一过程使感性与理性进行碰撞,澄清认识,深入理解现场背后所体现的理念创新、实践创新,并使感性认识逐步上升为理性认识。在"说"的过程中,教师要起引导作用,引导互动,使交流紧扣主题。"评"要深刻。所谓"评",就是对现场教学的全过程进行点评,这是对现场教学的深化和内化的过程,点评要实践抽象化、理论具体化、具有启发性。

开展现场教学,要求尽可能地减少教师的语言说教,教师更像是一个导演,主要职责是设计好教学情景,把全体受教者引入教学环境中,把握好教学节奏,让学员通过眼睛看、耳朵听、嘴巴说、动手操作,在亲身体验中得到自己的个人感受和收获。其流程包括:

环节1:根据教学内容和主题要求,选择现场;

环节2:通过课前主持教师介绍教学内容、环节和要求等进行训前热身;

环节3:通过教学现场的实地考察,形成亲身体验和感受;

环节4:现场教学点专家型的负责人做主题报告;

环节5:针对亲身感受和主题演讲,教学双方进行互动交流;

环节6:主持教师对教学内容进行归纳和提炼,做出理论概括。

现场教学的主体是学员,学员在教师的情景设计下和控制引导下进行"学习"。教学思路从学习者的角度出发,使其在活动中自我学习,并将之内化为一种思维与行为习惯,进而用于实际工作中。

三、总结阶段

1. 现场教学强化

强化即在现场教学实施后,回到学院采用学员分组讨论、学员论坛、心得体会、调研报告等形式,对现场教学进行"回味"和"深化",把现场教学的成效最大化。现场教学强化的目的是加强现场教学的"教学"性,把现场教学有限的时间加以扩展,这是现场教学流程中必不可少的环节。

2. 现场教学评估

评估为最后一个环节,是学员对现场教学的一次总评价。现场教学评估需要了解学员对现场教学法的真实感受和认识,了解现场教学过程中有哪些亮点和改进点,了解学员对现场教学基地、教师、讲解员、教学组织安排的评价。评估的方式同干部需求点调查一样,可以采用问卷调查、学员座谈、非正式交谈等方式。现场教学评估完善了现场教学的流程体系,可以对之前的所有环节都起到一个反馈作用,促进现场教学法的不断改进和完善。

第四节 学院现场教学中新型教学方式的创新与实践

一、学院现场教学的"三化目标"

教学化、主题化、专业化是我院现场教学建设的目标。

1. 教学化

现场教学是教学,需要专业师资队伍实施"教",需要新型教学方法激发学员"学",进而实现教学目的,其中"学"是最核心的要素。激发学员"学"的新型教学方法如"研讨式""案例式""情景模拟式""结构化研讨""访谈式""调查式"等能够增加学员参与性和主动性的教学方法应融合到现场教学中去。教学化的基本内涵和相关要点:和课堂教学一样,现场教学不是简单的参观考察,而是属于教学范畴,需要解决三个问题(2W1H)。一是谁来教?答案是区别于课堂教学师资来源渠道,打造真正属于我院的专业现场教学师资团队负责教学;二是教什么?答案是区别于课堂教学内容,形成深具我院特色、包含丰富内容、凸显苏州实践和经验的内容体系;三是怎么教?答案是区别于课堂教学讲演灌输式,探索"课堂与现场"、"理论与实践""听觉与视觉""教学与研学"融合一体的新型教学方法。

2. 主题化

现场教学主题化的基本内涵和相关要点:从教学层面看,现场教学和课堂教学一样,总是围绕特定教学目的、结合特定教学主题来开展,主题化是教学的应有之意,紧扣教学主题是现场教学区别于参观考察、走马观花的关键要素,是规避现场教学空间开放易干扰的内在要求。从培训方案设计层面看,现场教学主题与课堂教学主题应相互映衬、相互补充,有机融合。从现场教学实施层面看,如何理解现场教学主题与现场教学基地的"异同"关系是教学主题化的一个"症结"。学院的实践得出的理解是:相同的"现场教学基地"不同的"现场教学主题"源于相同的是现场教学环境,不同的是现场教学情景,相同的是现场教学素材,不同的是现场教学教材和现场教学主题。

开展现场教学一定要选择学员感兴趣的主题,同时主题的确定还要与整个教学计划相衔接、相协调。现场教学材料要符合四项要求:第一,必须是现场事实的描述,能帮助学员了解实情;第二,必须紧贴教学主题,能帮助学员理解原理;第三,必须具有一定容量,存在广阔的分析空间;第四,必须反映现场教学最本质、最重要的特征,以便学员尽快掌握情况;第五,必须列出思考题,以便学员提前进行思考和准备。

3. 专业化

现场教学的专业化,简而言之,就是"现场"的专业化、"教"的专业化和"学"的专业化。这也是学院探索的主要内容和方向。

专业化的基本内涵和相关要点:现场教学专业化主要体现在三个方面。一是教学研究、实践探索的专业化;二是人才队伍、师资建设的专业化;三是教学组织、教学设计的专业化。现场教学专业化是一个庞大、繁杂工程,"课堂与现场""理论与实践""听觉与视觉""教学与研学"这样"四融合"的教学实践是我院现场教学专业化的重要抓手。现场教学设计必须坚持"精雕细琢",现场教学恰如演话剧,教学要有逻辑性,安排要有戏剧性,过程要有兴奋点。

(二) 学院现场教学方式

1. 讲授式教学

讲授式教学是在众多教学方法中最古老、最基本的方法,与课堂教学相比,现场教学中的讲授有其自身的特征和内在要求,存在两大边界约束条件,即教学地点的现场属性和教学内容的现场属性。教学地点的现场属性主要指教学地点的课堂不是在教室而是在参观考察的"现场",教学内容的现场属性主要指教学内容是与"现场"相关的发展历程、实践探索、经验做法等。现场教学讲授必须围绕"三学两讲授"。"三学"指导学、教学、研学。现场教学时序安排上,前期为导学,中间为教学,后期为研学。"两讲授"为"讲什么"和"怎么讲"。学院现场教学立足"三个悟",即通过感性认识带来的"顿悟"促进领导干部解放思想、转变观念;通过互动交流带来的"感悟"拓宽领导干部工作的方式方法;通过深入研讨带来的"领悟"提升领导干部分析问题、解决问题的能力。

从现场教学讲授内容上看,"导学"主要介绍教学目的,重点阐述三个关系:当天现场教学主题与课堂教学的互补关系;当天现场教学主题与课堂教学的映衬关系;当天教学主题与考察多个现场教学基地行程安排的逻辑关系。"教学"环节引出了"点讲授"和"线讲授"的理念。"点讲授"主要指现场教学老师静态地位于现场某个位置,以现场具体物化的载体为切入点,讲授物化载体凝聚或形成的人文价值。"线讲授"主要指考察过程中,边走边讲授,对途中所见做简单介绍。点讲授在讲授内容组织上要求采用"一个子主题""一个故事""一个结论"的"三个一"模式。"研学"是研讨式教学方法在现场教学中的应用,必须在两个基础之上才能开展,一是课题理论学习的知识储备,二是现场视觉听觉的感性认识的基础铺垫。其组织形式一般有三种。一是在返程车上开展,又被称为"移动的课堂"或"随车教学"。通常包括三个环节:第一,现场教学老师围绕教学主题对当天整个现场教学进行总结、提升;第二,学员分组选派代表参与到现场教学中来,研讨学习所获;第三,现场教学老师对学员发言进行点评、提炼、升华。二是在现场教学中参观考察环节结束后,在基地现场的教室里发放教学案例,采用"案例教学"的形式开展研讨,所以这里的"研学"又被称为"案例教学"在现场教学中的应用。三是在现场教学过程中安排基地工作人员与学员进行座谈,开展互动交流研讨。

现场教学讲授必须具备"三化"思维,即系统化、通俗化、情景化思维。

"系统化"体现在三个方面。一是现场教学是培训方案的一部分,讲授要服务于整体培训目的。二是整个培训方案中,一般由课堂教学和现场教学两部分构成,现场教学和课堂教学在体系上、内容上要相互映衬、相互融合,形成合力。三是现场教学讲授整体与部分要有机统一,有序开展。"通俗化"源于现场教学空间的开放性,教学易受干扰。现场教学讲授通俗化的技巧体现在下面三个方面:一是充分利用肢体语言,用肢体语言来对抗现场教学空间开放性带来的干扰,把学员吸引到教学中来。二是语言讲述尽量用短句,语音语调要富于变化,讲授的逻辑性、条理性要强。三是教学过程要尽可能让学员参与其中,讲授多用反问句、设问句,要善于自问自答,自问他答。

"情景化"源于现场教学讲授与现场物质载体的有机结合能最大可能地吸引学员有效参与。现场讲授要尽可能地借助现场物质载体,围绕这些载体,善于利用现场的一切物质载体,把这些载体当作教学教具的一部分,如一棵树、一座房子、一块石头等,介绍这些载体背后的发展轨迹、思路做法。

尽管教师讲授的习惯和风格不同,但是其中还有许多共同的授课要求和技巧。比如,讲授的语音要清晰,语速要适中,注意发声换气的节奏感和语调的抑扬顿挫。表达要深入浅出,强化通俗、形象和生动性。授课不仅是一门技术,也是一门艺术。一个优秀的现场教学老师必须具备三种基本能力,分别是:全局控制能力、热情服务能力、专业教学能力。

2. 调查式教学

调查式教学,是指参训学员在教师的带领下,分组深入基层,与现场教学基地居民(一线工作人员)互动交流,亲身体验当地经济社会民生等发展成果和经验做法,实现"看"与"听"、"被动接受"与"主动参与"的融合,进而实现预期教学目的。在现场教学中巧妙灵活地运用调查式教学,为培训学员搭建一个学习调研的体验平台,营造学员与基层干部群众交流互动的教学氛围,不仅有助于学员更深入地了解当地实际情况,亦有助于开阔学员眼界、启迪思路。

当前,调查式教学在我院现场教学中已被成熟运用,多个现场教学点均设置了调查交流的教学环节,旨在通过将调查式教学融入现场教学中,丰富现场教学流程,增强教学效果。以"蒋巷村"为例,为了让学员更好地感受蒋巷人"天不能改,地一定要换"的精神,了解蒋巷村的艰苦奋斗历程,体验"幸福新家园,和谐文明村",教师将学员带入随机挑选的村民家中,学员可根据自身关注点,同村民进行交流、展开调查,丰富学习感受。

调查式教学的顺利开展与纯熟运用并非易事,需要统筹各种影响因子,全盘考虑各个教学环节,服务于教学主题,才能使教学事半功倍。因此,在实施调查式教学时,必须把握好"三个结合"。

教学设计与学员实际相结合。任何一种教学设计都必须充分考虑到培训对象的实际需要。是否需要采用设计调查式教学、怎样设计调查式教学,是每一次教学中首要考虑的问题。培训学员层次、职务、职能的差异性,都可能影响到调查式教学的最终实施效果。因此,在设计这一教学环节时,在掌握学员基本情况的基础上,既要准确把握教学实施的必要性与重要性,又要根据学员的培训需求,科学合理地进行教学设计,突出教学主题和重点,提升教学实效。

感性认识与理性认识相结合。调查式教学必然要高度重视"现场"感悟与"教学"提升。现场的人、物、景都能够在感官上给予学员震撼,通过学员与现场教学基地居民(一线工作人员)的互动交流,学员更能感受到当地发展的来之不易与规划前景,是一次深刻的体验之旅。但仅仅只有感性认识并不能完全满足学员需求,如何在教学过程中,巧妙地将感性认识转化为理性认识,为学员的工作实际服务,是实施调查式教学的最终目标。

明确分工与协调配合相结合。调查式教学的参与主体包括现场教学教师、教学基地工作人员、被调查人员(家庭)、学员、各小组长。教师事先要做好调查式教学的相关说明,包括教学要求、分组安排、小组长确定、活动开展等。基地工作人员要事先安排好调查的人员(家庭)。各小组组长要善于对小组成员的关注点进行汇总,按照教学要求,组织完成教学活动。教学过程中,教师、基地工作人员、当地居民、学员、小组长必须扮演好各自的角色,明确分工,强调协作配合、无缝衔接,这样才能真正提升教学整体效果。

3. 访谈式教学

现场教学中的访谈式教学是指在现场教学基地,教师作为主持人,围绕某个主题面向基地代表、学员代表开展访谈,激发学员的主动参与意识,进而达到解放思想、转变观念等教学目的的教学过程。其组织形式类似于电视节目中的深度访谈、对话等栏目。

学院在现场教学中引入访谈式教学源于对"现场"四种语境认知的突破,即"现场"为教学地点、"现场"为教学素材、"现场"为教学教案、"现场"为教学案例。立足于对"现场"的参观、调查、分析和研究,学院尝试将多种教学方法如观摩体验、结构化研讨、案例研讨、入户调查、对话访谈等深度融合,形成具有学院特色的现场教学模式。其主要由三种类型构成,分别为:现场观摩体验式、现场交流互动式、现场研讨分析式。在实际操作中,访谈式教学方法主要在"现场交流互动式"现场教学模式中应用。

现场教学中开展访谈式教学必须注意三大要点:

现场教学中访谈式教学必须突出"现场"要素。访谈的时间一般安排在参观考察完现场教学基地,对现场有一定感性认识后开展;地点通常在现场教学基地的会场或开阔的空地;访谈的对象主要为现场教学基地当家人、工作人员或村民居民。以"蒋巷村"为例,访谈的对象有三个:与常德盛书记共同工作战斗的同事、常德盛书记帮助过的养殖大户、村民代表;访谈的主题为现场教学基地发展的经验做法。因此,现场教学中访谈式教学必须突出"现场"要素,挖掘"现场"素材,做足"现场"文章。

现场教学中访谈式教学必须突出"学员"参与。访谈式教学属于学院现场教学中"现场交流互动式流程"的教学环节之一,是在现场观摩体验式流程基础上,将访谈式教学方法融入现场教学中,突出学员与访谈嘉宾的"交流"与"互动"。由于从传统程序化的知识灌输式和报告式转变为适合干部学习特点的高度参与式,极大调动了学习主体的主观能动性,其教学过程主要是来自学员的亲身体验、感受和交流,因而效果显著。如何调动学员的主观能动性,积极参与其中是访谈式教学取得实效的根本所在,参与程度高低,亦是评价访谈式教学成功与否的重要标志。

现场教学中访谈式教学必须突出"教学"元素。访谈式教学是在观摩体验的感性认识基础上,通过教学组织提升学员的理性认识,实现感性与理性、理论与实践的融合。访谈必须围绕教学主题,现场教学老师既是访谈的主持人,更是教学的组织者,要善于开启嘉宾和学员的心智,要善于激发学员提出问题的能力和参与教学的主观能动性,要善于围绕教学主题提炼、提升嘉宾的讲话内容和观点,要善于从学员关切点和关心的问题入手,通过学员提出问题、嘉宾解决问题、听众研究问题的方式,使学员获得直观、生动、形象的第一手资料,克服传统课堂教学中的消极被动现象,提升教学效果。

4. 案例式教学

案例式教学是指教师运用案例,以团体小组讨论、角色扮演和撰写案例等方式来增进成员之间的对话,增强实际练习的经验,以及引导学员使用某种特别的思考方法思考问题的教学方式。

当前,学院在"五月田"有机农场实施现场教学,将案例教学的形式融入现场教学中,开启了现场教学形式的新篇章。在"五月田"有机农场案例中,现场教学将教学地点设置在现场教学基地,"现场"是教学地点,是教学素材,也是教学案例。

　　干部教育培训实效性有赖于学习主体的主观能动性,教学效果主要来自学员的亲身体验、感受和交流。把"现场"素材加工为教学案例,将案例式、情景模拟、研究式等教学方法融入现场教学体系中,通过对案例的解读、研讨,寻找领导干部解决问题的方法,实现干部教育培训从知识传授型向问题解决型转变。

　　现场教学流程设计必须按照三条基本思路来探讨。一是现场教学流程设计是讲授式、研究式、案例式、体验式、模拟式教学等教学方法的组合,不能把现场教学与其他教学方法隔离、割裂;二是现场教学流程设计要根据教学对象差异、教学目的差异体现"现场教学"教学的层次性;三是现场教学流程设计中"现场"体验是环节中不可缺少的部分,也是"现场教学"在形式上的"标签"。从"现场是教案"的语境理解,任何一个现场教学流程都需要教学教案,即有着现场教学鲜明特色的教案。下文不再从"教案"的现场视角开展相关论述。

　　学院设计了三大类现场教学流程。一是现场观摩体验式,"现场"主要提供教学地点。二是现场交流互动式,"现场"既是教学地点,也是教学素材。这是在现场观摩体验式流程基础上,融合其他类型教学方式,包括交流式、调查式、访谈式等形成的,如目前在蒋巷村开展的现场教学流程。三是现场研讨分析式,"现场"是教学地点,是教学素材,也是教学案例,如目前在"五月田"有机农场探索的现场教学流程。

　　案例式教学需要关注三个细节。一是至少提前一天把案例发给学员;二是需要与培训主办方提前沟通,让培训主办方协助实施好教学;三是现场教学组织与控制。

　　5. 研讨式教学

　　研讨式教学中,现场教学老师肩负着组织、协调、总结、点评等职责,引领各方完成教学流程、达到教学效果、实现教学目的,承担多个角色于一身。一是组织协调者。现场教学老师需要调动现场气氛,活跃学员思维,让大家畅所欲言,激发头脑风暴。因此现场教学老师在开展现场教学前要帮助学员预习功课,事先介绍现场教学的主题方向、教学目的,预先提出若干问题让学员带着问题看、带着问题学、带着问题想。研讨式教学作为当天现场教学的最后一环,是学员对现场教学感性认识向理性认识的转化和提高,研讨环节是否成功与现场教学老师的现场控制与组织能力、知识的储备、学员的学习以及互动的意愿密切相关。研讨教学的实施在现场教学的最后环节,但整个预热和准备工作则贯穿现场教学的整个过程。二是总结讲授者。在这方面,我院在实践过程中得出了三点体会:总结讲授必须围绕教学主题,把当天多个现场教学基地的教学内容进行梳理、汇集、整合,有机统一在一个教学主题下,突出重点;总结讲授必须简明扼要,观点要清晰,立论要鲜明,逻辑要缜密,语言要风趣,观点方面多讲个人的研究成果,教学语言方面多采用"自问自答"的形式来组织语言,多采用口语化的表述来增加教学趣味性,对抗返程途中教学环境恶劣带来的干扰。总结讲授必须为学员的研讨留出空间,必须为后续的点评提升留出空间,总结讲授不是纯粹教学,只是研讨式教学中的"导学"。三是点评提升者。点评提升要紧紧把握三个原则:点评和提升必须有机结合,点评是教学的升华;点评既是每个学员研讨的小结,更是后续学员研讨的"启智";点评提升要把每个学员研讨后的点评和整个研讨结束后的点评提升有机结合,做到"点""面"结合。

第五节 现场教学的注意事项

一、现场教学法与相关教学方式的区别

现场教学与理论教学、案例教学、情景模拟教学等,既有联系,又有区别。现场教学是理论联系实际教学方针的最鲜明体现。在理论教学、案例教学、情景模拟和现场教学四种方式中,现场教学是最贴近实际的。因为理论教学的内容是实际内容的抽象和概括;案例教学比理论教学生动,但案例毕竟只是事实的描述,与事实有一定距离;情景模拟虽然仿真性较强,但毕竟是一种扮演。而现场教学是一种以学习为目的的准实践活动。现场教学走进实践前沿,克服了课堂教学离开现实的状况。其所得所获可直接指导工作,能有效提高学员的实际能力。现场教学汇集了考察参观的直觉性、经验分享的启发性、课题

研究的自主性、案例教学的仿真性、情景模拟的体验性、讨论交流的互动性,具有显著的教学效果。

二、现场教学的重点环节

从操作和实施的角度来看,现场教学的实施过程主要经历"学前热身——现场体验——主题讲解——互动研讨——归纳提升"五个阶段,而有针对性的设计、有个性的教材、有互动的授课、有启发的点评是顺利实施现场教学的四个关键环节。围绕这五个阶段和四个关键环节,现场教学方式创新要在"陈述问题、发现问题、讨论问题"上做好"三位一体"的文章。

1."陈述问题":通过精到讲授让学员增强学习兴趣

(1)要处理好两个"地方"的关系。以学院的现场教学为例,主要着眼于宣传"苏州经验"。"苏州经验"具有典型意义,但并不代表所有的成功经验都具有广泛的适用性。因此,在现场教学的"学前热身"阶段,要注意讲解内容的客观和精到。针对不同的学习对象,教师要有一本有个性的现场教学教材和备课脚本,要注意将苏州的"地方经验"和学员的"地方情况"有机结合起来进行讲授,特别要加强对培训班当地经济社会发展情况的了解。培训班学员来自全国各地,其所处经济社会发展情况必然不平衡。不同地区文化发展、经济发展以及干部层次、工作岗位不同,即使面对同一个培训主题,客观上仍会呈现出不同的培训状态和学习需求。作为培训一方,对培训对象要有尽可能多的了解。只有"知人施教",才能有针对性地开展差别化教学,确保教学内容安排上的针对性,否则就会陷入"以不变应万变"的教学套路。

(2)要处理好"经验"和"教训"的关系。苏州多年来始终保持全国率先发展,其成功的发展经验脱离不开多年来积淀的深厚发展基础,和全国大部分省市的发展阶段是不一样的,发展经验也具有时代性和阶段性。苏州经济社会发展的成功经验很多,但分享的过程中不能脱离学员实际大谈特谈先进经验,更多的可能要给学员们分享苏州在改革发展过程中所经历的阵痛和遭遇的困难,以及从困境中突围的过程和方法,这样才能让学员觉得"学得会""能解决问题",而不是觉得差距太大丧失发展信心,适得其反。

(3)要处理好"集体目标"和"个体目标"的关系。就是要加强对办班目标和学员个体培训需要的双重了解和有机融合。培训班有明确的办班主题,学员个体结合自身岗位也有独立的学习需求。在学习上,集体目标和个体目标客观上也存在差异。在培训过程中,要努力化解两者之间的冲突,关键在于千方百计增进师生之间的学习沟通和交流,竭力满足个体的不同培训需求。在讲授前要增进学教双方的互动,通过对个体的了解来调整授课内容,帮助学员有效学习,进而实现整个办班目标。毕竟,学员的普遍满意才是培训班办班的成功!

2."发现问题":通过现场体验让学员深化学习目的

(1)要突出重点,提升教学效率。开展现场教学的时间有限,要想在较短的时间内给学员们"解剖麻雀",提升教学效率,就必须在教学设计上注意突出重点,包括参观路线的设计、典型场所的讲解等,不能眉毛胡子一把抓,面面俱到。

(2)要营造氛围,让学员参与其中。现场教学对"情景"的要求高,有情景,才会有体验,有感触。江西干部学院的现场教学很有特色,以现场授课、体验式教学为主。以"重走朱毛红军挑粮小道"为例:在井冈山,在八十年前朱毛红军挑粮走过的上山小道上,学员打着红旗,穿着红军服装,蜿蜒前行4.8公里,到达黄洋界哨口,个个都是汗流浃背。每一个学员都亲身感受到当年井冈山斗争的艰苦卓绝,亲身领悟毛泽东、朱德等老一辈无产阶级革命家率先垂范、坚定理想信念的革命品质,无不感叹今天的幸福生活来之不易,心灵受到极大的冲击和震撼。

(3)要丰富载体,维持学习兴奋点。要综合运用多种教学形式,处理好现场教学与其他教学形式的关系,相互补充,使多种教学形式合理并存于干部教育培训体制中,让学员保持兴奋点。江西干部学院开展社会调查的教学方式值得借鉴。学院组织学员深入农户和社区,进行实地调研,让学员与老百姓一块拉家常,零距离接触群众,使学员真正贴近实际、贴近基层,了解基层的真实情况和农民群众的真实想法。这种现场教学,把亲身体验与重温经典结合起来,使广大学员深化了对党的实事求是的思想路线的认识。

3."讨论问题":通过互动研讨让学员升华学习收获

(1)对话人物要有可信度和说服力。互动研讨应"见人见物"。与学员对话的对象要与现场教学点的发展息息相关,要注重选取鲜活的案例,立足于用事实说话,要言之有物。对话者就是当地发展的亲历者和参与人,有了参与人的话语权,就使对话更具可信度和说服力。在互动研讨过程中,对话人物是可以对自己的经历和体验做出评价和判断的。这种亲历人的"讲述"是对当地发展经验教训最好的印证。对话人物对亲身经历有感而发,最能引起学员的共鸣,让学员乐于接受其中的信息和观点。

(2)现代研讨手段可积极尝试。互动研讨的最佳状态是教学双方均能面对面、无障碍地坦诚交流,这有利于学员最大限度地自主学习、自由选择感兴趣的话题,解决自己最想解决的问题。但由于对话双方都是在职领导干部,很难在时空上随时满足教学需求。为了缓解教学过程中可能遇到的"工学矛盾",可以将目前成熟的即时通信介质作为授课手段在教学中尝试运用,比如QQ视频连线、电视会议等。

(3)注意把握研讨节奏和重点。现场教学过程包括"听、看、评、议"等基本流程,每个流程都有一定的时间控制。在讨论过程中,要能集中讨论议题、均衡分配学员发言的时间等,都需要对讨论过程进行有效把握和掌控,而不能让学员自由发挥,漫无边际,降低研讨效果。现场教学老师要通过严谨组织,使互动研讨各个要素之间丝丝入扣,节奏恰当,层次分明,重难点突出,达成教学目的。

三、现场教学过程中要注意的几个问题

现场教学工作的开展是一个系统工程,除了现场教学方式创新本身,要完善现场教学工作,应从以下几个方面入手。

1. 要全面策划教学方案和细节

开展现场教学,涉及诸多方面,需要细致筹划各个环节,主题的确定、形式的选择、人员的安排、内容的分工、程序的设定、实施过程的控制等都需要精心谋划,要有层次和过渡。教师必须把现场教学的特点、流程和要求讲清楚,组织和发动学员积极参与,明确学员的任务,对教学中各步骤之间的衔接、研讨互动内容与方向的控制等也要提前考虑。要注意形式和内容的有机统一,防止流于形式,让形式冲淡内容。

2. 加强人才培养和引进工作

现场教学对教师的素质提出了更高的要求,在教学中,教师要提前做好精心的准备,创设良好的教学情境,引导好学员,控制好节奏,做好教学点评与回顾,这些专业工作都需要配备专业的人才、具备专业的知识和技能才能有效开展。

3. 确保实施过程中的密切配合、有序高效

开展现场教学需要多人参与、多部门的协调配合。因此,实施过程中要把教学的各个要素和各个环节,在分工与协作、时间与空间上紧密结合起来,把各个教学细节落到实处,实施过程中有序、高效,以达到预期的教学效果。

4. 要完善考核评价体系

现场教学以事动人、以情感人,通过体验和对话的形式开展教育,形式很热闹,效果也不错,但更重要的是要真正给予学员理性的收获。要逐步建立和完善科学的考核评价体系,让现场教学给予学员更多的理性思考,以解决学员工作中的实际问题。

5. 做好教学应急预案

现场教学大多在室外,其成功开展需要各方紧密配合,教师要提前做好应急预案,有效应对教学过程中的突发事件,如天气问题,学员在教学中的意外伤害处理问题。

第六节　学院现场教学方式创新探索案例

一、案例1：常熟市支塘镇蒋巷村"蒋巷精神"现场教学案例

1. 课前"热身"

（1）前一天的简要介绍(15分钟)。

（2）发放蒋巷村发展背景资料和知名报刊登载的宣传文章(《记常熟市蒋巷村党委书记常德盛》《常熟市支塘镇蒋巷村简介》《江苏省先进典型代表座谈会发言摘要(常德盛书记发言部分)》)。

(3)布置思考题(如"蒋巷精神"的实质是什么？与办班单位反复沟通,确定思考题)。

2. 途中播放影像教学资料

(1)影像资料(介绍常德盛书记)。

思考题(学员不需回答)。

(2)影像资料(30分钟:介绍蒋巷村发展情况)。

思考题(学员不需回答)。

3. 实地参观和听课(蒋巷村讲解员讲解后,学院老师补充讲解)

在蒋巷村生态园附近的小石桥边上,讲述蒋巷村的前身和战天斗地的历史,并解答思考题。

4. 返程研讨

返校途中发动学员结合参观和现场讲解深入思考,收集学员新产生的代表性问题并发送给蒋巷村现场教学负责人,让蒋巷村相关人员做好互动交流准备。

5. 研讨交流

下午组织结构化研讨,形成新的共识和问题。围绕未能解答的共同问题,与蒋巷村负责人通过视频连线展开隔空对话,深入探讨和交流。

6. 教师总结,提升收获

二、案例2：吴中区越溪街道旺山村现场教学案例

1. 课前"热身"

(1)前一天的简要介绍(15分钟)。

(2)发放旺山村简介资料和创建5A级景区的报道文章。

(3)布置思考题(如"江苏最美丽的乡村"带给你哪些启示？与办班单位反复沟通,确定思考题)。

2. 途中播放影像教学资料

影像资料(介绍旺山村)。

布置思考题(学员不需回答)。

3. 实地参观和走访

在旺山村讲解员讲解的基础上,深入当地农户家庭分组开展入户调研,分

享老百姓的创业经历。

4. 中午在当地用餐

品尝当地农家菜,感受当地旅游氛围。

5. 研讨交流

下午组织结构化研讨,将旺山村和其他村(比如蒋巷村)进行对比分析,深入探讨两村发展各自的成功之处。

6. 教师总结,提升收获

三、案例3:吴中区东山镇古尚锦碧螺春茶叶专业合作社现场教学案例

1. 课前"热身"

(1)前一天的简要介绍(15分钟)。

(2)发放古尚锦碧螺春茶叶专业合作社简介资料。

(3)布置思考题(如茶叶专业合作社带给你哪些启示?与办班单位反复沟通,确定思考题)。

2. 途中播放

途中播放太湖风光影像资料,并在太湖公园停留,近距离欣赏太湖风景。

3. 实地参观

在合作社讲解员讲解的基础上,产茶季节可现场参观制茶流程,与工人交流;其他季节则在茶叶工坊前开展现场讲解。

4. 互动教学

在教师的主持下,和合作社负责人、社员以及当地农户展开互动交流,品尝碧螺春茶。

5. 结构化研讨教学

在讲授苏州合作社建设工作的基础上,以古尚锦碧螺春茶叶专业合作社为主要案例开展教学。

第六章　基层干部理想信念教育之访谈式教学

第一节　基层干部理想信念教育特点及现状

党的十八大以后,习近平总书记的系列重要讲话,在多个场合均谈到要坚定理想信念,这对党的建设、基层领导干部修养和民族精神的塑造等都具有极强的针对性和指导性。广大基层干部是党和国家事业发展的基石,其理想信念出现问题,就会动摇党和国家的事业的根基,"基础不牢,地动山摇"不是危言耸听。中央巡视组在江苏、上海、浙江、河北等地巡视结果汇报时指出的基层"小官巨腐"现象时有发生,对我们基层干部的理想信念教育敲响了警钟。加强基层干部的理想信念教育固然重要,但教育的方式也要与时俱进,要积极创新教育模式和教学方法,在干部理想信念教育培训中推进访谈式、案例式教学等应用,提高基层干部理想信念教育学习的积极性、实效性,提升培训效果。

一、基层干部理想信念教育的时代特征

2014年8月14日,《光明日报》党建版撰文指出,"要把握理想信念的基本特征,提高培训有效性"。对于广大基层干部而言,理想信念教育的内容和时代特点是开展访谈式教学的基础,准确把握当前经济社会发展中存在的影响基层干部理想信念的重点与难点问题,以及这些问题可能对基层干部理想信念造成的冲击,进而对理想信念教育模式与时代特点进行准确分析,按照缺什么补什么的原则开展教育培训,这是做好基层干部理想信念访谈式教学的前提。结合习总书记关于理想信念教育的系列谈话精神,就当前理想信念教

育的基本特点分析如下。

1. 理想信念具有时代发展性

对于每个基层干部而言,牢固树立社会主义和共产主义的远大理想信念,是一条最基本的政治原则,是共同追求的总体性、远景性目标。但它的实现是一个具有长期性和艰巨性的复杂过程,需要通过有计划的目标分解,分阶段、有步骤地实施。从这个角度讲,理想信念是具体的、历史的、动态的,其要求与党和国家在各个历史时期特定的任务紧密相连,随着时代的发展而不断变化。坚定理想信念,不仅要重视总体目标教育,更要体现对基层干部的阶段性要求。当前,加强基层干部的理想信念教育,重点在增强道路自信、理论自信、制度自信,让广大基层干部对现阶段社会主义核心价值观以及当前的历史使命有着清晰的认识,从而内心树立一把衡量自己行为准则的标尺,明确作为一名基层干部应该坚守的道德理念。

2. 理想信念具有价值隐形性

理想信念是人脑的潜在内化意识活动,其突出的特点是不以社会化的方式呈现出来,而是内化于基层干部本身,不易量化、不易考核,属于人的隐形层面,却有意识或无意识地影响和支配着基层干部的实际行动。基层干部的理想信念,是建立在马克思辩证唯物主义和历史唯物主义基础之上的科学世界观、人生观、价值观的集中体现。在教育培训之外,基层干部的个人品质、素养、经历以及接收到的外界信息等都直接作用于他们的价值取向,决定着他们的自我认知,对理想信念起着非常重要的影响。因此,要创新理想信念教育模式,重点在于加强基层干部理想信念教育的内化性,提高干部理想信念教育的有效性,这就必须深入研究基层干部理想信念教育的基本规律,以创新的教学模式有针对性地加以解决。

3. 理想信念具有具体实践性

理想信念是主观与客观的具体统一,既是抽象的,又是具体的,既是一个思想认识问题,更是一个实践问题。离开现实工作而空谈远大理想,理想信念就会出现偏差。广大基层干部处于工作一线,是党与人民群众沟通的桥梁,一言一行体现着基层干部在人民心目中的形象。这就要求我们把远大的理想化作具体的任务与目标,与基层干部本职工作结合,从小事做起,从具体做起。

树立正确的政绩观,是由基层干部施政指导思想和价值取向所直接决定的,是理想信念在实践中的重要体现。因此,衡量基层干部的理想信念,不能只看理论知识是否丰富,更要看是否体现在具体行动上。在实践中进行理想信念教育,并在实践中进行检验,才是最有效的标准,也是最终的标准。

二、加强基层干部理想信念教育的紧迫性

1. 价值观念的多元化

公有制为主体,多种所有制经济共同发展,是我国社会主义市场经济条件下的一项基本经济制度。但随着国家改革的进一步深化,社会经济成分、组织形式、利益分配和就业方式必然进一步多样化。经济基础决定上层建筑,经济形态的多样化会导致价值取向的多样化。在多样的价值观、人生观面前,在形形色色的人生哲学、社会思潮面前,由于缺乏必要的评价、引导,一些缺乏马克思主义鉴别力的基层领导干部的价值选择出现困惑,产生误区,人生观转向、道德观混乱、是非观模糊、价值观扭曲,正确的理想信念淡化、动摇甚至丧失。

2. 市场经济的负面化

市场经济是把双刃剑,其本身固有的负面影响会导致价值观念向拜金主义和利己主义倾斜。如果基层领导干部没有树立坚定的理想信念,那么就极有可能在市场经济大潮的冲击下难抵诱惑,理想信念与价值观念在拜金主义影响下发生倾斜,把对共产主义的理想信念追求,变为对金钱的狂热和个人利益的追求,最终庸俗化为"一切向钱看",奉行"理想理想有利就想""前途前途有钱就图""政治政治有挣就治"的信条,庸俗化结果极可能走向贪腐、犯罪之路。与此同时,在思想观念上,一些地方的党政领导在实际工作中重视经济建设,重视政绩升迁,对理想信念教育的重视程度不够,轻视理论学习和思想政治教育,经济建设和理论学习"两张皮",一定程度上加剧了市场经济带来的负面影响。

3. 社会矛盾的复杂化

改革开放特别是进入新世纪以来,我国人民的生活水平总体上逐步向小康阶段迈进。但要,目前城乡之间、地区之间、行业之间和不同群体之间在收入水平、社会公共服务享有等方面存在较大的差距,甚至还有逐渐扩大的趋势,两极分化的倾向更加明显。这是引发社会不公和人民群众不满的主要诱

因。而人们对社会公平与否的价值判断,必然会影响到他们的政治态度。随着基层干部身份的多元化,不同阶层的干部共处在体制内,他们的社会地位和生活水平差别较大,易造成"弱势"基层干部的心理失衡,进而弱化他们对科学理想信念的坚守。即使部分基层干部是"受益者",理想和现实的差距也会使他们的中国特色社会主义道路、理论和制度自信受到挑战。

4. 价值文化的迷茫化

当代,信仰危机的出现和文化选择的迷茫与困惑是较为典型的世界性现象。无论是资本主义还是社会主义,无论是精英文化还是大众文化,普遍认为二十世纪的人类文化带着信仰危机步入了 21 世纪。事实也如此,在过去十多年的时间里,信仰危机与文化迷茫成了一个世界性的文化现象。中国作为世界大家庭中的重要一员,自然受其影响,尤其是在当前的文化断层期,缺乏核心价值文化的引领,部分人追求自我反叛和自我超越,以流行作为自身定位的中心,拒绝崇高,追求以偶像崇拜为核心的大众文化,排斥先进文化,排斥对马克思主义的信仰,这样的思潮不可避免地影响到了我们的部分基层干部,使他们陷入迷惘和困惑。加上东欧剧变与苏联解体以后,以美国为首的西方国家凭借其经济和科技优势,以强势文化的姿态通过互联网等各种渠道对我国进行意识形态渗透,散布所谓"普世价值",使部分基层干部的理想信念受到很大的冲击和影响,出现淡化、怀疑或者放弃社会主义和共产主义信念的现象。

5. 信念教育的刻板化

部分党组织的教育管理滞后,对基层干部的理想信念教育抓得不够,这也是我们的部分干部思想动摇的一个重要因素。在经济全球化、社会信息化的时代背景下,各种思想文化相互激荡,既有敌对势力的渗透、颠覆、破坏,又有社会思潮多元、多样、多变的各种杂音带来的干扰。在这种情况下,理想信念教育面临的社会环境和时代内容出现了新的变化,理想信念教育的内容、方法也需要有所变化,然而我们目前的教育却没有能够很好地适应这种变化。讲原则、概念性的东西多,具体的深层次分析少;流于形式多,解决思想实际问题少;教育培训覆盖面小,不能满足党员、基层领导干部思想个性化和差异化的内在需求。教育缺乏针对性,效果往往不理想,有的人甚至对理想信念教育产生逆反情绪。总之,由于对党员特别是对基层领导干部的理想信念教育重视不够,缺乏有效的手段和措施,联系实际不够,针对性、实效性不强,故基层党员干部正确的理想信念难以牢固地树立起来。事实表明,放松和忽视对基层党员干部的理想信念教育管理所带来的危害和后果是十分严重的。

三、加强基层干部理想信念教育的必要性

1. 提高基层干部素质的需要

理想信念作为基层干部政治能力素质的核心,是其从政的基础、处世的方法、做人的根本,是对党"忠诚度"和对党的事业"执着度"的具体体现,直接关系到党的形象和中国特色社会主义事业的兴衰成败。干部教育培训作为建设高素质干部队伍的先导性、基础性、战略性工程,是加强党的执政能力建设和提高干部队伍能力素质的重要途径,加强干部理想信念教育是建设高素质干部队伍的关键和前提。习近平总书记曾多次强调,干部教育培训的首要任务是抓好理想信念教育,确保我们的江山不易色、政权不丢失、道路不改变。

2. 现实和历史发展的需要

从党的历史看,我们党从胜利走向胜利,干部理想信念教育发挥了重要作用。我们党一贯高度重视加强干部理想信念教育,无论在革命战争年代,还是在和平建设时期,我们党之所以能够团结和带领广大人民群众战胜各种艰难险阻和风险考验,一个重要原因就是我们党的干部具有坚定的理想信念。

从现实需要看,坚持和发展中国特色社会主义,干部的理想信念教育肩负重要使命。当前在体制转轨、社会转型、思想多元、利益多样的环境下,我们有些党员干部信仰缺失、信念动摇的问题已经从个性问题上升为普遍性问题,从一般性问题发展为需要引起高度重视并且急需解决的紧迫性问题。"四大危险"更加尖锐地摆在全党面前。如何适应新形势、新任务,进一步加强党员特别是领导干部的理想信念教育,始终坚定中国特色社会主义道路自信、理论自信、制度自信,将是我们各级干部教育培训部门面临的重大课题和紧迫任务。

3. 好干部必须具备的标准

从培养好干部的标准看,培养好干部须臾离不开干部的理想信念教育。习近平总书记在全国组工会议上指出,理想信念坚定是好干部第一位的标准。理想信念就是共产党人精神上的"钙",理想信念坚定,骨头就硬;没有理想信

念,或理想信念不坚定,精神上就会"缺钙",就会得"软骨病"。这些重要论述,不仅阐明了加强干部理想信念教育的重要意义,而且为我们进一步加强干部理想信念教育,做好干部教育培训工作指明了方向。

四、加强基层干部理想信念教育形式创新的基本要求

1. 教学方式要具有感染力

理想信念教育的单一化和形式化影响了理想信念教育的效果。理论宣传和思想政治教育一直是基层领导干部的理想信念教育的主要形式。在领导干部高学历状态下,在社会信息日益开放的时代,这种传统的理想信念教育方式显得过于简单化和形式化,尤其在理论和现实脱节的状态下,不可能取得好的教育效果。有的理想信念教育流于形式上的政治宣传,不可能转化为基层领导干部内心深处的观念和信仰。理想信念是人的世界观、人生观和价值观的综合状态的反映,只有在理论教育与实践影响的相互作用中,才能逐渐形成个体的稳定的心理状态。当前基层领导干部的理想信念教育活动忽视了社会实践的影响与作用,而仅仅停留在单一的理论宣传上,并且未对理论展开深入地研究和探讨,因而不能收到良好的教育效果。

2. 教学氛围要具有互动性

教学是教与学相互统一的过程,良好的教学氛围会使学员无意中融入学习的氛围中去。访谈式教学通过精神的陶冶、潜移默化的感染,使学员的理想信念得到升华。访谈式教学过程中邀请到的访谈嘉宾,以基层先进人物为主,他们的经历和接受培训的基层干部有着更多的相似之处,能够充分发挥先进的示范引导作用,努力营造和形成重视学习、崇尚学习、坚持学习的浓厚氛围。

3. 教育载体要具有创新性

创新教育载体,增强理想信念教育的渗透力。基层干部理想信念教育是主体、客体间价值互通的过程。就其特点而言,显性方法起到的作用是有限的,更重要的是通过隐性方法渗透,达到"润物细无声"的效果。从内容上讲,可以把理想信念教育与爱国主义、思想道德、民主法制、人文素质、心理健康教育等统一起来,将各方面优势有机整合。从方式上讲,要紧跟干部队伍的新特点、新变化,探索教育的新途径、新方式。访谈式教学就是一种值得推介的方

式。利用访谈式教学,积极推行社会调研、现场体验、情景模拟、主题辩论等教学方式,引导基层干部加深感受,触动灵魂,深入思考。

4. 教育效果要具有实践性

有效的理想信念教育必须以党的理论建设为支撑,筑牢理论根基。当前,要根据基层干部的认知特点,从逻辑和事实上深刻揭示理论、原则的科学性,使他们掌握理想信念的精神实质和科学内涵,将之转化为自觉意识,内化为科学的世界观、人生观和价值观。理想信念教育还要注重实践锻炼。基层干部理想信念教育的现场访谈式教学,能够将认识和实践,改造主观世界和改造客观世界统一起来,结合社会的实际和基层干部思想接受的实际,把抽象的理论具体化,建立理想信念与现实生活的关联,深刻揭示理想信念对现实生活的具体指导意义,认真解决基层干部思想上的困惑和疑问,增强理想信念教育的现实性。

五、理想信念教育访谈式教学的相关优势分析

访谈式教学作为现代教学模式的重要创新,最大的特点在于集讲授式、研讨式、榜样示范式教学于一体,充分体现了学员在教学中的主体地位,遵循了理想信念教育和先进性教育教学相长的基本规律。

1. 访谈式教学与干部理想信念教育的基本规律相吻合

从教育内容的角度而言,理想信念的访谈式教学主要依靠基层先进模范人物等的现身说法,发挥榜样的感染力来传递正能量,它的本质是对党的世界观、人生观和价值观的教育,是深化党性认识的体现,因此必须遵循由了解到相信,由相信到付诸行动的基本规律。从教育对象上来讲,基层领导干部都具有独立思考、理性反思的特点,尊重他们的主体地位,充分发挥他们的主观能动性,学习就会事半功倍。以交流互动为特点的访谈式教学,体现了价值观教育内化于心的教育规律,兼顾基层干部的学习特点,能增强教育的亲和力,容易引起学员的内心共鸣。

2. 理想信念教育访谈式教学体现干部教育的导向功能

十八大以来,理想信念教育成为干部教育培训的重要内容,中央组织部专门印发《关于在干部教育培训中加强理想信念和道德品行教育的通知》,要求各地区各部门加强理想信念和道德品行教育,引导和帮助干部始终坚定共产

主义理想和中国特色社会主义信念,始终坚守共产党人的精神家园。干部教育培训作为提高基层干部党性和理想信念教育的重要组成部分,具有政治引导性。访谈式教学从形式上来看是主持人、访谈嘉宾及学员之间机械的交流互动,事实上,主持人的提问、访谈嘉宾的回答都是围绕教学主题进行的,即使学员的提问偏离教学主题,主持人亦可发挥引导作用,使访谈嘉宾的回答转移到教学"正轨"上来。

3. 理想信念访谈式教学能够系统直观地展现教学内容

访谈式教学既采取了大众媒介访谈的灵活形式,又保持了课堂教学的完整性与逻辑性。在教学上,主持人按照既定的访谈设计方案灵活引导访谈嘉宾对问题进行阐述,围绕理想信念教学的主题,详略分明地展现教学内容,在访谈式教学过程中或结尾部分,给予学员自由发言和提问的机会,有针对性地进行答疑解惑。这种教学模式,克服了传统教学模式的"满堂灌"现象,凸显了教师的主导与学员的主体地位,同时借助现代多媒体技术手段,营造良好的教学环境氛围,与访谈嘉宾传递出的教学内容相得益彰,调动学员的情绪,使整个教学更具有感染力。

4. 理想信念访谈式教学能够充分调动学员的积极性

访谈式教学能够把握基层干部理想信念教育要求与学员自我修养的结合点;坚持以学员为主体,找准触发学员激情的切入点;发挥访谈主持人和访谈嘉宾的主导作用,把握基层干部理想信念教育成效的关键点。结合基层干部理想信念教育的时代特点,在总结与继承已有教学经验的基础上,访谈式教学能够充分调动学员的积极性,做到情与理、平凡与伟大、理想与现实相结合,感性教育与理性升华相结合,基层干部自我锤炼与榜样熏陶相结合,使学员在平凡感人的故事中实现理想信念教育的升华。

第二节 理想信念教育访谈式教学应用流程设计

受到社会大众传媒信息传播方式的启发,访谈式教学作为一种充分体现培训主体需要的新型教学组织形式,逐步走进干部培训的课堂,不仅改变了传统的"灌输式"授课模式的被动学习状况,同时也弥补了单个教师知识容量储备方面的不足,使教师的主导作用与学员的主体地位均得到了充分发挥,取得了良好的效果。因此,对访谈式教学进行系统的理论研究与应用设计,对于推进干部培训教学方法的创新与干部教育事业的发展具有重要的意义。

一、访谈式教学产生的时代背景

1. 党和国家的高度重视

干部教育培训规划是从事干部教育培训事业的指南,从党和国家近几年的干部教育培训规划的发展轨迹来看,教学方法的创新是必有内容,《2006—2010年全国干部教育培训规划》明确指出:适应提高干部素质和能力的需要,积极推进培训模式的创新,大力推广案例式教学,积极开展模拟式、体验式教学,把教育培训同调查研究结合起来,不断探索新的教学方法。《2013—2017年全国干部教育培训规划》强调:改进教学方式方法,加大案例教学比重,2015年前省级以上干部教育培训机构的案例课程占能力培训课程的比例不低于30%。由此看出,教学模式的创新被进一步提到改革日程上来。

2. 干部获取信息渠道的扩大

信息技术的日益普及、干部学历层次的逐步提高,使各级干部获取知识和信息的能力提升,渠道广泛,随之而来的是对获取知识的途径及方式的要求更高,课堂教学模式的多元化、新型化迫在眉睫。传统的讲授式教学模式虽然仍占据主导地位,但受到严峻挑战,各种新的教学方法层出不穷。访谈式教学以其教学互动、现身说法以及极具感染力的现场施教应势而生,成为备受欢迎的课堂教学创新模式之一。

3. 培训市场竞争的加剧

随着竞争的日益加剧,培训市场将会面临重新整合的发展趋势,优胜劣汰必将成为一种态势。逆境之下求生存发展,创新是必由之路。这种创新应不仅仅体现在新技术设备的应用、教学环境设施的改善上,更体现在软实力的提升上。作为培训重中之重的课堂教学,授课方法的创新首当其冲。访谈式教学同案例式、情景式、研讨式等新兴的教学方法一样,逐步登上并活跃于干部培训讲台,成为提升干部教育培训机构软实力的重要举措之一。

二、访谈式教学的相关理论梳理

（一）访谈式教学概念界定

所谓访谈式教学，就是指在教学过程中，围绕教学目标与教学主题，模拟大众媒介访谈情景，通过访谈者对被访谈者的采访及访谈嘉宾与学员之间的交流互动，触发学员的感情、感悟、思考，从而固化学员相应的信念与行为的过程。

从访谈式教学模式的基本概念及形式来看，它是媒体访谈与课堂教学的结合体，主要表现为在教学过程中，模拟大众媒体节目访谈情景，任课教师扮演访谈主持人，通过主持人和被访谈者（比如知名专家、成功人士、模范人物等）之间的访谈及学员的参与互动，传授经验方法、答疑解惑、言传身教，从而起到解放学员思想、提高党性修养、弘扬社会正能量等教学目的。简言之，也就是以主持人、被访谈者和学员三方之间互动为形式的新型教学方法。近年来，这种访谈式教学方法被井冈山干部学院、浦东干部学院、江西干部学院、苏州市农村干部学院等干部培训学院广泛采用，取得了良好的教学效果。

（二）访谈式教学基本分类

访谈式教学作为一种新型的课堂教学模式，源于大众媒体的节目访谈，但是又不同于媒体访谈，有自己的性质与特征，这种特质同样体现在分类方法上，即带有媒体访谈节目的痕迹，同时又具备课堂教学特征。参照其他专家学者的分类方法，结合访谈式教学实际，对访谈式教学做以下几点简单的分类：

一是按访谈媒介划分。从大众媒介的角度来看，根据访谈所依赖的载体，当前的访谈主要有电视访谈、网络访谈、电台访谈和报纸杂志访谈等，其中，又以电视访谈节目和网络访谈节目占据主导地位。但在现实的访谈教学中，它不再依赖于新闻传播媒介，是内部教师担任访谈主持人的一种课堂教学形式。

二是按访谈内容划分。在访谈式教学中，访谈内容主要受参训对象、培训主题的制约，一般情况下，访谈式教学的内容主要包括政策解读类，如对十八大、十八届三中全会及习近平总书记系列讲话精神解读，经济发展类，如苏州市村级集体经济发展、招商引资、产业转型等方面。邀请的嘉宾一般为专家学者、政府官员或先进人物等。

三是按开放程度划分。从访谈嘉宾与学员之间的开放程度来看,可分为封闭式访谈和开放式访谈两种形式。前者是访谈者和被访谈者直接交流,参训学员单向接受信息,不参与互动交流;后者学员可通过现场提问方式参与到访谈中来,向嘉宾就自己关注的问题进行提问,互动性较强,这种模式也是目前访谈式教学采用最多的一种形式。

四是按组织模式划分。根据访谈式教学的组织模式,又可以分为主持访谈、圆桌访谈和小组访谈。主持访谈即主持人与被访谈者坐在主席台上,学员坐在台下,被访谈者在主持人的引导下,围绕问题进行解答,并进行互动交流的一种访谈模式。圆桌访谈即学员和所有参与者成回字形坐在一起,被访谈者坐在主席台的位置与学员互动交流。最后一种方式为小组访谈,即每个小组一个访谈嘉宾,在小组长的主持下,学员与被访谈者近距离地交流互动。

五是按照实施场地划分。根据访谈式教学的实施场地不同,可划分为课堂访谈式教学和现场访谈式教学。前者是通过营造媒体访谈的环境与气氛,在教室中对访谈嘉宾访谈及与学员互动的过程,后者则是作为课堂教学的空间延伸,以现场作为教学素材、以现场的关键人作为访谈嘉宾而实施的一种更接地气、更具说服力的教学形式。

(三)访谈式教学实施条件

1. 课程适应类型

从教学实践来看,并不是所有的课程都适应访谈式教学,这种教学方法较适合社会建设类、经济发展类等教学内容。在加强理想信念教育的大形势下,采用访谈式教学,遴选一批具有时代性的先进模范人物,强化理想信念教育、社会主义核心价值观教育、党性教育与群众路线教育等,无疑能取得较好的教学效果。

2. 学员类别层次

访谈式教学并不适合所有的培训班次学员,在设计访谈式教学方案时,要充分考虑学员层次、年龄、地域与类别等因素,对于一些有较扎实的知识基础、较强的理解能力、灵活的思辨能力和捕捉能力以及有积极参与意识的学员,可以选择访谈式教学模式。

3. 主持教师水平

访谈式教学对主持人(任课教师)素质的要求比较高。首先,主持人要知识广博,在主持访谈时方可以引经据典、旁征博引。其次,要对访谈教学内容有全面、深刻的理解,对方谈嘉宾情况了然于胸。再次,要有主持的能力和经验,在访谈过程中善于引导,使访谈不偏离主题,还能根据设计有效地控制时间。最后,访谈者要善于调节气氛,使访谈在活泼、幽默、轻松、欢乐、愉快的情境中进行,同时要具有较强的语言组织能力,语言要清晰、简练、准确、生动、有趣,对不同的访谈嘉宾和访谈主题采取不同的语调、语速,语言要尽量通俗,适合访谈情境,提高语言艺术的水平。

4. 被访谈者素养

首先,被访谈者一定要在访谈主题领域有所建树,成绩突出,对学员要有引领作用。其次,被访谈者在访谈主题方面有独到的理解、体会、经验、方法和解决问题的措施等个性化的知识经验,使学员能够学有所获。第三,被访谈者还要有较强的语言能力,要善于表达,思路敏捷,语言清晰有趣。

三、访谈式教学设计流程

(一)教学方案设计

方案设计是整个访谈式教学的基础性、关键性工作,是整个教学活动的核心,访谈教学能否成功,效果如何,直接取决于教学访谈方案的设计。在访谈方案的设计过程中,需要访谈者和被访谈嘉宾共同参与,也就是主持人和被访谈者需要共同"备课",这是访谈式教学法与其他教学法的区别,也是访谈式教学法的难点所在。在实践操作的过程中,采用比较多的是先由主持人写出整体访谈方案,然后和被访谈者共同讨论确定。

从整个访谈流程来看,访谈设计一般应包括以下几个方面内容:

(1)根据培训班要求,确定访谈主题方向与嘉宾,搜集和整理被访谈者的主要事迹,精心设计嘉宾个人简介、访谈导入语等。

(2)根据教学目标、教学内容要求,围绕感人、励志的基本主题,精心设计访谈问题,包括提什么问题、怎样提问、回答什么、怎样回答、怎样突出重点、破解难点,问题的设计数量等等,力求挖掘出被访谈者事迹的亮点和最能引起听者心灵共鸣与打动人心的地方。

(3)充分考虑如何调动学员的积极性,激发学员参与访谈、积极提问,预计学员可能提到的问题,全面准备,并可根据嘉宾回答问题的思路,灵活地引申其他学员比较关注与感兴趣的问题,避免单纯一问一答所产生的生硬呆板。

(4) 合理设计学员提问问题数量,并设计每一个问题的访谈回答时间、访谈总时间,以及学员提问和与回答学员提问的时间,尽量避免超出预定的访谈时间。

(二) 教学场景布置

教学方案的设计是访谈式教学的灵魂,而教学场景的布置则是完成访谈式教学的保障,愉悦、舒适、美感的环境布置,对访谈效果的提升能起到事半功倍的作用。

一是教室的选择。根据培训班人数的多少,选择合适的教室。教室不宜过大,否则会显得过于空旷,缺乏人气,也不宜过小,否则会显得过于拥挤,整体协调度和美感较差。

二是主席台布置。在主席台上放置一张圆桌、两把椅子,主持人和被访谈者面对学员 45 度角相对而坐。前面留有空地,必要的时候可以用作活动或示范。如果要用多媒体,主持人坐在电脑一侧或附近,以便操作。如果条件允许,也可以专门请一名电脑操作员。

三是多媒体运用。借助于现代音响设备、投影设备,使被访者的形象更加直观,在适当的环节播放被访嘉宾视频短片、图片,插入背景音乐等,可以给学员更强的心理冲击,提升访谈效果。

(三) 教学访谈实施

在教学方案与教学场景已经布置好的前提下,访谈式教学正式进入实施阶段,从访谈式教学的应用实践来看,一般包含以下几个流程。

1. 访谈材料准备

将事先整理好的被访者的主要事迹形成书面材料,访谈前一天发给参训学员,让学员对被访谈者有一个直观的了解与认识,引起学员对被访谈者的兴趣,也可更有针对性地提问。同时将访谈主题和需要学员准备的问题及数量提前告知,以便访谈时学员带着问题参与访谈和提问,达到最佳的教学效果。

2. 访谈正式实施

(1) 介绍被访谈者。通过预先设计的导入语,引出对访谈嘉宾的介绍,包括被访谈者的基本情况,被访谈者与访谈主题有关的主要成绩、成就或其创造性的做法。在介绍的过程中,要有计划、有目的地重点介绍被访谈者的事迹亮点,引起学员对被访谈者的兴趣,这是访谈式教学法取得预期目标的前提条件。

（2）展开访谈。这是访谈式教学的主体部分,原则上按照设计和计划有序进行。但访谈式教学法并不是简单地将教学内容用主持人提问、被访谈者回答的形式呈现给学员,而是主持人在陈述观点、方法、经验或问题的同时,被访谈者根据自己对该部分内容或问题的理解和自身独特的经验与智慧来陈述自己的观点、经验、做法,是教学内容的具体化、深刻化和概括化的过程。

（3）学员提问。访谈后期,专门给学员留出提问时间,回答学员提出的相关问题。被访谈者回答学员问题要简洁明了、切中要害,同时对学员提出的问题多加肯定,以激励学员参与访谈的热情。主持人要灵活控制学员提问,问题不宜太多,一般一次提问以2—3个问题为宜。

（4）主持人总结。总结是对整个访谈教学的主题升华,访谈结束前,主持人要简明扼要地对访谈内容进行总结,起到画龙点睛的作用。在总结时,访谈者要有条理地综述访谈中的重点、亮点和主要观点,还可以提出访谈中涉及的需要学员进一步思考的问题,对学员提出鼓励与希望,从而提升学员的思维能力,拓宽学员的知识面。最后再一次提议全体学员鼓掌,表示对被访谈者的肯定和感谢。

四、访谈式教学的应用成效

1. 主导与主体相得益彰

在干部培训的课堂教学中,教师是主导,学员是主体,但是长期以来,学员的主体地位一直处于弱势的地位。灌输式讲授,被动式学习是主要原因。访谈式教学不仅能够吸引学员参与到和嘉宾的互动交流中去,赋予学员平等对话的机会及自由发言的权利,并能针对学员提问,有指向性地答疑解惑,打破传统的"教"与"学"相互割裂的关系,拉近了"台上"和"台下"的距离,凸显了学员在教学中的主体地位。

同时,在访谈式教学中,一般选择本校教师作为访谈主持人,充分发挥掌控全局、调整节奏的作用。既要注重调动嘉宾和学员的积极性,又要及时解决个别学员或嘉宾冗长拖沓的表述,节省宝贵的课堂时间。这样一来,通过若干次的访谈式教学实践,作为主持者的本校教师的语言表达能力、信息获取能力、统筹归纳能力、临场反应能力均可得到全面的锻炼,助推其在干部培训现场教学,甚至是课堂教学方面的能力提升。总之,在整个访谈式教学过程中,教师的主导地位与学员的主体地位相得益彰,真正做到了"教学相长",是一种"双赢"。

2. 内容与形式相辅相成

在当前的干部教育培训改革中,中组部要求坚持和完善长期以来行之有效的教育培训方式方法,积极探索具有时代特点、符合基层干部实际的教育培训新途径新方法,然而,作为新兴的教学模式,对于硬件环境、师资队伍、精力投入的要求较高,出于师资、经费和精力等方面的制约,当前的干部培训教学形式仍然采取讲授式为主,其他方式如研究式、案例式、体验式和模拟式等为辅的教学模式。

但随着当前获取信息渠道的扩大,好的授课内容必须借助于恰当的方式传授才能取得好的效果。访谈式教学实现了内容与形式的相互补充,给学员带来一种全新的教学体验,具有前沿性、开放性和适用性,极大地丰富了当前的教学形式。课堂教学不再是传统的授课者单向输出信息和听课者被动接受信息的枯燥体验,而是依靠充分发挥主持人、访谈嘉宾和学员三者的能力来共同完成课程教学,实现了教学内容与形式的有机统一。

3. 传承与创新互为补充

访谈式教学作为干部培训课堂教学的一种形式,脱胎于大众媒体访谈,是课堂教学形式的新变化,具备课堂教学的所有特征,是对新闻媒体访谈、干部培训课堂教学的一种传承。但是,访谈式教学最重要的地方在于创新,是把传承与创新有机结合起来而衍生出来的新的教学模式,既借鉴了电视、网络、报纸等访谈类节目的灵活形式、现身说法,又吸取了课堂教学的要素体系,保持了课堂教学的逻辑性与完整性。

五、进一步推动访谈式教学的若干建议

1. 必须进一步处理好访谈计划时间与实际采访时间的关系

课堂时间安排作为课堂教学计划的组成部分,是一件严肃的事情,一般不

允许超时。在访谈式教学过程中,学员互动环节的增加、嘉宾的即兴回答,常使整个课堂时间出现不可控性。此种情况下,必须保证上课计划时间与实际访谈时间的一致性,在预设访谈问题的处理上、嘉宾的访谈回答及学员的互动时间上要灵活处理,计划时间与访谈时间误差控制在5分钟之内,尽量避免延长课时情况的出现。

2. 必须进一步处理好访谈者和被访谈者的访谈角色关系

主持人在整个教学过程中扮演着主导角色,承担着向被访谈者提问,引导学员的听讲思路,调动学员的参与情绪的重任,是访谈式教学的第一责任人,所以,访谈中主持人要有陈述、论述和观点,在发现访谈嘉宾回答问题时的亮点时,要灵活引申发问,不能总是采用一问一答的呆板形式。主持人在什么时候对被访谈者提问,什么时候对学员提问,什么时候对某个问题表达观点或陈述,要有合理的设计和安排。

3. 必须进一步处理好访谈问题设计与学员兴趣的关系

访谈式教学的过程中,涉及三方参与,即访谈者、被访谈者与学员。但是在现实的访谈问题的设计过程中,往往是访谈者与被访谈者双方相互沟通、讨论后设计问题,忽略了学员的真正感兴趣所在。所以,在今后的访谈教学问题设计上,有必要增加对学员的需求调研分析。在访谈之前,把被访谈者事迹的主要材料发给学员,要求每个人提出3个左右自己最关心的问题,然后访谈者根据收集的问题进行归纳整理,列出参训学员的关心集中所在,这样的问题设计可以使访谈式教学取得更优效果。

4. 必须进一步处理好访谈方与被访谈者的合作关系

访谈式教学与其他教学方法最大的区别是需要访谈双方的共同参与,并不是每一个先进人物都适合访谈式的课堂教学,要取得更好的课堂效果,需要访谈者与被访谈者长时间的磨合,达成一种默契。因此,教学单位要根据干部培训设立的专题实际情况,选择若干专题领域内具有代表性的人物,建立一种长期的合作关系,这样方能对整个教学流程进行优化设计,包括问题的设计、回答的时间、互动环节的参与等,通过不断的实践,形成优化的教学方案模本,并借此形成访谈式教学的嘉宾师资库,从而使访谈式教学制度化、常规化。

第三节　理想信念教育访谈式教学的课堂实践应用

一、概述

2014年7月与9月,苏州市农村干部学院分别尝试两次课堂访谈式教学,授课对象为本院承办的2014年苏州市选调生访谈教学与苏州市委党校承办的苏州市女干部访谈教学,遴选的访谈嘉宾分别是张家港市检察院先进集体,桃花坞街道精神康复院院长王良玉,交巡警支队姑苏大队第七中队队长陈忠,金阊培智学校校长、党总支书记刘嫣静,身残志坚的常熟女孩钱敏丹。从这两次的访谈主题来看,主要以理想信念教育为中心,围绕两个方面,即感人、励志,侧重于党性、理想信念、社会核心价值观教育,与当下的群众路线教育的宏观形势相契合。同时,访谈嘉宾均来自苏州本土,是各个条线上的先进模范人物,同时也是基层岗位上的平凡人,从而使整个访谈更具有亲和力、说服力和地域性。

下面以交巡警支队姑苏大队第七中队队长陈忠为例,介绍访谈式教学在基层干部理想信念教育中的方案设计及应用过程,使基层干部理想信念教育的访谈式教学从理论走向从实践。

二、事迹材料准备

1. 前期的材料收集整理

陈忠队长作为苏州乃至全国的先进模范人物,网络媒体及报纸杂志刊载的事迹很多,通过搜集、整合,挑选出最具代表性并且与理想信念教育主题最契合的事迹,再与苏州市委宣传部宣教处进行请示、沟通,确保嘉宾访谈材料的权威性与真实性。

2. 搜集整理后的材料样本

通过材料的搜集整理,以陈忠队长工作过程中的恪尽职守、创新执法、坚守信念为主线,确定访谈资料样本,以下为具体事迹:

2007年至今,只要是陈忠执勤,每天早7点半到9点、下午4点半到6点,无论刮风下雨,这道独特的风景从未间断。他坚持"上岗一分钟,奉献60秒",平均每分钟吹哨20多次,每小时转体180次、抬臂600次,先后吹坏40多只哨子,磨坏20多双皮鞋,形成了融动作、眼神、表情、语言、哨音于一体的独特指挥风格,被过往的司机们誉为"马路上充满激情的指挥家"。

他在工作中总结出"定点指挥法""四定三包法""四边巡逻法"等一系列优秀创意方法,成功解决了全市交通六大堵点之一的三香路西环路口的拥堵问题。他的岗位先后被评为市级"青年文明号"、市公安局随岗培训基地、苏州文明志愿者培训基地,被省公安厅交巡警总队命名为"陈忠示范标准岗",并带出了一大批标兵民警和优秀文明志愿者,他本人也先后被公安部评为"全国交警系统执法标兵""全国优秀人民警察"。

恪尽职守　从不懈怠——苦练动作和哨音右耳几近失聪

每个人都有自己的舞台,陈忠的舞台就在十字路口。他知道,要在这方寸之地实现人生价值,就得比别人付出更多的汗水和心血。

有同事曾帮陈忠作过统计,在执勤一个半小时内,他吹哨2400次以上、指挥动作6800个左右、敬礼350次。执勤六年多来,在这样高频度的转体、吹哨下,他一共吹坏了40多只哨子,特制的铁掌皮鞋磨坏了20多双。

要练就一身过硬的本领,没有捷径可走。苦练警容警姿必须要掌握的"直、平、挺、立、收"五字要诀成了他每天的必修课。下班后,他让妻子、女儿当裁判打分;晚饭后,他就背上"背背佳",在部队操场上练习哨音和手势,一站就是三小时。为了使自己的动作更有美感,他还专门到苏州大学艺术学院向教形体的老师取经讨教,与学院模特沟通交流。

配合信号灯,他将长短结合、急缓相融、高低分明等不同的哨音与交通指挥动作相组合,形成了自己独特的指挥风格。当打停车手势时,配合一长一短结合的哨音,直行手势时配合两声长哨,警告时配合急促的短哨。"刚开始练长哨的时候也受不了,练上一个小时就觉得浑身无力,嗓子疼,喘不上气来。"陈忠说,练了一段时间后,哨音明显清脆有力,但是长期吹哨,已经让他的听力受损,"现在右耳基本听不见了,接电话都要靠左耳。"

经过一段时间的训练,陈忠的警容警姿有了很大提升,但仍感到转体迟钝。因为岗台铁板上的花纹与皮鞋橡胶底在转体时产生较大的摩擦阻力,他就到乡下找到铁匠铺,请师傅专门特制一副铁掌钉在鞋底。转体问题得到彻底解决,可带来的麻烦也让他痛苦不堪。鞋底和岗台的摩擦小了,脚掌和鞋的摩擦力就加大了,脚的负荷也重了,脚掌经常磨出水泡,钻心地疼,如今他的脚底板上早已磨出了厚厚的老茧。

每当陈忠站在岗台指挥时,都有路人驻足欣赏,为了看一眼他的指挥动作,甚至还有司机特地绕路从他执勤的岗台经过,并向他挥手致敬。司机们称他是"马路上充满激情的指挥家",许多怀揣从警梦的青年学生被他深深吸引,其中一名叫马其开的苏州职业大学学生主动追随拜师,坚持与"师父"一同站马路指挥,至今已坚持近两年。"说不累是假的。"陈忠坦言,每天下班回家后累到什么事也不想做,但当第二天再次站到执勤岗位上,"每当驾驶员向我敬礼,每当处理交通事故使双方都信服,每当车流有条不紊地行进时,我就觉得特别高兴,享受到工作的乐趣。"

精益求精　创新执法——交通创意疏通城区"心脏部位"

"指挥交通不是简单摆手势,要根据流量的变化实时调整指挥手势,这才能增加通行效率。"古城区内路口信号灯根据各路段的不同情况设置也不相同,驾驶员到没有倒计时信号灯的路口时,不清楚信号灯时长就会犹豫,车速也会放慢,进而影响车流通行量。因此在执勤中,陈忠会根据不同的信号灯调整指挥手势和吹哨频率,尽可能让车流动起来。

在路面执勤中,陈忠发现非机动车道停车等候线对一些非机动车来说形同虚设,经常越线两三米,更有甚者干脆把车停在马路当中等候,这样不但降低路口通行效率,也大大增加了发生交通事故的风险。为了解决这一难题,他通过调查走访,并和其他同事一起研究后,请标线工人在非机动车道停车等候线前设置了三道黄色减速带,用路面言语提示减速,通过形式多样的宣传广而告之,同时让执勤人员在离停车等候线10米的地方就开始提醒车辆减速。

目前,由陈忠总结出包括"定点指挥法""四边巡逻法""四定三包法"在内的路面执勤十五条作业法,已经在实践中有了良好的效果,并在全市交巡警中进行推广应用。"陈忠示范岗"被确定为全市交巡警的随岗培训基地,陈忠将多年的实践经验和心得体会传授给同事们,先后带出10多批培训班,100多名执法标兵、能手和1000多名优秀文明交通志愿者。

2012年9月，陈忠通过竞争上岗公开考试成为中队长，负责苏城城区的"心脏部位"，区域内有人民路、干将西路、道前街、三香路、西环路等22条主次干道，有饮马桥、干将路阊胥路口、西环路三香路口等32个重要交通信号灯控路口，涵盖了苏州市政府、会议中心、行政服务中心和体育中心等十多处城市交通重点枢纽。面对新的挑战和角色转换，陈忠探索新型警务勤务模式，对管辖区进行责任区划分，挑选素质高、能力强、业务精的民警担任警长，统筹安排各自责任区的排堵保畅、事故处警、安全宣传和隐患排查。目前，陈忠所在的七中队已经被苏州市公安局初评为"责任区勤务模式典型先进中队"。

在陈忠的带领下，七中队民警还针对背街小巷车行不畅导致的道路拥堵，构思出一个大胆想法——"交通微循环"，即打通支路、小巷等道路"毛细血管"，形成背街小巷"微循环"体系，推动道路集约化发展。这条建设性的意见得到了交警支队秩序、科研等部门专家的好评，随后在西美巷、柳巷、花街巷、大石头巷等背街小巷推广实施，很快有效缓解了交通拥堵和附近小区居民停车、行车难问题。

坚守信念　乐于奉献——爱心服务赢得百姓赞誉

双虹社区许贵成主任评价陈忠"是一个热心肠"。去年冬天的一个傍晚，天空下着大雪，陈忠正在路面执勤，突然一位40岁出头的中年妇女气喘吁吁冲到身边说："警察同志，我儿子在家把油倒在锅里，准备烧菜，因同学找他有事，门被风吹上了，他没有钥匙开门，急得打电话叫我回家开门灭火，我实在跑不动了，您赶紧帮帮我吧。"陈忠二话没说，骑上摩托就带着女子飞速朝彩虹新村赶去，赶到女子家楼下，陈忠三步并作两步，一口气冲上五楼，打开了门。此时屋内浓烟滚滚，火焰已经蹿到屋顶，陈忠赶紧脱下多功能大衣扑在锅上，终于把火灭了。后来，邻居们相继找到社区，希望通过社区向陈忠表示感谢："多亏了陈警官，不然我们这栋楼可就要遭殃了！"

全市公安开展大走访活动中，陈忠得知双虹社区一名11岁的男孩四年前不幸患上I型糖尿病，每月千余元的治疗费拖垮了这个父母双下岗家庭，于是通过社区，他与男孩家结成扶贫对子，准备资助他从小学到大学的全部费用。为了顾及孩子的自尊，不让他产生压力和自卑感，陈忠坚持不与孩子直接见面,不打扰他们家的生活,每次都通过社区转达心意。

几年来,陈忠先后匿名拿出了五千余元给这个孩子,而且不许许主任对任何人说这件事。许主任知道,这是陈忠的一片至诚心意。陈忠的父母是苏北农村人,家境贫寒。1991年陈忠高考的成绩是550分,接到录取通知书后,第一笔学费就要3000元,家里的积蓄和借来的钱不够,陈忠只好无奈地放弃了学业。后来当了兵,于1994年考取了解放军石家庄军械工程学院。他出自内心地把帮助别人当成了自己的快乐。

陈忠说,自己也是普通人,也向往殷实生活,但因为热爱交警的工作岗位,他乐于清贫。由于妻子下岗多年,在农村生活的父母年老体弱,陈忠转业后至今仍借住在部队上世纪50年代建造的30多平方米的老营房里。过去女儿看见身边的同学家有宽敞明亮的房子会忍不住问爸爸:"我们几时才能住上新房?"陈忠总是对女儿说:"咱们不跟别人比房子、比车子,要比咱们就比谁拿的奖状多,谁更有出息。"妻子把女儿获得的奖状和丈夫获得的奖励证书以及收集的报纸、剪报贴满了墙面,希望父亲的精神财富能给女儿树立正确的人生观和价值观。

交警代表着城市的形象。近几年陈忠先后获得"全国优秀人民警察"、"全国交警系统执法标兵"、江苏省"五一劳动奖章"、"江苏省优秀共产党员"等荣誉称号,他十分珍惜和看重这些荣誉,对自己不敢有半分放松要求,他依然执着有力地挥动着双臂,在五十步见方的天地间,激情指挥,用嘹亮的哨声,继续谱写城市和谐安宁的乐章。

二、现场采访

访谈式教学与其他教学最大的不同是,它需要访谈者与被访谈者共同备课,是双方经过多次磨合而形成的教学方案。在事先对陈忠队长事迹了解的基础上,根据理想信念教育的主题需要,初步拟定10个左右的访谈问题,在现场与陈忠队长进行沟通、协商的基础上,筛选出5—6个问题,并模拟现场访谈教学的场景,采取问答的形式,确定回答的内容,做到回答主题不跑题,回答时间不超时,基本形成现场访谈教学设计的雏形。

同时,在现场采访时,尽可能向被访谈者(陈忠队长)搜集一些可供在教学时插入观看的视频,如果视频较多的话,双方最好协商确定最契合教学主题、最具有感染力的视频,有条件的话可以进行现场拍摄。需要拍一些现场照片,制作成PPT,循环播放,作为访谈式教学的背景烘托,增强感染力。

三、教学设计

(一) 问题设计要点

1. 设计主题

(1) 数十年如一日,在平凡的岗位做出不平凡的事迹,是一种什么理想信念在支撑?

(2) 交警作为服务者,是如何践行群众路线,为老百姓服务的?是如何看待自己的得失荣誉的?

2. 设计目标

通过对陈忠队长事迹的访谈,强化选调生们的理想信念教育,在访谈的过程中,让选调生学习陈忠队长"把岗台当舞台,把职业当事业,把群众当亲人"的高尚情操和理想信念,扎根基层、沉下身子、服务群众。

3. 设计原则

在进行问题设计时,挖掘最能打动人心、最具有感染力的事迹,以此为基础设计访谈问题,同时避免生硬呆板的单刀直入式问法,要设计恰当的导入语,循序渐进,逐步引导学员进入访谈的情境中。

(二) 问题设计实况

1. 主持词设计

各位学员,大家上午好!现在我们网络上有个流行语,那就是比较有个性、在某个领域出类拔萃的人都被冠以"最牛××"的称号,今天到我们现场接受访谈的先进模范人物就有这么一位,平均每分钟吹哨20多次,每小时抬臂600次,先后吹坏40多只哨子、磨坏20多双皮鞋,形成了融动作、眼神、语言、哨音于一体的独特指挥风格,这就是苏州"最牛交警"、"全国优秀人民警察"、"全国交警系统执法标兵"、交巡警支队姑苏大队七中队中队长陈忠,请大家以最热烈的掌声欢迎陈队长!

2. 问题设计

（1）在您平时的执勤工作中，与群众打交道的时间比较多，您也常说要站在群众的角度思考问题，尊重群众的意愿，那么作为一名一线工作执法人员，您是如何践行群众工作路线，为群众做好服务的？（问题回答略）

（2）从我们的日常生活中可以看到，交警经常要风吹日晒，工作比较辛苦，而且经常会遇到投诉与一些不公正的待遇，那您的家人是怎样看待您的工作的，支持还是有所抱怨呢？（问题回答略）

（3）正如刚才所说，您退伍后在交警岗位已经工作了8年，那么在您这些年的工作经历中，必然会遇到一些对您来说比较棘手的事件，您又是如何成功处理的呢？（问题回答略）

（4）对我们这些踏上工作岗位，或者说是工作时间还不算还长的选调生，您有一些什么建议给大家？给我们这些年轻的基层工作者一些鼓励和激励！（备选）

（5）我们做工作的目的往往有两个，一是单纯地想把工作做好，另一个是谋求更高的职位升迁，作为一名在基层岗位上奋斗了多年的工作者，您也从一名普通交警升职到了中队长，那您是如何看待工作与职位升迁的关系的呢？（问题回答略）

（6）能够在一线基层岗位沉下身子、服务群众，并被领导认可、群众肯定，是一种什么理想与信念使您这样坚守，能给我们分享一下吗？（问题回答略）

初步设定访谈时间为40分钟，其中回答问题时间30分钟，互动交流时间10分钟。

备注：问题的设计是访谈计划的一部分，但提问不能机械地按照计划执行，在访谈过程中，要根据实际情况，善于捕捉学员感兴趣的地方，进行引申引导，同时要根据时间情况，增加或减少问题。

3. 总结词

从警8年以来，无论是基层一线执法还是交通事故处理，均为零投诉，同事敬佩他，司机敬重他，路人欣赏他，群众爱戴他，被誉为"激情的马路指挥家"，同时也拥有一批自己的"铁杆粉丝"，这就是我们眼前的陈忠队长。陈队长坚守"把岗台当舞台，把职业当事业，把群众当亲人"的理想信念与操守，扎根基层平凡岗位,创新工作方法,服务群众百姓,是当前我们群众教育路线的真实践行者,是我们身边的榜样,是我们每个人值得学习的楷模!下面让我们再一次以热烈的掌声对陈队长表示感谢!

四、总结分析

根据教学质量评估反馈结果来看,对陈忠队长的理想信念访谈教学总体已达到预期效果,但需要进一步的磨合,主要存在的问题也是下一步需要努力的方向:一是基本上采取一问一答的形式,缺乏灵活的引导与引申,使访谈显得稍微生硬与呆板;二是在回答问题时,语言较为书面化,具有亲和力与感染力的小故事稍微欠缺;三是辅助设备相对不足,缺乏实地拍摄的相关视频、恰当的背景音乐与背景墙等的烘托;四是主持人对时间把握不够,稍显紧张,自然度、亲和力、感染力欠缺。

第七章 基层干部教育培训的展望

当前,中国特色社会主义事业正站在一个新的历史起点上。党的十八大提出了"两个一百年"的奋斗目标,习近平总书记进一步提出了实现中华民族伟大复兴的中国梦,世情国情党情不断发生新变化。根据新的形势和任务要求,党中央更加重视干部的教育培训,把基层干部培训工作提上更加重要的位置。围绕如何培训基层干部等问题,培训什么样的基层干部等问题,从事基层干部培训的各级党校、行政学院、干部院校及培训机构,认真贯彻中央和各级党委的要求,科学研判发展形势,不断推进和深化干部教育培训工作的创新,促进培训需求与现代培训模式的融合,使我国基层干部培训工作呈现出新的发展趋势。

第一节 基层干部教育培训面临的新形势

一、知识经济的快速发展

知识经济是以现代科技为核心,以知识作为生产力发展最主要因素的经济,知识经济时代的到来,对干部的教育培训提出严峻的挑战与机遇。

1. 知识经济对干部教育培训的挑战

伴随着知识经济时代的来临,人类所拥有的信息量趋于无限扩大,知识更新频率明显加快,干部更需要利用业余时间不断学习,把吸纳新知识作为自身工作的有机构成。这一格局的出现,必然导致干部、社会对干部教育培训的主客观需求日趋丰富多样,并对现有的培训模式、速度及类型提出了挑战。

知识经济对干部教育培训的内容提出挑战。知识经济以信息、生命、空间、海洋、新能源与可再生能源等高科技产业为标志,这些产业的迅猛勃兴,势必要求领导干部掌握相关的知识,干部教育培训的内容结构需要调整,适当增加信息科学、生命科学等方面的自然科学与社会科学的相关内容。

干部教育培训面临走势上的挑战。与其他生产要素不同,知识资源具有较强的共享性。世界知识经济的一体化、全球化也是知识经济的重要特征之一,这就向世界各国成人教育对社会的开放性以及国际化进程提出了更高要求,相对封闭、片面,注重地域性的干部教育培训已经不能适应社会整体发展。

2. 知识经济为干部教育培训提供了发展的机遇

知识经济为干部培训提供搭建了更多的平台。在知识经济背景下,干部教育培训以更灵活多样的教学手段,更广阔的教育空间,对在职人员进行各种岗位培训和继续教育,为党的事业发展提供强有力的人才支持。人们开始强烈意识到干部教育培训的重要地位与作用,从而为干部教育培训的发展提供意识领域的先导。

知识经济为培训的运作和发展创造了动力和契机。科技的发展,社会经济结构的变化,经济决策知识化等特点,对知识型的干部具有巨大的需求。而我国一些基层干部由于初始的教育欠缺,必须通过教育培训进行弥补,这都从现实层面为干部教育培训的运作和发展创造了动力与契机。

知识经济为培训提供了广阔的发展前景。据相关的指标体系显示,知识经济时代劳动者的业余时间约为19年,这无疑为干部在闲暇时进行教育培训及终身学习提供了时间、精力方面的保证。因而利用闲暇时间进行的继续教育,作为干部教育培训的一个有机组成部分,也具有广阔的发展前景。

知识经济促进培训的手段不断创新。现代科学技术作为知识经济的核心,促进干部教育培训的手段不断创新,即以信息科学、软科学技术等为依据,干部教育培训将越来越多地实现从传统教学手段向以计算机等为主体的现代教学手段演进,进一步使干部教育培训向广域、便捷、快速、高效方向发展。

二、社会经济的转型发展

我国正处于社会发展的转型时期,主要有三个方面的变化:一是经济体制的转变;二是由此带来的社会结构的变化;三是社会形态的变迁。经济体制的转变指经济体制向市场经济体制的转变。社会结构的变化是指社会结构的转换、机制的转换、利益的调整和观念的转变。社会形态转变则是指农业社会向工业社会、封闭性社会向开放性社会、传统社会向现代社会的变迁和发展。

1. 社会经济发展的变化,对基层干部素质提出了新的挑战

在不同的社会经济发展时期,基层干部的工作重点和中心也不尽相同,这就要求基层干部必须不断加强培训,加快知识更新速度。经过改革开放三十多年的高速增长,我国的经济增速放缓,经济增长动力的转换、经济结构的再平衡,面临着复杂的系统转型。2014年,习近平总书记多次提出"新常态",指出要正确认识我国经济发展的阶段性特征,适应新常态。在未来很长一段时间内,我国发展的重点在质量上,对经济增长速度的要求不那么"执着"。新常态标志着中国已经进入一个与过去三十多年高速增长期不同的阶段,基层干部工作的重点逐步转向注重质量的经济发展和讲究公平效率的社会治理。地方政府将把更多的资源和精力用于广义的发展如社会保障、民生福祉、文化建设、医疗教育等方面,强化十八届三中全会《中共中央关于全面深化改革若干重大问题的决定》所提到的公共服务、市场监管、社会管理、环境保护等职责,纠正以往的不合理之处。面对工作重心的变化,基层干部能力需求也相应变化。新常态显示社会发展已经明显地变化了,海量的人流、物流、信息流和多元的社会需求,使得基层干部的素质能力需求面临着更加多样化和专业化的挑战。

2. 社会转型期社会矛盾不断凸显,对基层干部能力提出了新的考验

在社会转型期间,工业化、城市化进程带来失地农民的安置补偿问题、就业问题以及外来人口的社会管理、基层民主法治建设、新农村建设等各种矛盾、问题,这些对基层干部的工作能力提出了新的考验。在农村,地方政府管理和村民自治,由过去的利益共同体发展为各自独立的利益主体,有的地方演变成为利益的角逐者甚至对立面,如征地拆迁中基层政府与农民的利益冲突。对当前的基层工作,倘若不从全局的高度出发,仅凭经验就事论事,忽略事情的社会性和复杂性,各种问题和矛盾就会难以处理,或处理之后留下隐患,以致进一步激化矛盾。因此,基层干部培训应把学习理论同指导实践结合起来,

引导干部坚持以正在做的事情为中心,运用马克思主义的立场、观点、方法分析和研究实践工作中存在的问题,培养基层干部站在全新的更高层次上开展行政管理,对各种情况做出正确的分析、判断和决策。

3. 社会转型期价值取向多元,对基层干部工作作风提出新的期待

在计划经济向市场经济转变的过程中,群众的价值观念也呈现出多元性:既有反映市场经济要求的自由、开放、平等、等价交换等现代形态的价值观念,也有传统社会形态的等级、特权、封闭的价值观念,还有拜金、享乐、个人主义等一些腐朽思想和生活方式渗透和侵蚀人们的思想。基层干部作为社会主体,世界观、价值观也受到一定的影响。有的基层领导干部理想信念不坚定,宗旨意识不强,政绩观扭曲;有的工作方法粗暴,甚至使用非法手段;有的对基层感情不够深厚,脱离群众。当前被曝光的大量"走读干部"就是一部分基层干部的典型代表。因此,加强对干部工作作风与工作方式的教育培训,引导干部正确对待群众的批评和建议,正确对待群众反映的问题,正确运用协调机制处理好干群矛盾,是当前基层干部培训工作的重点。

三、外部环境的变化

新时期,对外开放使得中国与世界的关系愈来愈紧密。中国的经济、政治、文化包括意识形态等各个领域、各个方面的发展都直面世界,深受外部环境的影响,中国和世界日益交融发展。当今,我党面临的外部环境的变化,总体上可以归纳为两个方面:与资本扩展相联系的经济全球化及与国家利益相联系的政治多极化和思想文化多元化。如何应对日益复杂的外部环境,是全党特别是党的干部面临的严峻考验,也是干部教育培训面临的考验和挑战。

1. 经济全球化考验着党的干部在国际复杂局面下的执政能力

一是考验党的干部的世界眼光和宽广胸怀。对外开放极大地开阔了领导干部的眼界,为党的干部认识世界和把握规律提供了更开阔的思考空间和理论疆域,同时也对领导干部处理重大问题时的全球意识、宽广眼界提出了新的更高的要求。二是考验着党的干部的战略思维和系统思考的能力。面对全球化时代复杂的国际国内局势,党的干部要以全球眼光及系统和全局思维,从战略高度,用长远的观点、发展的观点对待眼前和现实的问题,既要看到面临的

有利条件和正面效益,又要看到面临的不利条件、劣势和决策的负面效应,坚持辩证思维,全面客观地认识和处理问题。三是经济全球化考验着党的干部驾驭国际化市场经济的能力。当前,我国开放领域不断扩展,在国际贸易、国际投资和国际金融领域深入地参与国际分工和协作,已经形成全方位、多层次、宽领域的开放格局。如何成功驾驭国际化市场经济,适应全球化时代的快速发展,是世界各国执政者包括中国共产党共同面对和解决的重大历史性课题,迫切要求党的干部切实提高驾驭国际化市场经济的能力。

2. 思想文化多元化考验着党的干部马克思主义意识形态的坚定性

一是资产阶级意识形态对党的干部的政治坚定性带来冲击。资产阶级的意识形态潜移默化地影响和动摇着发展中国家人民的传统生活方式和价值观念,导致理想淡化、信念动摇、信仰缺失、价值观迷乱、道德滑坡等诸多消极现象。能否引导主流文化,提高文化自觉,坚定理想信念,与时俱进地调整和确立社会的核心价值体系,并增强人们对其的认同程度,事关一个国家和民族的兴衰成败。二是思想文化多元化考验着党的干部运用马克思主义基本立场、观点、方法观察问题和辨析问题的能力。在对外开放的环境中,世界范围内思想多元化发展,多元价值并存。党的干部如果不能有效运用马克思主义观点方法对民主社会主义、新自由主义、人权高于主权等思想观念进行正确辨别和分析,就难免会对中国特色社会主义的理想信念产生动摇,对中国特色社会主义事业的发展缺乏信心,从而冲击党的干部对社会主义核心价值观的认识和坚持。三是思想文化多元化考验着干部的思想政治文化建设的能力。在参与经济全球化的过程中,干部面临着许多新的问题。比如,在经济全球化带来的国内各种复杂经济主体中,如何建立党组织并发挥党组织作用? 在复杂的外部环境条件下,党的干部要提高自身的思想政治素质水平,增强政治敏锐性和鉴别力,创造性地开展思想政治文化建设,提高领导思想政治文化建设的能力。

3. 外部环境的变化要求干部培训在强化理论教育和党性教育的基础上不断学习世界前沿知识,培养战略思维

在经济全球化条件下,干部教育既要重视系统的理论教育和严格的党性教育,也要培养和训练党员领导干部根据党中央的战略部署和形势任务需要,以马克思主义立场、观点和方法为指导,以全球化的世界眼光和眼界,从战略

高度思考和研究重大理论和现实问题,提高学员的战略思维能力和驾驭经济全球化的领导能力。能否培养一大批适应全球化时代需要的党的干部,是新时期、新形势下评估干部教育效果的重要标准。

作为从事基层干部培训的院校、机构,必须清醒地认识到,对党的干部的考验就是对干部教育培训的考验,就是对干部教育培训针对性、实效性和实践性的考验。干部教育的性质、定位和作用决定了培训的目标在于提高党的干部的应对能力,适应和促进党的干部的健康成长,这对干部教育培训来说,既是挑战,更是机遇。可以说,干部教育培训在新的历史条件下提高了党的干部经受和应对执政的考验、改革开放的考验、市场经济的考验和外部环境的考验的素质和能力,从事干部教育的院校如果能经受和应对时代发展对干部教育培训提出的挑战,就获得了自身长远发展的机遇。所以,对干部教育培训而言,必须紧紧围绕党和国家的工作大局,服务于党的建设和党的干部建设,培养干部扎实的理论基础、坚强的党性修养、宽阔的世界眼光、高远的战略思维,并把这几个方面相互贯通起来,全面提高领导能力和水平。

第二节 新时期党的执政能力对基层干部教育培训提出的新要求

一、大规模培训基层干部,大幅度提高干部素质

党的十七大提出"继续大规模培训干部,大幅度提高干部素质",按照中央的部署,中组部在制定大规模培训干部工作意见时,认为近些年党中央对县处级以上领导干部的教育培训较多,取得了较好的效果,但对基层干部培训的关注不够,措施不足,对各地和基层好的做法、经验总结推广不及时,因此,将基层干部教育培训作为一项重点工程。2011年5月,中组部印发《关于实施基层干部"科学发展主题培训行动计划"的通知》和《关于开展全国基层干部党组织书记加强社会管理集中轮训工作的通知》,要求在两年内将全国所有基层干部轮训一遍,促进基层干部队伍素质能力的提升。同年11月,中共中央办公

厅转发了《中央组织部关于加强和改进基层干部教育培训工作的意见》，提出开展基层干部教育培训，要实行全员的教育培训，培训面向全体基层干部，让所有的基层干部都享有接受教育培训的权利，加大培训力度，让培训资源向基层倾向，扩大基层干部培训的覆盖面，促进基层干部素质的整体提高。这些都表明，新时期，党对基层干部的培训是将所有的基层干部作为教育培训的对象，不断加大培训力度，多渠道、全覆盖、高质量地开展基层干部培训，并按照重点对象重点培训的要求，加强对县市区旗直属部门主要负责人等的重点培训，为小康社会的建设提供一支守信念、讲奉献、有本领、重品行的高素质的基层干部队伍。

二、不断丰富、完善干部教育培训的内容体系

1. 把坚持学习中国特色社会主义理论体系作为首要任务

历史的经验证明，党的理论创新每推进一步，理论武装就要跟进一步，要不断运用理论创新成果武装党员干部，用反映时代特征和实践要求的科学理论指导实践，并根据实践的发展不断推进理论创新，这是坚持和发展党的先进性、不断推进党和国家事业的根本保证。习近平同志在浦东干部学院干部教育培训工作座谈会上强调："马克思主义理论素养是领导干部的必备素质，是保持政治上清醒坚定的基础和前提。领导干部学习马克思主义理论，在现阶段主要是学习中国特色社会主义理论体系；干部教育培训中理论教育的重点内容，也是中国特色社会主义理论体系。同时，还要抓好马克思列宁主义、毛泽东思想经典著作的学习教育，引导干部系统掌握马克思主义科学真理，深化对中国特色社会主义理论体系的理解和运用。"按照中央部署要求，组织广大基层干部深入学习中国特色社会主义理论体系，深刻领悟重大意义和精神实质，掌握贯穿其中的立场观点和方法，把学习中国特色社会主义理论体系与学习党的路线方针政策、党的历史结合起来，特别是与学习改革开放以来的成功经验结合起来，把党的理论创新成果与认识和把握我国经济社会发展的阶段性特征结合起来，帮助基层干部从理论与实践的统一上真正弄清楚、搞明白：为什么必须采取现在这样的科学发展、和谐发展、和平发展的重大方针？要把党的理论创新成果作为基层干部教育培训的中心内容，充实教学计划，完善教

学布局,加大对党的理论创新成果进教材、进课堂、进头脑的力度,使广大基层干部对党的理论创新成果的认识更加深刻,把握更加全面,运用更加自觉,使他们真学真信,做到真懂真用;帮助广大基层干部把理论转化为谋划发展的正确思路、促进发展的政策措施、保证科学发展的机制体制,真正把创新的理论贯彻落实到地方经济社会发展的各个方面;促使和帮助广大干部进一步坚定对中国特色社会主义信念、对改革开放和社会主义现代化建设的信心,进一步增强思想政治素质和理论素养,提高领导水平和执政水平。

2. 突出抓好以理想信念和职业道德为重点的品德教育培训

基层干部直接面对群众,其形象代表着党和政府在群众心中的形象。2013年,苏州市农村干部学院在对苏州市基层干部社会形象调查中发现,有41%的群众认为基层干部的贪腐行为影响基层干部形象;在对基层干部队伍建设的调研中也发现,40%的调查对象认为基层干部缺乏责任感。这表明基层干部加强职业道德、理想信念教育非常必要。党的十八大报告指出,坚持和发展中国特色社会主义,关键在于建设一支政治坚定、能力过硬、作风优良、奋发有为的执政骨干队伍。由此可见,"德"的教育是干部队伍建设的重要组成部分,是干部教育培训必须坚持的基本方向。2013年6月28日至29日,习近平总书记在全国组织工作会议上发表重要讲话,指出好干部要做到信念坚定、为民服务、勤政务实、敢于担当、清正廉洁。2014年7月,中共中央组织部印发《关于在干部教育培训中加强理想信念和道德品行教育的通知》。这都要求基层干部培训必须紧紧围绕强化基层干部的宗旨意识教育、理想信念教育、品德教育、职业道德教育、诚信教育、党性教育等方面的教育实践活动,引导基层干部切实改进思想作风和工作作风,增强全局观念和大局意识,创造性地落实中央和上级的各项决策部署。

3. 坚持提升基层干部的素质教育和能力教育

自党的十六大以来,干部培训的目标适时由素质教育转变为素质教育和能力培训培养相结合,《干部教育培训条例》规定,干部教育培训必须遵循"全面发展、注重能力"的原则。要求按照加强党的执政能力建设的要求,把提高干部能力作为干部教育培训工作的重点,在促进干部全面发展的基础上提高能力。这标志着干部教育培训逐渐从偏重知识传授向注重能力培养的方向转变。尤其对于基层干部来说,面对群众一线,更要重视实践能力的培养,坚持以科学发展需要什么就培训什么,科学发展需要解决什么问题就研究解决什么问题为原则,坚持联系实际。新时期的素质培训主要包括以下几方面:一是当代世界发展变化知识及世情的培训,帮助干部以宽广的眼界认识世界,把握时代脉搏,认清面临的机遇和挑战。二是社会主义市场经济知识的培训,帮助干部增强驾驭市场经济的能力。三是高新科技和信息技术知识的培训,帮助干部增长科学知识,掌握科学方法。四是社会主义民主法制知识的培训,帮助干部提高民主管理、依法办事的能力。五是社会管理知识的培训,帮助干部提高社会管理能力。六是现代领导科学知识的培训,帮助干部提高领导方法和艺术。按照中央提出的新要求,突出加强现代科技、新兴产业、现代服务业、城市规划、社会管理、社会管理和舆情应对等方面的培训,提高干部推动科学发展、促进社会和谐的能力。在能力培养的目标要求下进行教学内容和活动的安排,在素质教育的基础上突出能力培养。

三、紧紧围绕党和国家工作大局开展

紧紧围绕党和国家工作大局来开展工作,是干部教育培训工作的基本经验,也是中央对做好干部教育培训工作的根本要求。胡锦涛同志在给三所干部学院的贺信中强调,干部教育培训工作必须紧紧围绕党和国家工作大局,为全面建设小康社会、加快推进社会主义现代化服务。《2013—2017年全国干部教育培训规划》中把坚持服务大局、按需施教,党和国家事业发展需要什么就培训什么,干部履职尽责和健康成长需要什么就培训什么作为干部培训的基本原则。要自觉地把干部教育培训工作放到党和国家的工作大局中来认识、来谋划、来推进,适应经济社会发展需要,并将之作为干部教育培训工作的出发点和落脚点;要按照党和国家工作大局的要求来确定干部教育培训工作的目标、任务和内容,特别是将党和国家在经济、政治、文化、社会、外交、国防等方面的重要战略部署,转化为干部教育培训的重点内容,不断丰富和完善干部教育培训的内容体系;要把服务于党和国家工作大局的成效作为检验干部教育培训效果的根本标准,不断了解新情况,总结新经验,加强和改进干部教育培训工作。

四、坚持实事求是、与时俱进、艰苦奋斗、执政为民的要求

近年来,中央领导多次强调指出,中央党校、国家行政学院和中国浦东、井冈山、延安干部学院,要按照实事求是、与时俱进、艰苦奋斗、执政为民的办学要求开展教育培训工作。这也是对整个干部教育培训工作提出的基本要求。《干部教育培训工作条例》将这一要求写入了指导思想,就是要求干部教育培训工作要坚持实事求是的思想路线,从干部教育培训的规律和实际出发,进一步解放思想,加大力度,努力开创干部教育培训工作的新局面;要弘扬与时俱进的创新精神,以更加宽广的视野,深刻认识和把握时代的发展要求和基本趋势,不断研究新情况,解决新问题,形成新认识,开辟新境界,使干部在思想上、理论上始终紧跟时代发展前进的步伐;要继承艰苦奋斗的优良传统,这是我们党保持同人民群众血肉联系的一个法宝,要通过革命传统教育,引导干部发扬艰苦奋斗的精神和艰苦朴素的优良作风,永远保持党的本色,永远保持人民公仆形象;要实践执政为民的根本宗旨,这是贯彻和践行"三个代表"重要思想的根本要求,干部教育培训工作要教育广大干部自觉抵御和防范各种腐朽思想的侵蚀,正确看待和运用手中的权力,真正做到权为民所用,情为民所系,利为民所谋。

五、按需施教,注重培训的针对性和实效性

《中央组织部关于加强和改进基层干部教育培训工作的意见》(简称《意见》)《2013—2017年全国干部教育培训规划》都指出,坚持分级管理、分类实施,根据不同地区、不同类别、不同层次、不同岗位的基层干部实际开展教育培训。应树立按需培训的理念,遵循干部成长规律和干部教育规律,注重实效,不搞"一刀切""一锅煮",做好基层干部培训工作。《2010—2020年干部教育培训改革纲要》要求研究不同类型、不同层次、不同岗位干部的素质能力模型,不断提高干部教育培训的科学化水平。根据《意见》的要求,各地建立健全基层干部需求调研制度,通过多途径,摸清培训需求,有针对性地研究制订培训计划和培训方案,切实把需求调研作为制订基层干部培训计划的重要环节,作为组织开展培训的重要依据。从上述文件中可以看出,中央对提高培训的实

效性和针对性是非常重视的,要求将需求调研作为重要的工作来抓,培训机构根据每个基层干部培训班的目标,遵守教学过程的内在逻辑,从教学方案设计、教材安排、教学方法、教学组织以及学习考核等具体环节入手,针对不同层次、不同类型干部的特点和需要,学用结合,有针对性地制订教育培训计划,开展培训工作。

第三节　基层干部教育培训中新技术的发展与应用

一、基层干部教育培训对新技术的要求

（一）适应时代发展的需要

现代培训技术的迅速发展促使人们利用新技术学习的方式也在不断完善,从远程学习到适应性学习再到移动性学习,信息技术在培训领域的广泛应用,不断丰富人们掌握的信息,加快知识更新的速度。移动学习,是指在多媒体技术和网络技术充分应用到培训领域的基础上,把移动计算技术运用到培训中产生的一种全新的培训模式。伴随移动通信技术和计算机技术的迅猛发展,无线和移动设备的功能不断增强,移动学习被认为是一种未来的学习模式,其应用范围日益广泛,成为人们乐于采用的学习方式之一。

在欧美等经济发达国家,人们早已开始了对移动学习的研究,已经初步形成系统。美国斯坦福大学移动学习实验室从语言学习入手,开发出了适应外语学习的移动学习模块。赫尔辛基大学信息技术培训中心开发出基于 WAP 的移动学习系统:应用该系统,学习者就可以通过 WAP 手机将自己在任何时候产生的学习认识发送到服务器的共享数据库中;同组的其他学习者可以通过手机或电脑上网的方式获知这些认识。这对于远距离的基层干部之间的交流学习具有很强的帮助作用。目前,国内一些重点高校和科研机构已经对移动学习进行研究并加以应用。如北京大学现代培训技术中心移动培训实验室开发的基于短信的培训平台已经投入培训实验。因此,在当前的基层干部培训中,要注重对移动学习的研究和应用,以适应时代发展的要求。

（二）适应现代培训的需要

1. 现代培训技术是更新培训理念的技术基础

现代培训技术促进了培训理念的重大变化。首先,促进了传统培训观念的转变,将过去的"以教为主体"迅速转变到"以'学'为中心"。在培训实践中,借助计算机多媒体技术,突出学员的主体地位,调动学员的学习积极性、主动性,提高学员的自主性与创造性。其次,促进"以人为本"理念的实现。要实现培训的目标,必须以人为立足点,以学员的需求为出发点,把尊重学员的个性发展要求、主体性精神及培训需求有机统一起来,把培训的人本理念真正落到实处,贯彻到培训的全过程。最后,现代培训技术体现了当代干部培训的开放理念。随着计算机网络的延伸,整个社会逐步连成一体,各种干部培训机构的联系进一步加强,完全可以实现相互学习和资源共享,为开放式培训创造了良好的条件。

2. 现代培训技术是创新培训内容的技术保障

培训内容的创新是基层干部培训改革的核心,是提高培训质量的关键。在现在的基层干部培训参考资料和培训的实践过程中,会出现一些脱离实际的情况,不符合基层干部培训的客观要求。培训的内容要满足社会和学员两个方面的需求,必须选择贴近实际、符合现代社会发展需要的培训内容。同时,现在的培训技术能够克服传统教材编写的限制,将当前最鲜活、具有时代特征的培训内容,通过多媒体课件的制作体现到培训过程中去,丰富培训资源,扩大信息量。

3. 现代培训技术是创新培训方法的技术支撑

干部培训方式的创新也是当前干部培训改革的重中之重,而现代培训技术的应用则是干部培训方法创新的技术支撑。一方面,培训信息的数字化与计算机网络的无限延伸,为网络培训、远程学习、仿真与虚拟试验等全新的培训形式奠定了基础。另一方面,现代培训技术依托先进的培训手段,让不同层次、不同类别的培训对象根据需要灵活选择适合自身特点的培训内容,实现理论培训与知识技能培训的对接,促进能力的培养。同时,现代培训技术的应用还可以极大地实现网络培训资源的共享,创造多重交互式与自主构建知识的网络环境,增强培训对象学习和培训的互动性、主动性、灵活性与创新性。培训技术创新促使培训的方式改变,不再局限于教师、教室和书本,而是采取多种交流沟通方式,有效地实施程序化培训、启发式培训等先进的培训方法,又可以创新地运用案例、情景模拟等体验式的培训方式,促进学员间主动进行探讨式学习和研究,实现培训方式的多样化。

4. 现代培训技术是增强培训效果的技术前提

运用现代培训技术手段,可以使培训不受时间、空间、微观、宏观的限制,向学员提供当时当地无法看见、看清的事物、现象和过程(或者无法听到和听清的各种声音),可以将所讲的对象化小为大、化远为近、化静为动、化快为慢、化简为繁,从而使培训内容变得直观具体,扩大培训的功能,激发学员学习的兴趣,实现"快乐培训"的目标,还能同时提高培训速度,减轻学员负担,有利于提高培训质量。网络技术信息量大、信息传递便捷、交互性强等特点,还可以提高培训对象发现问题、分析问题和解决问题的能力,强化培训实效,有利于培训机构开展发现式和协同式培训。

(三)适应增强培训实效的需要

参加培训学习的基层干部,都是短期培训,都是在繁忙的工作中挤出时间来参加培训的。因此,如何使学员采用更加便捷的方式学习到更丰富实用的内容,一直是基层干部培训创新需要考虑的重要因素。而移动学习作为一种新的学习方式,将在基层干部培训工作中大量采用,学员在移动学习中对现代培训技术的需求也会越来越多。这些需求主要包括以下方面:一是移动设备的辅助功能。移动设备可以辅助学员查阅相关信息,了解相关知识。二是短信息服务系统,方便获取最新信息。手机等移动终端设备已经广泛地在人们的日常生活中应用,在培训时,可以通过系统随时向学员发送诸如课程安排、课业信息等重要通知。三是缩短培训时间的需求。现代培训技术能将声音、图像甚至影视等多媒体信息进行综合处理,使培训过程更加直观形象、多样化,也能节省培训时间。

二、当今干部培训技术的新发展

(一)心理实验在干部教育培训中的运用

实验心理学是在实验室控制条件下进行研究工作的心理学,它与专门研究某一方面的心理学如学习心理学等略有不同,更多的是研究心理学的一种方法学。心理实验广泛地应用于各类教育培训中,干部培训机构亦将其引入干部教育培训中,力图从心理学的视角反映和揭示领导干部在培训过程中普遍存在的心理活动规律,研究学员的心理状态,摸清学员的需求,并按照需求进行课程设计、师资安排等,保证培训项目的效果。

(二) 计算机与网络技术在干部教育培训中的运用

1. 远程教育

网络远程教育可以实现跨越时空、跨越地域的教育资源共享,使各地学员都能感受到信息化的便利,使优秀教育培训资源得到充分利用。不同层次的干部可以在自己方便的时间、合适的地点,按照自己学习的内容、速度和方式进行学习。如辽宁市干部在线学习中心由清华大学负责搭建,并提供教学资源服务,第一期注册学员就有2496人,创造了日均学院在线人数超过1000人的记录,得到了组织部和学院的充分肯定。

2. 网络视频工作会议

由于教学或工作的需要,教育培训机构经常召开行政会议,进行远程教学或教学观摩等。使用视频会议的方式,既不受时间和地点的约束,可随时进行,又节约了时间和费用。

3. 学术交流

除传统的行政会议外,现代干部培训中还会经常与各地的研究机构、权威教授学者进行学术和经验交流活动。传统集中式的交流活动通常会受时间、地点、参会人员的限制,在一定程度上制约了这些活动的高效开展。利用远程教育系统,不但能够节省大量的人力、物力、财力,而且能够随时随地地反复进行探讨和交流。同对,大数据功能还为跨区域的交流活动搭建一个多人共享的工作平台。通过文档共享、文件传送等功能,参会者可以将各种需要交流的数据、图形、报表、文字等信息同步显示给所有相关人员,在进行充分的视频、语音交流的同时,能够让学员对内容进行共同操作和修改,完成交流讨论。

4. 教学和教务的管理

由计算机与网络搭建的教学和教务管理平台具有处理功能强大、操作便捷的优势,可以为管理者提前获取培训对象的基本情况,提前制订与之相应的教学计划以及教务管理方法,不仅提高了教学和教务管理的效率,同时也提高了管理水平。

5. 网络教学,资源共享

利用视频会议系统实现合作办学,实现优秀教学资源的共享,不仅增加了干部学习的机会,提高了教学质量,降低了教学成本,还有利于扩大教学规模。

(三)实验室教学在干部教育培训中的运用

实验室教学是干部教育培训中的创新之举,通过实验室,把一些创新的项目、课程、内容、方法孵化应用到干部教育培训的领域当中去。当前我国开展的实验性教学主要有五种。

1. 媒体沟通实验教学系统

在社会舆论呈现更加复杂和多元的新形势下,领导干部不仅要高度重视包括网络舆情在内的民意,更要学会如何应对媒体,如何提高同媒体打交道的能力。"媒体沟通实训"就是应运而生的一种新的体验式教学方式,主要目的是提高广大领导干部应对媒体的能力,把握舆论导向和话语权,提高驾驭媒体能力。"媒体沟通实训室"正是实践这种新型教学方式的基地,是专门的仿真实验室,主要由音频扩声子系统、视频播放显示子系统、图像采集与回访子系统、集中控制子系统、计算机与网络子系统、媒体资源管理与非编子系统、灯光控制子系统、学员投票与公推公选评分系统组成。

根据当前领导干部在各项突发事件发生后与媒体、公众进行沟通的实际需要,该实训室立足于情景模拟的实训方式,充分发挥学员的主体作用,引导学员积极参与实训,以提升学员的媒体沟通水平。系统面向个性化的教学过程,采用多媒体教学、计算机网络技术,并结合软件系统对教学材料数据、提问大纲、专家点评打分等环节进行管理。

2. 应急管理仿真教学系统

主要目的是利用现代模拟仿真技术,由教员将突发事件提前"搬到"实验室中,然后由学员根据发生的应急突发事件,做出对事件的处置结果,再由教员和专家对学员给出的处置结果给予评估和指正,从而达到利用实验室模拟仿真系统训练学员的目的。党校应急教学系统的建设应达到"教""学""演""评"四方面的目标。"教"就是教员能够利用该系统进行正常的教学活动;

"学"就是学员能够利用该系统学习应急事件的处理方法和其他相关知识;"演"就是能够模拟政府不同部门的不同角色,利用模拟仿真演练系统真实地演练应急事件处理过程;"评"就是教员和专家对这样的教学活动给出合理的评价,以期达到教学效果最优化。

主要建设内容包括:应急教学管理系统、应急模拟演练系统、教学评估及综合分析系统、应急教学支持工具,以及系统应用所必需的地理信息服务系统、中间件、数据库系统等,各系统为松耦合关系,采用 SOA 架构开发,支持系统使用过程中的灵活配置与后期项目建设的良好扩展。

3. 心理调适实验教学系统

随着改革开放的不断深入,社会变革节奏的加快,各级干部承受的心理压力越来越大。学会如何更好地应对和调节工作中的压力,已成为现代干部保持健康心态、提高领导效能至关重要的需要和保障。2011 年 12 月,中共中央纪委、中共中央组织部和监察部三部委联合发文《关于关心干部心理健康,提高干部心理素质的意见》的通知,明确提出把"关心干部心理健康,提高干部心理素质"作为建设高素质干部队伍的重要内容,要求全面细致地做好领导干部的心理健康工作,提高心理健康服务水平,提升干部心理健康素养。因此,如何引导各级干部掌握正确的压力管理与心理调适的科学方法和技能技巧成为干部教育培训的必要内容。在此背景下,浦东干部管理学院、上海市委党校等培训院校建成了干部心理调适实训室,投入干部培训使用中,取得了良好的效果。

干部心理实训课程突破了以往以讲授为主的授课方式,增加了团体活动、生物反馈训练等现代化教学方式,包括行为训练学习室、心理活动学习室、心理测评研究室、音乐调试学习室、情绪引导学习室、身心反馈学习室和自我认知学习室。课程以心理学为学科基础,从积极心理学角度入手,提高干部的压力调适能力和心理健康水平。课程紧紧围绕三个问题展开:压力是什么?压力来自哪里?如何处理压力?具体通过以下三个流程实施。流程一:关于干部心理压力问题概述。通过相关视频播放和教师的讲解,介绍压力的相关知识和干部心理压力的相关情况,为引出压力应对与心理调适的方法做好铺垫。流程二:认知调节方法简介与练习。在教师的引导下,围绕"压力应对方法"组织小组团体活动,在交流与分享的基础上,归纳总结出压力调节三部曲,即精神调节、心理调节与生理调节,并重点介绍认知调节方法,通过全班学员练习,巩固认知调节方法的具体操作步骤。流程三:HRV生物反馈训练。通过放松训练调节自主神经系统的平衡被学术界公认为是有效的应对压力、促进身心健康的心理干预模式,也即生理调节方法。运用HRV生物反馈训练系统,通过人机互动进行生理反馈,帮助学员了解其即时的生理状态,并通过深呼吸、冥想、心理想象等身心放松技术调节生理状态,达到缓解情绪、降低焦虑的目的。

4. 金融交易实验室

在干部教育培训中,为了帮助领导干部准确理解现代金融活动和现代金融体系,提高领导干部应对市场经济的能力,浦东干部学院充分利用地处上海、金融机构云集的优势,于2008年在国内率先与上海期货交易所、新华通讯社三方共建"金融交易实验室"。2008年6月10日,学院与上海期货交易所签署合作共建协议,同年7月开始施工,9月底正式建成。2008年11月4日,新华通讯社与中国浦东干部学院签署合作共建协议,为金融实验室提供软件信息支持平台。实验室安装有新华08金融信息综合服务系统、博易大师、期货模拟交易系统等,具有信息搜集、研究分析、模拟交易等功能。

该实验室主要采用五种教学形式:专题讲座、案例教学、上机模拟教学、情景模拟教学、头脑风暴等。目前已开设的课程有:"中国经济金融形势分析与预测""金融创新与金融深化改革""中国资本市场发展与展望""利用资本市场做优做强国有企业""中国期货市场发展与企业风险管理""中国企业参与衍生品业务的败与成"等。教学中所采用的多媒体信息系统功能完善,贴近教学的需求:互动式教学手段,提升了教师与学员之间的沟通效率;情景式教学模式和体验式的模拟系统,为学员提供了直观的学习体验;集中式控制手段,提高了实验室内各类信息系统的使用效率;无线式信号传输手段,提高了教学组合形式的灵活性;远程视频会议、网络课件录制和同声传译等教学辅助手段,体现了实验室的开放性。

5. 电子政务实验室

电子政务是一个涉及国家行政体制改革、信息技术发展、相关政策法规制定、公务员信息化知识和应用技能培训等多方面的系统工程。在信息技术日新月异和经济全球化这样一个大背景下,我国的电子政务建设作为国民经济和社会信息化发展的战略重点,要不断适应改革开放对政务工作的需求,以需求为导向,增强政府工作的科学性、协调性和民主性,而不是简单地将政府工作电子化和网络化。"电子政府培训模拟教学实验室"是一个基于 B/S 模式的软件系统,主要用于对学员进行电子政务整体概念的培训。实验室是按照电子政务成熟阶段的政府组织机构和运行方式,模拟建立的一体化电子政务体系,以便让学员在这样一个模拟环境下,分别以公众、企业、政府公务员等不同的角色进入教学模拟系统的前台(面向公众和企业的门户网站)和后台(政府机关的办公自动化系统或职能部门的业务处理系统)进行实际的操作,从而通过这种生动形象的实际操作和情景式教学方式,使学员了解电子政务的整体形态,了解政府内部管理与外部管理和服务等各个电子政务系统运行的方式。通过实践课程,学员对电子政务形成感性认识,并通过实际操作体验电子政务的基本功能,感受到实施电子政务的重要性,能够初步掌握实施电子政务的基本方法和策略。

6. 智慧城市教学演示中心

我国的城市化已经进入快速发展的高潮期,城市化将成为我国经济社会发展的主要推动力之一。智慧城市教学演示中心是浦东干部学院与 IBM 合作共建的实验性教学中心,该中心为开展城市化与现代城市化的专业培训发挥了重要作用。中心的教学主题是"城市化与城市现代化",探讨科技引领下的城市管理理念和城市可持续发展路径。教学目标是向学院介绍城市现代化建设和管理的新理念、新方法、新技术,帮助学院把握国内外信息化城市发展的新趋势,开阔视野,提升学院领导城市现代化与科学发展的能力。

教学方法主要采用案例教学与教学演示相结合的教学方法,教学时间一般为 3 小时,包括案例教学、案例演示和学员讨论互动。

案例教学部分,通过介绍信息传感器、互联网等技术在城市智能化建设中的运用,明晰智慧城市的概念和特征,并根据学员的工作领域和培训需求,从案例库中选择相关案例进行解读。案例库中有智慧政府、智慧制造、智慧交通、智能电网、智慧医疗等案例。案例教学以"案例的可视化演示"为辅助,主要是利用 IBM、创图等合作机构研发的城市管理演示系统，立体呈现城市智能化的建设方案。可演示的案例有弗吉尼亚州经济合作平台、纽约营业执照网上受理系统、智能化水管理、应急预案优化系统、平安城市、世博园区案例、各地区城市智能化和信息化建设案例等。

第四节　基层干部教育培训未来发展的趋势

一、基层干部培训体系系统化

21世纪以来，基层干部的教育培训工作取得了显著的成效，干部教育和培训体系已经逐步形成。在今后的培训工作中，根据按需培训的要求，培训的类型不断丰富，针对性不断增强，这就必须不断完善和丰富培训体系，采用目标化的管理体制，层层分解目标，提升培训的针对性和实效性。

1. 做好培训需求调研

不同类别、不同层次、不同岗位的干部，对教育培训会有不同的需求；干部因所在区域、学历水平、知识结构、能力状况及个性爱好的差异，对教育培训也会有不同的需求。干部参加教育培训的需求，日益呈现差别化、个性化的特点，这是干部教育培训发展的趋势，也是干部成长进步的实际需要，要求我们在培训前做好培训需求的调研工作。《2010—2020年干部教育培训改革纲要》要求把需求调研作为培训计划生产的必经环节，完善培训需求的计划生成机制。在培训过程中，要将国家需求、组织需求、岗位需求、群众需求和基层干部自身的实际需求综合起来考虑，最大可能地使各类需求趋同，兼顾各层面，并制定岗位胜任力模型，提高教育培训的科学性。

2. 确定培训总目标及具体目标体系

依据培训的核心任务和需求，在前期调研的分析结果，基层干部调训组织与培训机构应充分沟通，达成共识，根据干部教育培训纲要制定干部培训的总体目标。同时，在总目标的基础上，依据各类班次的"核心学习任务"，对各类培训班次提出分目标，以及对学习时间、学习内容、学习方式、学习过程、学习成果等提出具体量化目标,形成科学、详细、具体的目标体系,确保教育培训各项内容和各个环节得到细化,提升教育培训的针对性。

3. 制订管理方案

根据目标,制订具体的计划和配套管理方案,既要有定量的目标管理,也要有定性的目标管理。如集中学习培训的目标管理,既要有学习成果的考察,也要有学习表现的考察管理;既要有学的目标管理,也要有教的目标管理。要以目标体系为准绳,协调组织人事部门、调训单位、培训机构以及全体参训人员之间的关系,保持各单位的干部教育理念目标统一,并通过制订具体计划和教育培训方案,实现目标。

4. 建立科学的激励反馈机制

干部教育培训只有制定了相关的激励政策,才能使培训效果得到根本的保证。促进"学"与"用"结合,激发基层干部参与培训的主动性,对干部教育培训目标成果进行有效的评估和考核,作为干部任职、晋升的重要依据,也为下一次的培训需求和培训目标的建立提供参考。同时,对基层干部培训机构的干部教育培训工作进行质量评估和监控,优胜劣汰,调动积极性,以更好地指导和促进干部教育培训工作的科学化、制度化和规范化,提高培训质量和效益。

二、教育培训手段现代化

科技的进步,特别是信息技术的发展及其在教育培训中的应用,使干部教育培训的手段也呈现出现代化的发展趋势。由于基层干部使都是短期培训,因而借助新的技术和方法提升培训效果,是基层干部培训工作未来发展创新的重点。

新的教学载体不断应用。课堂讲授式教学已告别了黑板加粉笔,广泛采用多媒体教学。现场体验式、情景模拟式教学借助声像多媒体极大地增强了培训对象的现场感,激发了培训对象的学习兴趣。网络平台、网络学习园地、微博、微信等各种互联网学习载体迅速发展,能够调动学员主动参与的积极性,成为干部学习培训的一种重要形式。尤其是实验室教学的建设与发展,对加强培训与实践结合、提升培训效果具有重要意义。通过实验室的建设,借助一些新的技术和手段,以亲身体验的方式,帮助新形势下基层干部能力和素质全面、快速地提升。

远程教学网络化成为主要的辅助形式。网络培训对于学习资源的共享和培训成本的节约具有重要意义,这种开放式的教育将成为基层干部培训的一种主要辅助形式。中央颁布的《2010—2020年全国干部教育培训纲要》中明确提出,要加快建设干部教育培训网络平台,以适应现代信息技术迅猛发展的新形势。基层干部面广量大,在全员培训的目标要求下,远程网络培训对于受到地域、时间、经费等因素限制无法参训的基层干部而言是高效快捷的方法之一,是要做好全员培训工作的重要手段。充分利用现有的网络系统,构造各级网络培训平台,不断丰富网络教学的模式,以清华干部培训网打造的四种教学模式(即主平台在线培训、地方平台建设、课程合作、泛在培训模式)为基础,不断推广创新形式。在各基层单位建立接收终端,最大程度地利用好现有的会议视频系统,并建立多媒体学习资源系统,如电子教案库、教学素材库、智能学习库、网上仿真实验室、网上论坛中心和网上图书馆等。及时补充与更新信息资料,有效地发挥网络的作用,使基层干部分享到更多的学习资源,便捷地自主学习。当前网络教育仅仅是个序幕,使用设备也将从计算机逐步向手机等各类多媒体设备扩展,干部的网络教育平台逐渐丰富、完善,尤其是"泛在学习"模式,为未来的干部培训工作带了巨大的有利条件。

总之,教育培训手段现代化、信息化来势迅猛,不可阻挡,迫切地要求干部教育培训机构加强信息化建设,加大投入,加快发展,加强管理,加紧应用;也迫切要求从事干部教育培训工作的教研和管理人员提高认识,加强学习,掌握和运用现代培训手段,提高教学和管理工作水平。

三、教育培训方式多样化

培训方式多样化是新的世纪新的阶段以及未来一段时间内,干部教育培训工作的一个明显的发展趋势。尤其对于基层干部来说,年龄、知识和能力结构差异较大,特别需要通过灵活多样、易学易懂的培训形式达到预期的教学目标。习近平同志强调,提高教育培训科学化水平,必须创新培训方式方法。目前,培训方式正由"知识传授"转为"行为改变",由"给学员答案"转向"引发学员讨论思考",由"灌输式"转向"互动式",由原始的"文件学习式、报告讲座式"发展到"交流研讨式、游戏体验式",由"集中式培训"发展成"送教上门、岗位状态培训",由"板书讲述式"向"多媒体演示式"教学形式转化。在坚持干部教育培训的组织调训和脱产学习形式的基础上,在职学习、在线学习、菜单式、学分制等自主选学方式应运而生,极大地丰富了干部教育培训的形式,拓宽了干部参加学习培训的渠道和途径。

未来,尤其是教学方式的创新,能有效地提升培训效果,是培训方式多样化中的重要一环,受到组织部门及培训院校的重视。《2013—2017年全国干部教育培训规划》中强调,要改进教学方式方法,加重案例教学比重。国内外的实践表明,案例教学作为成功的教学方式,在基层干部培训中开展得还较少,符合基层干部特点的案例教材也较少。要重视案例教学,加大乡土案例教材开发力度,及时将基层改革发展中的典型实践转化为案例,丰富基层干部案例教学资源。近几年来,许多干部培训机构特别是党校、行政学校等开展了现场体验式教学、学员论坛或互动式研讨、情景模拟教学、实验性教学、行动学习,还有跨地区、跨部门、跨学校的合作培训、网上专题培训等,这些新的培训方法,形成百花齐放的态势,让学员在亲力亲为、亲身体验中激发情感,启发思考,进一步增强了教学的吸引力和感染力,有效地提高了基层干部的能力和素质。

四、基层干部教育培训机构多元化

从事基层干部教育培训的主阵地是省级以下的党校、干部学院。随着培训市场的开放,党对基层干部培训的不断重视,培训量的不断增加,地方各级干部教育培训机构不断涌现,竞争激烈。一些著名高校、咨询公司也参与到基层干部教育培训市场的竞争,如浙江大学、北京大学,以及新建的焦裕禄干部学院等红色教育基地都接受基层干部的培训工作。培训机构呈现多元化发展趋势,市场竞争日趋激烈。

为了培育和规范干部教育培训市场,《干部教育培训条例(试行)》提出"建立干部教育培训机构准入制度",明确"培训机构承担干部教育培训任务,必须获得干部教育培训管理部门的资质认可",要求引导干部教育培训机构优化服务,提高质量,逐步形成由干部教育培训主管部门指导、公开平等、竞争有序的干部教育培训市场机制。条例还对各级党委和政府加强干部教育培训机构建设提出新的要求,对具有相对优势、办学能力与条件较好、有发展前途的培训机构,予以重点扶持;对办学特色不够明显、办学规模比较小的培训机构,通过联合办学等方式,实现资源合理培训;对不具备办学能力和布局、结构不合理的培训机构,应当进行重组或调整;对名为培训干校、培训中心等,实为宾馆、度假村,主要靠非教育培训业务进行营利活动的,坚决取消其办学资格。《2010—2020年干部教育培训改革纲要》也提出要增强培训机构体系的开放度和竞争性,不断对教育培训机构进行优化整合,构建完善的教育培训市场。

同时,各类教育培训机构参与干部教育培训的渠道将会拓宽,培训逐步实行项目招投标制度,鼓励培训机构之间开展适度竞争。基层干部将在组织指导下逐步实现干部自主选择干部培训机构、师资、内容和时间。

面对这种培训机构多元化的趋势和培训市场竞争激烈的态势,作为干部教育培训机构,应争取主动,加强自身品牌和特色建设,提高教育培训工作水平。

五、教育培训资源社会化

开门办学、开放办学是干部教育培训的鲜明特点。干部教育培训的资源,既包括教育培训机构及设施设备等硬件资源,也包括师资力量、教材及图书资料等软件资源。进入21世纪以来,随着干部教育培训事业的发展,特别是为了适应培养和提高干部能力水平的需要,干部教育培训资源的社会化整合趋势明显。从干部教育主管部门来说,已不再仅限于利用既有的干部教育培训机构开展干部培训,而是在更广泛的范围内利用社会资源包括高校、科研院所及国外的培训机构等来培训干部。目前,干部教育培训资源利用,已形成从区域内向区域外、从国内向国外培训资源拓展,从党校、行政学院和干部学院主阵地向高等院校、科研院所等社会培训机构拓展,从培训机构内部专职师资向外部聘请兼职教师、吸引全社会优秀人才为干部教育培训贡献才智拓展,从传统课堂向课外实践现场拓展,从实体培训资源向虚拟培训资源拓展的开放局面。这一点,在《干部教育培训条例》中已得到肯定。条例第三十二条指出,实行干部教育培训项目管理制度。干部教育培训管理部门可以采取直接委托、招标投标等方式,确定承担培训项目的教育培训机构,加强项目实施的管理,提高培训绩效。干部教育培训的施教机构也越来越重视利用社会教育培训资源服务于自身干部教育培训事业的发展。选聘实践经验丰富、理论水平较高的党政领导干部、企业经营管理人员、国内外专家学者担任兼职教师,"不求所有,但求所用",充分发挥兼职教师的作用;把改革开放和现代化建设的前沿现场转化为教学课堂,把广大干部群众在实践中创造的好经验好做法转化为干部教育培训的生动教材;等等。这些都有助于提高现有干部教育培训机构的办学能力和水平。可以预计,干部教育培训资源社会化整合的趋势将进一步呈现,范围将进一步扩大,步伐将进一步加快,这将有力推动干部教育培训工作的发展。

六、干部教育培训的研究科学化

党的干部教育培训工作伴随着党的产生和事业发展的全过程,积累了丰富的经验。但对于干部教育培训工作的理论研究一直显得很不够。进入21世纪新阶段以来,这方面的工作得到了加强,尤其是对干部成长规律和干部教育规律的研究越来越受重视,已产生一批成果并在干部教育培训实践中得以运用,但总体发展仍落后于我国干部教育培训事业的需要。深入探索和研究干部成长规律与干部教育培训规律,是提高干部教育培训质量、扩大干部培训规模、大幅度提高干部素质战略任务的必然要求。只有把握了领导干部的成长规律,才能使干部教育培训更有针对性和实效性;只有把握了干部教育培训的规律,才能使干部教育培训在促进领导干部全面健康成长方面发挥更大作用。《2013—2017年全国干部教育培训规划》也强调,要加强干部教育培训理论研究,不断深化对干部成长规律和干部教育培训规律的认识。

今后,对干部培训的研究将更加科学、全面,逐步从两个规律的研究扩展到基层干部教育培训的各个领域,包括加强对干部教育培训学科的建设、教材建设、搭建各种层次的交流平台等。尤其在加强培训教材建设上,要不断推出务实管用、干部爱读、生命力强的课程教材。一是十八大以来,习近平总书记围绕改革发展稳定、内政外交国防、治党治国治军等各方面,发表的一系列重要讲话,提出的新思想、新观点、新论断、新要求。要把十八大以来党理论创新的新成果及时体现到课程教材之中,帮助广大干部学习、运用好马克思主义中国化的最新理论。二是针对干部在工作的新情况、新问题,编写政治理论、政策法规、业务知识、文化素养和技能训练等为基本内容的教材。三是充分运用现代科技和信息技术,开发音像教材、电子教材和网络教材。不断创新教材编写体例,理论阐述与案例分析紧密结合,提高干部的学习兴趣。

七、教育培训管理法制化

教育培训法制化、法律化是新时期我国干部教育培训的显著特点。干部教育培训发展的历史,同时也是干部教育培训科学化、制度化、规范化建设的探索历史。经过长期探索实践,我国初步形成了以公务员法、干部教育培训工作条例(试行)、党校工作条例、行政学院工作条例为主体,以干部教育培训改革纲要、全国干部教育培训规划、公务员培训规定等为补充,相互衔接、相互配套的干部教育培训制度体系。这套制度体系以法规、制度、规章等形式规范我国干部教育培训的有效运行,保障了干部接受教育培训的权利,促进了干部教育培训事业的健康发展。

从党的十七大特别是党的十八大以来,习近平总书记在一系列重要讲话和著述中,多次科学阐述了新时期干部工作的指导思想和目标任务,鲜明提出并深刻回答了"怎样是好干部,怎样成长为好干部,怎样把好干部用起来"这三个干部工作的根本问题,进一步明确了深化干部人事制度改革的方向、原则和要求,为新形势下加强和改进干部教育培训工作指明了方向。

第八章 基层干部教育培训模式创新案例

第一节 坚持"六位一体",彰显实践特色

近年来,苏州市农村干部学院认真贯彻中央要求,坚持干部教育"为科学发展服务,为干部成长服务"的宗旨,把培训重心定位于基层干部,依托苏州经济社会率先发展的实践优势,深化改革,创新思路,全面提升干部教育培训的针对性、实效性、实践性,形成了疑问式调研、菜单式设课、多样化教学、开放式师资、应用型科研、追踪式回访"六位一体"的培训模式,走出了一条面向基层、按需施教、注重实践、提升能力的基层干部教育培训创新发展之路。

一、基本情况

苏州市农村干部学院是苏州市政府直属的事业单位,成立于1975年8月,前身为苏州地区五七农业大学,先后更名为苏州地区干部学校、苏州地区农业干部学校、苏州市农业干部学校,1993年正式更名为苏州市农村干部学院。

学院的干部教育培训工作起步于20世纪80年代中期。30多年来,学院立足基层干部培训定位,坚持"特色立校、开放办学"的宗旨和"专业化、特色化、差异化"的办学理念,与时俱进,开展基层干部培训改革创新,充分挖掘苏州率先科学和谐发展的新经验、新案例,有效提升了学院的自主创新力、核心竞争力和品牌影响力,累计为全国各地培训基层干部20多万人,在全国范围内树立了基层干部培训的特色品牌。

中组部出台《关于加强和改进基层干部教育培训工作的意见》以后,学院根据基层干部教育培训新形势、新任务,确立了争创"全国基层干部教育培训示范基地"的发展目标新定位。为此,学院成立了基层干部教育研究所、苏州市基层干部教育研究会,面向全国基层干部教育培训机构发起成立了基层干部教育培训研讨交流平台。学院通过构建载体,以适应基层干部教育培训需求为中心,大力加强干部教育培训的理论研究和工作创新研究,不断创新培训理念、培训内容和培训方式方法。重点围绕对基层干部成长规律和培训需求的研究、基层干部教育培训规律的研究、基层干部教育培训内容和培训方式方法的研究、基层干部教育培训工作运行机制的研究,编写了基层干部教育培训系列教材,刊发《基层干部教育培训研究》(月刊)和《基层干部培训参阅》(每月1期),充分发挥了科学研究对基层干部教育培训的引领和支撑作用,有力提升了学院基层干部教育培训的科学化、专业化、特色化水平。

由于办学成效显著,学院得到中央组织部、中央统战部、国务院扶贫办、江苏省委组织部、苏州市委组织部以及全国各地组织部门的高度赞誉,先后挂牌"全国贫困地区干部培训中心苏州分院""江苏省干部教育培训基地""重庆市干部苏州培训基地""青海省西宁市干部培训基地""苏州市基层党员干部培训基地",已成为全国基层干部提升素质能力的重要阵地和苏州经济社会发展经验的传播窗口。

二、主要做法

1. 疑问式调研:深入了解培训需求

明辨培训需求是提高培训实效的前提。学院通过强化培训前期调研来把握参训学员的个性需求,为按需施教夯实基础。在培训开始前,学院会按照培训要求和培训班的特点,组建调研团队,带着一系列问题,如培训主办方的培训目标是什么、学员参加培训的关注点在哪里、期望通过培训得到什么、希望由哪些老师进行授课、乐于接受的培训方式是什么等,开展多种形式的调研。在调研基础上,梳理分析培训需求,做到了解学员最关心的热点问题,明确与学员素质能力提升关系最密切的重点问题,把握对学员推动工作最现实的难点问题。

2. 菜单式设课：有效衔接供需双方

在培训需求调研的基础上，学院围绕学员关注的热点、重点、难点问题，按照"知识＋思路＋方法"的"三位一体"框架灵活设置培训内容和专题，强化实务操作和培训的实践性。在培训内容设置上实现"三个突出"：一是突出中央重大决策，坚持中央决策"第一时间进课堂"；二是突出苏州发展理念和经验，以苏州经济社会率先发展的生动实践和成功经验作为培训素材，对学员进行思想观念、发展思路的教育，帮助他们借鉴苏州发展理念和经验，推动当地发展；三是突出能力培养，围绕学员履行岗位职责和创业做事的实际需要，加强岗位技能培训和工作方法的培训，切实提高学员抓发展的本领和解决实际问题的能力。

3. 多样化教学：切实提升培训实效

创新培训方式是提高培训实效的基本要求。在组织方式上，学院除了充分利用本地优质资源开展培训，还积极走出去"借地育才"，和长三角其他培训机构开展合作办学，把其他地区的教学资源"为我所用"。在培训形式上，积极引入研讨式、案例式、模拟式、体验式等新的教学模式和培训方法，提高了培训的参与性、互动性和吸引力。学院还把现场教学作为最大的优势和特色大力推进，共开发了113个现场教学基地（其中挂牌基地22个），培养了29名现场教学教师，组建了8个现场教学团队。同时，创新现场教学形式，形成了教室讲授、沿途解说、实地参观、总结研讨"四位一体"的现场教学模式。通过构筑课堂教学、现场教学和互动研讨"三位一体"的教学格局，提高了学员分析和解决问题的实际能力，增强了培训的实效性。

4. 开放式师资：整合资源打造精品

围绕提升学员能力的实际需要，学院大力加强师资建设，在通过进修学习、业务培训、挂职锻炼等途径提高专职教师素质能力的同时，还积极利用长三角地区高端人才集聚的优势，多方遴选政治素质好、理论水平高、实践经验丰富的领导干部、专家学者和各条线先进人物担任兼职教师，把经济社会发展的实践者培养成培训师资。目前，学院已建立起一支近300人的专兼结合、层次高、类别广、能力强的开放式师资队伍，形成了"三个三分之一"的师资结构：具有丰富实践经验的专家学者占三分之一；具有深厚理论功底的党政部门领导占三分之一;来自基层一线、胜任教学要求的各条线先进人物占三分之一。为打造培训精品,学院还采用"课题竞标"方式培训师资,并通过开展教学效果评估对培训师资进行动态调整,实现优胜劣汰。

5. 应用型科研:引领培训科学发展

为推进基层干部教育培训专业化建设,学院坚持教研融合战略,以增强"自主创新力、核心竞争力、品牌影响力"为抓手,努力提升基层干部教育培训科学化水平。学院成立了基层干部教育研究所,通过开展"两个规律"即干部成长规律、教育培训规律的研究,尤其是基层干部培训需求研究,基层干部培训规律和内容、方式、方法研究,基层干部培训模式研究,基层干部培训工作创新研究,充分发挥科研对教育培训的服务、支撑、引领、助推作用。学院还创办了《基层干部教育研究》刊物,编写了基层干部培训系列教材,不断推进学院在基层干部教育培训领域的理论研究和实践探索向纵深发展。

6. 追踪式回访:促进培训成果转化

实现培训成果转化应用是开展干部教育培训的终极目标。学院以学员参训、当地受益、学以致用、成果转化为追求目标,坚持经常性地对学员进行"追踪式"和"零距离"回访调查,实地检验培训效果,进一步促进培训成果转化。在回访调查中,学院综合运用问卷调查、座谈交流、现场观摩、专家评议等形式检验培训效果。学院的专家顾问团,结合调查情况对学员的培训成果转化进行评估,并结合当地实际"把脉会诊",帮助学员寻找差距和不足,共同研究改进工作的思路、举措和办法,提出有针对性的指导意见和建议,进一步增强培训效果。

三、今后的发展方向

下一步,学院将以争创"全国基层干部教育培训示范基地"为发展目标,认真贯彻党的十八大和十八届三中全会精神,积极落实《2013—2017年全国干部教育培训规划》有关精神和要求,全面深化基层干部教育培训改革,进一步构建体现苏州经验、富有学院特色、具有示范效应的基层干部教育培训模式,切实提升学院基层干部教育培训科学化水平,有效服务科学发展,服务干部成长。

1. 突出干部能力提升，把学院打造成"全国基层干部提升素质和能力的重要阵地"

把干部教育培训工作放到党的建设的全局和经济社会发展的大局中去认识、把握、部署，进一步发挥学院在城乡基层干部提高素养、更新观念、增强能力等方面的优势和作用，以提高基层干部素质和能力为重点，完善教学布局的顶层设计，重点将"五大创新"、两个"五位一体"等内容纳入主干课程体系，充实到各培训专题，融入各培训班次，贯穿于培训教学全过程，着力强化培训的实践性和实效性，努力为全国早日全面建成小康社会，为经济社会转型发展培养一支"守信念、讲奉献、有本领、重品行"的高素质基层干部队伍。

2. 突出教育培训研究，把学院打造成"城乡基层干部教育模式的研发基地"

要从基层干部队伍实际出发，以苏州基层干部教育研究所、苏州基层干部教育研究会为平台和载体，重点加强基层干部"两个规律"，推进基层干部培训学科建设，不断推动学院在基层干部教育培训领域的理论研究和实践探索向纵深发展，努力产生一批具有较高水平、体现学院特色的实用性研究成果，加强研究成果向基层干部培训实践的有效转化，发挥培训研究对基层干部教育培训的引领、服务、支撑和助推作用，使学院早日成为"城乡基层干部教育模式的研发基地"。

3. 突出服务发展大局，把学院打造成"苏南地区与全国各地交流合作的桥梁"

随着全国改革开放事业的整体推进和全面深化，不同区域之间以及区域经济社会发展模式之间的相互学习、交流和借鉴将成为经济社会发展的一个显著特征。学院将继续把围绕中心、服务大局作为一切工作的出发点和落脚点，努力提高参训学员的整体素质和工作能力，为经济社会发展提供人才保障和智力支持。下一步，要通过理论研究与实践调研相结合，通过开展不同发展模式的比较研究和培训教学，通过为各地经济社会发展提供咨询，增强学院服务经济社会发展大局的能力，积极为苏南地区与全国其他地区之间的交流合作搭建桥梁、提供平台、拓宽渠道。

4. 突出苏州发展样本，把学院打造成"苏州经济社会发展经验的传播窗口"

作为干部院校，学院既承担着基层干部培训的职能，又肩负着总结和传播苏州经济社会发展经验的任务。针对党的十八大之后中央提出的一系列新理论、新观点、新论断,学院将密切联系苏州实际,把这些最新理论成果与苏州经济社会发展经验有机结合起来,通过整合党政部门领导的政策优势、专家学者的理论优势和参训学员的实践优势,重点围绕苏州经济社会发展的重大决策、重要创新、重点经验,如率先基本实现现代化、社会管理创新、城乡发展一体化、农业现代化、村级经济发展、土地流转、生态补偿、新型城镇化、美丽乡村建设的热点难点问题进行研究与探讨,深入总结苏州发展的有益经验,加速这些经验向全国的传播,力争在全国基层干部教育培训领域打响若干个"苏州农干院品牌"。

第二节 创新培训理念,做强红色教育

近年来,江西干部学院依托井冈山的红色资源,围绕"井冈精神代代传"这一核心命题,适应干部教育培训工作的新要求、新形势,积极探索实践,逐步形成了以革命传统教育、理想信念教育为特色的红色培训模式。

一、基本情况

江西干部学院的前身是江西省委组织部井冈山党员干部培训中心。1995年12月,吉安地区编制委员会发文同意设立井冈山党员干部培训中心(对外称黄洋界宾馆),为江西省委、吉安地区、井冈山市三级组织部门合办的自收自支副县级事业单位。2002年10月28日,江西省编办发文同意将省委组织部、吉安市委组织部、井冈山市委组织部三级共管的井冈山党员干部培训中心列为省委组织部下属相当于正处级的事业单位,核定全额拨款事业编制15名,其中主任1名、副主任3名。2010年11月,江西省编办发文同意省委组织部井冈山党员干部培训中心增挂江西干部学院牌子,内设办公室、教务部、教学研究部、教学保障部等4个职能部门。2013年12月,经省编办批复同意,省委组织部井冈山党员干部培训中心(江西干部学院)正式更名为江西干部学院。

学院现占地33.14亩,建筑总面积15605.3平方米,教学行政用房面积

4000平方米。学员宿舍3栋,房间190个,床位389个。各类教室共计17个,其中省内一流的大型投影幕墙多功能教室1个,可容纳学员220人,可容纳140人的大型多媒体教室2个,其他各类中小型多媒体教室14个;学员餐厅、图书室、健身房、小超市、舞厅各1个。

学院致力于打造红色培训的信仰组织,用事业吸引人,用文化凝聚人,用目标激励人,用"实战"培养人,逐步锻炼出一支政治立场坚定、宣讲纪律严明的专兼职师资队伍。目前,学院有教职员工143人,其中行政管理人员7人,教务教学人员30人(教务人员3人,授课教师11人,带班教学助理16人),教学保障人员98人。其中有20世纪70、80年代的年轻骨干,也有70岁、80岁高龄的党员楷模;有终身治学的培训专家,也有质朴忠诚的红军后代;有质朴淳厚的基层先进典型人物,也实践经验丰富的领导干部;有底蕴深厚的专家学者,也有勤恳热忱的党史发烧友。构成了一支无年龄界限、无身份差别、无专业界别的红色文化研究的参与者、传承者和红色培训的陪伴者、催化者和践行者队伍。

二、主要做法

1. 大力整合教学资源

学院充分依托井冈山独特优势,整合各类教育培训资源,立足井冈山,面向全国,致力于把井冈山的红色培训做大做强。一是充分挖掘研发了井冈山革命烈士陵园、大井毛泽东同志旧居、小井红光医院、黄洋界哨口、八角楼毛泽东同志旧居、荆竹山雷打石、龙江书院、行洲标语群等现场教学点;二是联合相关地区组织部门,开发江西及周边省市的红色资源,在南昌、安源、三湾、东固、瑞金、兴国、长沙、韶山等地开展教学活动,不仅构建了一个没有围墙的大课堂,还开辟了一条以红色培训促进地方经济、文化发展的路子;三是为满足不断扩大的培训需求,学院还整合井冈山车队、农家和20余家宾馆,作为协作单位,每年签订服务合作协议,使之成为学院的"第二后勤保障部门"。培训高峰期间,一天之内22个培训班同时进行,分布在10余家宾馆。

2. 积极开发特色课程

近年来,学院坚持推陈出新,努力挖掘开发,形成了一套独具特色的课程体系。按照动态化课程调整机制,在广泛听取学员意见的基础上,定期或不定期对特色课程进行升级改版,重新设计教学,力求既让学员身心融入历史,又让学员在现实中找到与历史的共鸣;既有思想上的触动,又有现实工作与生活的启迪。目前,学院通过不断探索研发,课程体系日益丰富,构建了革命历史传统课程模块、理想信念课程模块、宏观形势分析模块、领导管理课程模块与生态体验课程模块等五大课程模块体系;成功开发了"井冈山精神代代传"互动访谈式教学课程、"追忆前辈的人生坐标"红色故事会、"红色拓展训练"体验式教学课程、"井冈山斗争中的管理之道"系列案例教学课程等四大品牌课程,以及"坚定理想信念,加强党性修养""井冈山斗争与井冈山精神""毛泽东与调查研究""党性修养与党的纯洁性建设""关注我们的学习""领导干部内心成长""井冈山斗争与企业管理""加强人生修养,追求幸福之路""歌声中的记忆""红色家书"等共 40 余堂专题课程。

2014 年 4 月份以来,配合举办江西省组织部门学习贯彻《党政领导干部选拔任用工作条例》集中培训班,学院又在短时间内开发了专题课程"弘扬井冈山精神,做党的好干部",情景教学"纪念革命伉俪王经燕与张朝燮",互动访谈教学"党的好干部——曾建"等,这些课程得到了广大委托办班单位和学员的充分肯定和一致好评。如情景教学"纪念革命伉俪王经燕与张朝燮"课程完全由学院一线教职员工自编自导自演,许多学员都说有三个"没想到":一是没想到半个月时间内就编排出这么好的一个剧目,工作效率真高;二是没想到参加情景剧展示的都是学院的服务员、文员、教学人员等一线教职员工及其孩子,凝聚力真强;三是没想到剧目的内容这么感人,素材挖掘得真好。

3. 努力创新培训理念和方式方法

学院围绕"打造国内一流的红色教育培训机构"的目标,按照传播知识、增强能力、提高素质、触及灵魂、增强党性的发展思路,努力走出一条崭新的红色培训之路。一是确立全新理念。通过实践探索确立了"教育别人先改变自己,历练自己再精炼课程;陪伴学员心路历程,促进学员内心成长;立足真实,追求精细"三大培训理念,现已成为推动学院发展的强大思想引擎。二是采取多种教学方式手段。在教育培训工作中,学院灵活运用互动访谈式教学、红色拓展训练、红色故事会、案例教学、专题教学、体验式教学、音像教学、红歌会等多种教学形式,利用大型投影幕墙多功能教室等现代科技手段,从历史的大坐标上全景演绎井冈山斗争与井冈山精神。三是突出学员主体作用。参训学员对所有授课教师的教学进行全面评估,对只要有三分之一学员感觉讲课一般的教师和课程予以淘汰,锤炼精品科目,确保教学质量。

4. 以事业发展凝聚人才

对于地处井冈山区的江西干部学院来说,如何留住人才是一个事关学院发展的关键问题。为此,学院以事业发展来凝聚人才,构建了一套选拔人、使用人、留住人的有效机制,为学院提供了可靠的人才保障。

开放式组织教师队伍、用试用制和淘汰制选留人才,是学院选人用人的机制。在这支教职工队伍中,不但有年轻的专职教师,还特聘有井冈山历史研究专家和一批经过试讲筛选的有关高校、党校的专家教授。目前,学院兼职教师中"井冈山精神宣讲第一人"毛秉华已是83岁高龄,而年龄最小的教师只有19岁。值得一提的是,由曾经参加过井冈山斗争的老红军后代、退休老干部组成的红军后代授课团,是学院独特的、极具特色的教学资源,他们中有不少人是将军、高级领导干部,年龄大都在60岁以上,从全国各地赶来学院义务授课,深受学员欢迎。

目前,学院人员队伍的中坚力量多是"80后",很多教师放弃了城市的优越生活条件,放弃成为国家公务员的机会,扎根井冈山,满腔热情献身红色培训事业。无论是年轻的专职教师还是年迈的兼职教师,都把红色教育作为一项光荣而神圣的事业,正是这份荣誉感和使命感推动着江西干部学院一步一个脚印向前迈进。

5. 探索青少年认知特点,传承井冈山精神

近年来,来学院接受培训的学员范围和层次越来越广泛,除全国各地的党政干部、企业干部、高校干部、社会团体干部外,还有大学生村官、中小学生、红军后代、"富二代"等青少年群体。为增强对青少年学员的培训效果,学院在总结成人党性教育经验的基础上,根据青少年的认知特点,有针对性地开展不同内容和形式的培训活动,帮助他们坚定理想信念,传承井冈山精神。

目前,学院针对青少年理想信念培训,已经建立起动态式、立体化的课程体系,既有井冈山斗争史、国际国内经济形势专题教学,又有模仿红军障碍行

军和战斗的红色拓展训练,还有感悟红军团队建设对现代管理启迪的案例课;教学形式有互动教学、激情教学、案例教学、专题教学、音像教学等,较好满足了青少年的培训需求。此外,学院结合青少年特点,采取入住农户、重走当年红军上山路线、亲身体验当年烽火岁月等形式开展培训,取得了良好的培训效果。参加培训的青少年学员普遍表示,以前只是通过书本了解井冈山斗争以及老一辈革命家为夺取全国胜利所经历的各种磨难,通过培训,有了进一步的切身体会,将以自身实际行动,切实把井冈山精神传承下去。

三、办学成效及今后发展方向

参训学员来自全国各省、市、自治区,还有香港、澳门及40多个中央和国家部委、中管企业、中管高校、部队。学员以党政机关、企事业单位干部为主体,包括部分新生代企业家、大中小学生,学院还举办了少量的藏传佛教、南传佛教高级学衔获得者培训班,基督教、伊斯兰教教徒培训班。大部分参训单位都是"回头客"。2008年至2013年,学院共计承办培训班2087期,培训学员99440人次;2014年1—7月份,共承办培训班217期,培训学员12777人次。

学院一些特色课程,如"井冈山精神代代传"互动访谈、"追忆前辈的人生坐标"红色故事会、群众路线教育专题教学等课程先后应邀走进中央组织部机关、国务院办公厅、国家信访局、国家行政学院、全国组织干部学院、全国公安警卫部队、解放军装备学院等单位。2014年,学院还组织部分教学人员分赴南昌市青山湖区老干局、南昌市青山湖区委组织部、南昌市东湖区老干局、南昌市新建县人社局、南昌市东湖区委组织部、景德镇市人民检察院、丰城市委组织部,以及江苏、河南、山东等地开展了十余场巡讲。

学院的培训模式和快速发展得到了王岐山、马凯、李源潮、汪洋、杨晶、沈跃跃等党和国家领导人的充分肯定和鼓励。学院先后被确定为中组部"中国革命传统教育基地""上海市青年干部锻炼基地""上海'两新'组织党建工作井冈山培训基地""中国航空工业集团公司党员干部革命传统教育培训基地""中央党校解放军总装备部分部班现地教学基地""北京高校思想政治教育教师学习实践基地"及中国新闻社"走转改"井冈山基地等。目前,有近20家单位把学院作为培训基地并挂牌。新华社、中新社、中央电视台、人民日报社、光明日报社等多家主流媒体多次采访报道学院的红色培训模式。

下一步,学院将坚持以邓小平理论、"三个代表"重要思想、科学发展观为指导,深入贯彻落实党的十八大、十八届三中全会和习近平总书记系列重要讲话、全国组织工作会议及省委十三届七次、八次、九次全会和全省组织工作会议精神,坚持转型发展、提质发展、特色发展、安全发展的办学思路,大力传承井冈山精神,努力激活红色基因,扎实工作,开拓进取,不断提升培训质量和服务水平,为建设一流的以红色培训为特色的干部学院而不懈努力。

第三节 依托先发优势,做活对外培训

近年来,义乌市委党校以科学发展观统领学校工作,认真贯彻落实《党校工作条例》《2010—2020年干部教育培训改革纲要》和全国、省党校工作会议精神,充分整合市内外优势办学资源,坚持"党委重视、主动作为、整合资源、合作共建"的办学理念,努力推进党校事业的科学发展,实现了"经济腾飞拓展党校办学空间,党校创新助推经济社会发展"的良性循环。

一、基本情况

义乌市委党校始建于1952年9月,原名义乌县委干部学校,简称县学,其前身可追溯到1949年创建的义乌县干部学校。1998年5月、2003年9月,义乌市行政学校、义乌市干部培训中心先后挂靠党校成立,以市委党校为主体的"多校运行"办学模式正式形成。2010年12月,义乌市行政学校更名为义乌市行政学院。

义乌市委党校实行校委会领导体制,校内设有6个科室:办公室、教研室、教务科、行政科、培训中心、市情研究中心。现有教职工33人,全校专业技术人员20名,其中,副高级职称9人、中级职称8人,具有博士学历1人、研究生以上学历16人。形成了一支年龄结构合理、学历层次高、专业能力强的教职员工队伍。

近几年来,义乌市委党校以特色立校、质量兴校、品牌强校为办学目标,努

力适应义乌"强县扩权"后经济社会发展需要,助推地方科学发展。学校不断加强党的理论武装工作,建设高素质干部队伍,推动义乌的建设和发展,成功走出了一条具有义乌特色的党校事业发展之路。仅2003年以来,学校就举办210期本地主体班次干部教育培训,受训学员5万余人次,承接全国各地党政干部异地培训班385期,培训学员22300多名。显著的办学成效,得到中央党校《学习时报》、中央党校办公厅《党校工作通讯》、中组部干教局《全国干部教育通讯》的刊文肯定。2011年12月,义乌党校和行政学院先后在全国县级党校工作座谈会、全国县级行政学校校长会议上就其办学工作作先进典型介绍。

二、主要做法

1. 党委重视,为党校科学发展提供前提和保障

一直以来,学校领导班子始终坚持"党校姓党、党委办党校"的根本原则不动摇,自觉把党校工作融入全市整体工作中去。一是强化队伍建设。通过公开招考、人才引进、内部挖潜等多种途径,义乌党校现有研究生以上学历教学人才14名,约占整个教师队伍的80%,副高职称9名,占50%,整体教学队伍年龄、知识、专业结构不断得到优化。二是强化阵地建设。投资1.2亿元,建设完成占地近200亩、建筑面积3.6万平方米的新校园。2006年以来,累计投入信息化建设资金500余万,年均安排财政投入近千万,使各项教学设施及时适应现代化党校办学需求。三是强化制度建设。制定《进一步加强党校工作的实施意见》,对新时期党校工作的转型优化、提升办学水平做出全方位部署。每年定期向市委常委会汇报党校工作,及时研究、协调和解决党校事业发展中的重大问题。每年下达年度干部培训计划和重点课题调研计划,坚持把学习成果同干部考核相挂钩,及时吸收课题调研成果。遴选市领导担任党校客座教授,定期到党校授课、讲学。

2. 主动作为,为党校科学发展提供动力和基础

义乌党校自觉围绕中心服务大局,挖掘优势,主动作为,通过"主体班次、外来办班、自主办班"三条途径办学,扎实推进"特色立校、质量兴校、品牌强校"建设。一是挖掘优势,坚持"特色立校"。党校教学始终以党性教育为主,凸显鲜明的"教党""学党"特色。积极开发并推广具有义乌特色的现场式、案

例式教学,突出案例教学特色。在充分发挥党校主渠道作用的同时,实现跨部门、跨机构、跨级别、跨地域的干部教育培训资源交流与共享,突出合作办学特色。二是提升实力,坚持"质量兴校"。通过"废、改、立、修"等多形式不断完善管理制度,健全机制强保障,提升管理质量。创新载体,主动参与全市各项中心工作,提升服务质量。坚持构建"专职教师、客座教授、专家学者"三位一体的师资力量格局,逐步实现按需办班、覆盖全面、层次明显、针对性强的培训办学目标,提升教学质量。三是打造精品,坚持"品牌强校"。建设集环境园林化、布局科学化、设施现代化、管理智能化、功能多样化为一体的现代化党校,打造党校硬件品牌。党校在总结本地发展成果、借鉴外地发展经验、剖析热点难点问题三方面,深入开展调研,提供决策参考,打造党校科研品牌。2008年以来,出版《义乌科学发展之路》等科研专著5部,连续三次获得浙江省党校系统科研组织奖。

3. 整合资源,为党校科学发展提供抓手和载体

义乌市委党校积极适应干部培训多元化的发展需要,坚持统筹协调,整合资源,逐步提升党校的综合发展实力。一是多校合一。坚持市委党校、行政学院、干部培训中心相统一的办学格局,优化整合各类培训资源,由本市负责组织的行政事业人员、专业技术人员培训,全部纳入党校培训。2003年以来,共举办主体班次培训300期,受训74700余人,举办干部轮训及党员培训班次16余场,受训79800余人。二是多功能合一。着力提高党校资源利用率,充分发挥党校作为全市培训中心、学习中心、内外交流中心和市情研究中心的重要作用,2006年以来,年均承接各类培训、座谈会500余场次。三是多资源合一。把义乌党史陈列馆、入党宣誓室设在党校,着力打造以革命传统教育和爱国主义教育为主要内容的"红色教育"品牌。将义乌干部大讲堂、义乌干部网络学院等设立在党校,不断丰富和提升党校作为干部教育培训主渠道的内涵。

4. 合作共建,为党校科学发展提供空间和亮点

在新形势下,党校面临着更多合作办学路径选择和更为广阔的拓展空间,必须坚持走合作办学之路。义乌党校在发展实践中,一是充分利用义乌市场经济先发优势,服务于全国干部教育培训事业。义乌党校现具有中央党校教学基地、国家行政学院教科研基地、全国妇女培训基地、浙江省党员教育培训

基地、浙江省委党校义乌分校、江苏省委党校教学基地等各类平台,2003年至今,先后承接包括中组部中西部副处班、中央党校民族班在内的全国各地党政干部异地培训班755期(含境外培训班5期),培训学员40000余名。二是充分利用上级党校、高校优势,服务于本市干部教育培训工作。积极与各级党校和人民大学、浙江大学、复旦大学等高校开展办学合作,吸收其师资力量、科研力量,弥补基层党校在新知识、新技能、新信息以及教学科研力量方面的不足,满足本市干部继续教育和人才培养的需要。三是充分利用基层党校优势,服务于基层社区农村干部教育培训需求。2009年以来,义乌党校通过与本市各镇(街道)建立"校镇合作"关系,采取集中培训、轮训及主动送教下基层等多种方式,先后培训基层干部10000余人次,年均开展宣讲50余场,使党校的优质培训资源进一步向基层延伸。通过培训基层社区农村党员干部一线工作能力,进一步提升了基层干部综合素质和执行效能,为义乌市委市政府各项决策部署的落实,为夯实基层组织建设、促进社会和谐稳定提供了有力保证。

5. 依托地方优势,做活做实对外培训

按照"联系实际创新路,加强培训求实效"的干部培训工作总要求,党校力求把本地得天独厚的市场经济发展教学资源素材优势与干部培训方式创新有机结合起来,形成了有自身特色的典型性、互动式、体验式对外办学模式。一是适时调整专题设置。结合"义乌现象"的特点,充分开展调查研究,对义乌本地热点问题进行认真归纳分析和理论提升。在原先"全面建设小康社会的成功实践——义乌由市场带动的经济社会全面发展""没有边界的市场——义乌中国小商品城的形成与发展""服务型有为政府——义乌地方政府在义乌市场形成和发展中的作用"三个专题基础上,进一步优化、充实教学专题设立,不断完善"政府—市场—企业—农村—文化"五大板块课程设置,开发了"义乌工会'社会化维权'""'七一村'党组织的管理模式""'梦娜'演绎品牌超越战"等一批富有特色的重点案例,并成为省级干部教育培训"贯彻落实科学发展观教学"案例。二是编辑专门培训教材。根据外来异地培训班日益增多的实际,编写了《科学发展之路——经验案例式教学辅导资料》等教材,在体系设置上,分为"小商品市场探密""贸工联动与产业集群""城乡一体化战略""服务型有为政府建设""社会管理与和谐发展""义乌发展文化探源"六部分,根据义乌经济社会发展趋势,不断充实完善"强县扩权""小商品指数""义乌公安经验""义乌卫生经验""工会社会化维权""政府职能转变与市场建设"等新内容,使教材更加贴近义乌经济社会发展实际,力求保证教材的可读性、实用性和针对性。三是规范组织创新教学。根据开班前了解学员所在区域经济情况和培训需求,科学安排教学专题,设置"上课—考察—互动"环节,大力开展体验式教学;按"市场—商人—政府—农村"安排考察学习,注重现场教学质量。同时,结合培训专题在全市筛选 30 多个现场教学基地,涵盖政府职能、市场建设、企业发展、新农村建设等各方面,力求整体形象展示"义乌现象"。建立健全《现场教学基地管理规定》《班主任管理制度》《党校教师与客座教授对接制度》等一系列管理制度,规范工作流程,在培训中、培训后都开展有关培训质量的评估调查,提出完善措施,为后续办班提供参考。

三、今后的发展方向

下一步,义乌市委党校将围绕特色立校、质量兴校、品牌强校的总体工作目标,充分发挥党校培训轮训领导干部的主渠道作用,党的理论武装工作的重要阵地作用,推进党的理论创新生力军作用,建设学习型政党的积极推动作用,促进领导干部加强党性锻炼的熔炉作用,发挥党校多样性社会服务功能,实现党校自身发展和服务经济社会发展的和谐统一,把党校建设成为与义乌经济社会发展相匹配、与义乌国际商贸名城建设相协调、与义乌党员干部成长和培训需求相适应、具有较强综合竞争实力和鲜明义乌特色的全国示范性党校。

1. 加强队伍建设

放开视野,建设一流队伍。根据教学科研、行政管理、后勤服务工作的需要,提高教职工综合素质,建设一支眼界宽、素质高、执政能力强的领导班子队伍;通过实施人才强校战略,建设一支适应教学科研新局面、政治强、业务精、作风正的高素质教学科研队伍;着眼于服务教学,建设一支素质优良、结构合理、适应新时期党校事业发展需要的工作人员队伍;坚持以人为本、全面发展,组织各类活动,增进内部和谐。

2. 强化培训特色

党校教学要充分挖掘和利用义乌本地特色优势教学资源,坚持突出"党校姓党"特色、"党的执政地位"特色和义乌特色。以提高党员干部的综合素质和工作能力为目标,创新培训格局、教学方式和管理方式,坚持组织需求、岗位需求、个人需求三统一的需求导向,培养一流学员,体现时代性,把握规律性,富于创造性,以最新的培训理念,提供最优的培训服务。

3. 强化科学研究

充分发挥党校在市委市政府决策中的思想库作用。深化"两个规律"研究,加强党建研究和市情调研,努力提高课题级别和档次,保证课题研究质量,为市委市政府决策做好参谋,提供理论支持及成效检验。坚持教学、科研、咨询一体化,研发一流课程,做到教学出题目,科研做文章,成果进课堂、进决策、进期刊。建立重大课题招投标制度,逐步完善科研工作的内引外联、借智借脑。

4. 增强整体功能

巩固和提升现有资源整合成果,完善工作机制,创新合作模式,开创共赢新局面;加强内部建设,提升软实力,着眼于服务全局中心工作,进一步增强和拓展综合服务功能与水平;凸显发展特色,开辟党校发展新途径,拓展党校影响力,使党校整体功能发挥能够积极应对挑战,适应新形势下科学发展所需。

第四节 优化培训机制,输出发展经验

近年来,潍坊市委党校立足潍坊,面向全省,辐射全国,在认真抓好对本地干部培训的同时,充分发挥党校资源优势,大力发展对外培训,逐渐形成了对外培训的崭新模式。2012年以来,与全国20多个省、市、自治区紧密合作,每年举办各类培训班160期左右,培训干部近万人次,办学经验得到中组部、中央党校有关领导的充分肯定。

一、基本情况

潍坊市委党校创建于1948年8月,1983年被确定为大专体制,1993年设立潍坊市行政学院,2001年兼办潍坊社会主义学院,是中共中央党校科研基

地,潍坊市"鸢都学者"设岗单位。

党校实行校委制,由市委书记兼任校长,设常务副校长1人、副校长4人。现有教职工144人,其中教研人员53人,有教授10人、副教授28人、讲师14人,"鸢都学者"特聘专家1人、专业技术拔尖人才6人。

市委党校新校区占地面积714亩,建筑面积6.24万平方米,能同时容纳1000人学习、就餐、住宿。建有现代化的教学楼、学术报告厅、图书馆、体育中心、地下停车场等设施,设置了先进的领导干部心理实训室、应急管理案例研讨室、电子阅览室及数字化教学、办公系统,总投资5亿元。

市委党校认真落实教学为中心、科研为基础、信息化为手段、队伍建设为关键的工作格局。以全市党政干部培训为主体,不断完善教学新布局,创新教学方法和手段,开展了进修班、培训班、轮训班等大范围多层次的干部培训,同时发挥党校优势,拓宽培训渠道,积极开展业余函授教育和中西部地区干部培训,举办了大专、本科、研究生层次的函授学历班,开展了与中西部地区的联合办班。在科研方面,认真落实"四为"服务方针,加强科研立项,培育科研骨干,深化课题研讨,中央党校潍坊科研基地和潍坊市经济社会发展研究中心相继在市委党校成立,对外学术交流广泛,与兄弟党校、有关教学和科研部门密切合作关系,通过多渠道、多学科交流,形成了良好的学术氛围。出版校刊《潍坊党政干部论坛》在全市发行,成为潍坊市领导干部理论学习、交流的平台。信息化建设步入轨道,远程教学网、校园网、办公自动化等设施设备相继投入运用,建立和完善了信息管理各项制度,教学科研手段现代化水平和行政后勤工作效率有了显著提高。大力加强队伍建设,按照提高素质、改善结构、稳定骨干、培养后俊的方针,朝着打造一流队伍的目标不断迈进。先后获得山东省文明单位、全省理论宣讲组织工作先进单位、全省党校系统教学工作组织奖、科研工作组织奖、业务指导先进单位、信息化建设先进单位、图书馆数字化建设先进单位等称号。

二、主要做法

1. 组建"一个指挥中心",强化组织领导

健全组织机构,配齐工作力量,是有力推进工作落实的前提和基础。校委

在深入研究、充分论证的基础上,设立对外培训中心,作为市委党校对外培训工作的主管机构,从相关处室抽调精干力量,充实到工作机构;按照中层岗位公开竞争选拔办法,择优选配了1名主任和1名副主任。同时,确定对外培训中心工作职责,明确职责权限,严格岗位目标管理,坚持与每年主体培训班次同步部署、同步调度、同步考核、同步奖惩,并落实1名校委成员分管负责,切实加强对外培训工作的领导和指导。

2. 构建"五组统筹机制",提升服务水平

"对外培训"作为一项系统工程,运转规范是基础,服务有力是关键。党校探索推行了"五组一体工作法":五组,即先遣组、教学组、实践组、辅导组、反馈组,工作人员隶属对外培训中心管理。一是对接定方案。先遣组在培训班报到前,主动与办班领队负责人对接,征求培训意见,综合考虑不同地区培训班次、人员构成、培训规模、目标任务以及生活习惯等因素,因地制宜,科学制订培训方案。二是按需设课程。教学组根据培训需求和班次特点,推出教学"菜单",让学员"点菜",联合制订符合学员"口味"、针对性强的教学计划,设计好教学课程,组织好教学工作。三是实践促转化。实践组根据教学设计和学员需求,组织学员外出观摩学习,现场体验,亲身实践,促进学员课堂成果的转化与吸收。四是跟班强服务。辅导组为每期培训班安排1名教师担任辅导员,全程参与班级管理与服务工作。五是纳谏提水平。反馈组在培训班结业前,采取问卷调查、召开座谈会等方式,征求学员对培训教学、服务等工作的意见建议,并汇总报告校委,研究解决问题,搞好整改提升。

3. 创建"六库管理平台",保障高效运行

有效的管理平台,是发展提升对外培训工作的重要保障。工作中,党校重点建立完善了"六库"工作平台:一是课题库。整合党校、高校资源,建立了包含党史党建、经济管理、公共管理、政法研究、领导科学、时政热点等14个培训板块、230个教学专题的课题库。二是师资库。坚持授课师资社会化,采取"专兼结合、好中选优"的办法,创建了由高级农艺师、经济学博士、高级技师、党校教授等组成的师资库,涵盖了92名授课教师信息。三是教学基地库。围绕潍坊农业产业发展、现代工业、文化旅游、党的建设等方面,从全市范围遴选在全省乃至全国叫得响、推得开的亮点工作现场,挂牌成立了66处教学基地。

四是学员信息库。采集学员食宿、出勤、考核、培训等信息,建立电子数据库,掌握学员在校培训情况,为培训方评价学员提供参考。五是质量管理库。以无记名投票方式,组织每期学员对教师授课内容、方式、效果进行百分制评估打分,结果纳入数据库,并定期汇总分析,以此调整培训"菜单"。六是客户资料库。对外来培训机构单位,及时登记备案,并将基本信息录入计算机,建立客户信息电子档案,方便工作联络和业务拓展。

4. 坚持"四法并举",提升教师素质

党校坚持以建设一流党校为目标,大力实施教师"素质提升"工程,采取四种方法,培训教师,打造"名师",锻炼教师队伍,不断提升教学质量。一是部门"挂职法"。本着"专业对口、干学相长"的原则,到市直部门和下派驻村有计划地组织骨干教师开展挂职学习活动。原则上,教师挂职时间为半年,与党校业务工作脱钩,全身心参与挂职单位中心工作。通过挂职学习,教师进一步掌握基础资料,摸清基层实情,增加教学与科研知识储量。二是外派"委培法"。加强与国内知名高校和一流干部教育培训院校的交流和合作,建立党校教师委托培养关系,每学期重点安排2—4名教师,选派到高等院校跟班学习,学习其先进的教学、科研和行政管理经验,参加其举办的各类培训班、专家讲座、学术交流活动,借力提升素质。教师返校后,采取成果交流会方式,共享学习成果,促进全校教师共同提高。三是考察"进修法"。统筹全市领导干部培训资源,有针对性地选派教师参加全市领导干部专题学习考察活动,参与组织学习,跟班研讨交流。在学习考察中解放思想,开阔思路,拓展专业研究领域,不断提升执教能力。四是评课"倒逼法"。制定精品课评选办法,综合学员日常评价情况,采取"部室推荐、现场说课、专家点评、集中评审"的方式,每年评选8—10门精品课,评选结果与教师评先树优、职级晋升相挂钩,构建教师成长"倒逼"机制,激励广大教师钻研业务,争当党校名师,进一步打造党校教育优势学科。

5. 立足潍坊优势,优选培训内容

在培训工作中,党校充分把握潍坊特色,围绕农业产业化、县域工业股份制改造、八大文化经济节会、高效农业发展、创新工业、海洋经济等,精选先进性强、针对性强、专业性强的培训课题内容,按照"高、精、专"的原则进行设计,创新培训模式,传播潍坊发展经验。一是优选理论创新最前沿成果输出。改革开放后,潍坊创新党建理论,涌现大批优秀成果,如产业链上建支部、社区建立"大党委"制、股份制企业实施"政治核心工程"等,受到中组部高度肯定。市委党校将这些成果进行"精炼",做成专题教学内容,让前来参训的各地党务干部感到十分"解渴"。二是优选工业经济最前沿成果输出。改革开放初期的国企改革、企业股份制改制,潍坊曾领先全国。如今80%的工业企业已完成二次"转型",环保、节能、信息化、国际市场,是潍坊工业企业发展的大势,潍柴、歌尔、晨鸣等大型企业,其品牌产品和发展管理经验,更是领跑全国、享誉世界。针对不同地区参训学员的实际需求,市委党校制作不同类别工业企业教学专题,让参训学员打开眼界、启迪思路。三是优选农业经济最前沿成果输出。潍坊是我国农业产业化的发祥地,其理论成果曾写入党的十五大报告。现代农业、高效农业、特色农业的经验成果遍布全市各县市区和基层镇村。近年来,市委党校围绕潍坊农业发展经验,进行精细化开发、系列化制作,使教学专题内容先进成果便于推广,一大批参训的基层干部纷纷反映,"要干农业学潍坊,学了潍坊有方向"。

6. 强化培训管理,力求培训质量

在培训工作中,市委党校加强培训管理,坚持确保培训的高质高效。一是建立和完善培训工作体制机制,把优化培训流程管理摆上重要议事日程,制定了科学的月度计划和年度安排,并由一名校领导专职负责。二是成立了专门的培训管理机构,配备了精干的教职员工,制定了健全的教学、实践、考评机制。每个培训班的差异性很大,并且来自不同省份、不同地区,工学矛盾有时比较突出。针对这一情况,市委党校接到培训任务后,首先由先遣组去外培团队所在地区调研,教研组单列教学课题,实践组设立专项示范基地,辅导组为每位参训学员解难释疑,善后组及时收集培训后的反馈信息。对待所有参训学员,做到不片面、不随意,缺什么、补什么,需什么、教什么。三是强化学员管理。十八大以来,特别是中央出台八项规定以来,市委党校出台了加强党校学员管理的相关规定,要求参与培训的干部学员执行"十不准":不准搞特殊化,无论什么级别,都是普通学员身份,一律住学员宿舍,吃学员食堂,厉行勤俭节约;不准带公车伴读;不准请人代写学习笔记或论文;不准抄袭他人学习研究成果;不准私自离校;不准请喝请吃,培训期间禁酒(节假日、休息日除外);不准参加公款消费娱乐活动;不准公款购物相互馈赠;不准接受探望;不准冒名顶替。市委党校特别对请假制度进行了"升级",要求学员请假必须由单位组织部或人事部门出具经学员单位主要领导签字的书面报告,向有批假权限的部门请示,批准后方可离校;请假时间一天以内的由党校批准。凡没有履行请假手续者均视为旷课。请假超时的,取消本次培训资格。市委党校还实行参训谈话与承诺制度,参训学员入校前,单位领导必须与参训学员进行谈话,并在《遵守培训纪律,树立良好形象》承诺书上签字。在学员日常管理中,实行半军事化管理,学员在校学习期间,从周一至周五吃住在党校,除服装不统一外,从作息时间到操课要求与军队管理相同,特别强调并实行了早操和晚点名查寝制度。同时,在课堂上实行"三无"规定,即课堂上做到"无烟味、无酒味、无手机铃声"。

三、今后的发展方向

1. 改进教学方法

从实际出发,坚持因地制宜、因材施教,根据学员的特点和不同需求,坚持以学员为主体,努力探索因人而异、因事而异、因地制宜的新路子,做到不同的教学内容采用不同的教学方法,实现教学相长、学学相长,力争学习效果最大化。综合运用讲授式教学、研究式教学、案例式教学、体验式教学和模拟式教学等方法,增强培训效果。

2. 严格教学管理

坚持从严管理,实现从严治校,学员要严格遵守校规校纪,自觉维护党校学员的形象。党校工作人员自觉增强党的意识、党员意识、党校意识和党性意识,严格执行各项管理规定。充分发挥好班委会的组织作用,引导学员自我管理、自我教育、自我服务,积极参与重大现实问题研讨、课题组研究、社会调研、学员论坛等教学活动,创造宽松的学习氛围。坚持科学管理,提高培训质量,要从党校实际出发,引入先进的管理理念,建立教学质量管理体系,规范入学教育、自学读书管理、党性锻炼、毕业论文、学员综合考评等各个环节的管理,促进党校教育管理的规范化、科学化。

3. 夯实科研基础

以改革为动力,深化"三大研究",即深化对中国特色社会主义理论体系研究,深化对改革开放历史进程和宝贵经验研究,深化对潍坊经济社会发展重大现实问题研究;突出"三个重点",即课题带动、精品打造、基层调研,要组织好国家、省课题及其它课题的申报立项,狠抓课题研究,确保研究质量。加强科研的组织策划,搭建平台,整合资源,努力为出精品、出人才服务。强化调查研究,发挥全市党校系统的网络优势,拿出有针对性的调研报告,为各级党委政府决策当好参谋助手。以"鸢都学者"岗位为依托,形成一支具有较高科研能力的团队,主要承担全市社科方面的重大研究课题,以市情研究为主,以经济发展研究为主线,打造科研精品工程,当好市委市政府的理论参谋和助手。

4. 提高保障能力

以提高服务质量和保障能力为目标,把为广大学员服务作为工作的出发点和落脚点。围绕重点服务环节,抓好细节服务,不断推进后勤服务社会化。创新服务思路,搭建新的服务平台和载体,抓住基础设施这个重点,加大投入力度,为开展干部教育培训任务创造有利条件和良好环境。

后 记

编写一本关于基层干部教育培训相关理论研究方面的书籍，梳理总结学院四十年来的办学经验，农干院人期许已久，酝酿许久，终于在2014年5月，《基层干部教育培训模式研究》一书正式启动编写，于2015年5月完稿，历时整整一年。书稿即将付梓之时，正值学院成立四十周年之际，以此书为学院成立四十周年献礼，我们感到欣慰。这本书是着眼于基层干部教育培训中理论和实践互融的探索，标志着我院在基层干部教育培训理论研究上的又一次前行。

本书主要围绕基层干部教育培训的基础理论、运作模式、培训方式创新、展望等方面进行了总结与梳理，重点强调了教学方式创新，其中现场教学、访谈式教学等新型教学方式单独成章，将目前该领域的最新进展与学院近些年来在教学方式改革创新上的一些实践与探索相结合，希望能够给全国各地的培训学员及相关干部培训领域的同行提供借鉴与帮助。

本书是参与组织与编写人员集体智慧的结晶。副院长薛臻负责总协调、定稿。金伟栋处长负责书稿大纲、审稿等工作。各章节内容的写作分别由学院基层干部教育研究所研究员承担。具体分工情况是：导论，李华；第一章，李华、吉永峰、杨勤；第二章，吴丹；第三章，肖尧；第四章，何兵；第五章，王江君、肖静；第六章，孟凡辉；第七章，何蓓蓓；第八章，徐汝华。何蓓蓓、李华同志还承担了校对、修改意见反馈、整理等大量烦琐的工作。在本书的编写过程，张伟院长、薛臻副院长多次主持编写人员座谈交流会，从书的框架、编写思路到具体的编写内容，都一一把关；还专门邀请了市委宣传部副部长、市社科联主席孙艺兵，市委组织部干教处处长陆德峰前来指导、修改。仅是书的大纲就经过多次讨论与修改，才最终确定。为了按时按质完成任务，编写人员利用了大量工作之余及节假日的时间开展工作,付出了辛勤的努力。

本书的编写工作得到了苏州市委领导的大力关心和支持,陈振一副书记亲自为本书作序。江西干部学院、潍坊市委党校、义乌市委党校等兄弟院校无私提供资料,并给予编写建议,在此一并表示感谢。

本书的成功付梓,与学院党委大力推动、全力支持密不可分。党委多次听取编写进程汇报,副院长孙坚烽、费春元、汤艳红也时刻关心书稿的编写进度并提出宝贵的修改意见。同时,各处室也给予了编写人员大力的支持。

基层干部教育培训是一个非常复杂的系统问题,涉及面广,编写人员又是第一次编写理论性教材,再加上时间仓促,每个人的立足点也不完全一致,部分章节之间存在交叉,尽管我们在统稿时尽力做了调整,疏漏之处恐仍难免,希望广大读者批评指正,以便我们修改完善。

本书编委会

2015 年 9 月 16 日